以要素流通为导向的数据权利理论

YI YAOSU LIUTONG WEI DAOXIANG DE SHUJU QUANLI LILUN

鲍　坤◎著

中国政法大学出版社

2024·北京

图书在版编目（CIP）数据

以要素流通为导向的数据权利理论 / 鲍坤著. -- 北京 ： 中国政法大学出版社，2024.7. -- ISBN 978-7-5764-1673-2

Ⅰ. D922.174

中国国家版本馆 CIP 数据核字第 2024C775N0 号

出 版 者	中国政法大学出版社
地　　址	北京市海淀区西土城路 25 号
邮寄地址	北京 100088 信箱 8034 分箱　邮编 100088
网　　址	http://www.cuplpress.com (网络实名：中国政法大学出版社)
电　　话	010-58908285(总编室) 58908433（编辑部）58908334(邮购部)
承　　印	固安华明印业有限公司
开　　本	720mm×960mm　1/16
印　　张	15
字　　数	252 千字
版　　次	2024 年 7 月第 1 版
印　　次	2024 年 7 月第 1 次印刷
定　　价	72.00 元

上海政法学院学术著作编审委员会

　　四秩芳华，似锦繁花。幸蒙改革开放的春风，上海政法学院与时代同进步，与法治同发展。如今，这所佘山北麓的高等政法学府正以稳健铿锵的步伐在新时代新征程上砥砺奋进。建校 40 年来，学校始终坚持"立足政法、服务上海、面向全国、放眼世界"的办学理念，秉承"刻苦求实、开拓创新"的校训精神，走"以需育特、以特促强"的创新发展之路，努力培养德法兼修、全面发展，具有宽厚基础、实践能力、创新思维和全球视野的高素质复合型应用型人才。四十载初心如磐，奋楫笃行，上海政法学院在中国特色社会主义法治建设的征程中书写了浓墨重彩的一笔。

　　上政之四十载，是蓬勃发展之四十载。全体上政人同心同德，上下协力，实现了办学规模、办学层次和办学水平的飞跃。步入新时代，实现新突破，上政始终以敢于争先的勇气奋力向前，学校不仅是全国为数不多获批教育部、司法部法律硕士（涉外律师）培养项目和法律硕士（国际仲裁）培养项目的高校之一；法学学科亦在"2022 软科中国最好学科排名"中跻身全国前列（前 9%）；监狱学、社区矫正专业更是在"2023 软科中国大学专业排名"中获评 A+，位居全国第一。

　　上政之四十载，是立德树人之四十载。四十年春风化雨、桃李芬芳。莘莘学子在上政校园勤学苦读，修身博识，尽显青春风采。走出上政校门，他们用出色的表现展示上政形象，和千千万万普通劳动者一起，绘就了社会主义现代化国家建设新征程上的绚丽风景。须臾之间，日积月累，学校的办学成效赢得了上政学子的认同。根据 2023 软科中国大学生满意度调查结果，在本科生关注前 20 的项目上，上政 9 次上榜，位居全国同类高校首位。

　　上政之四十载，是胸怀家国之四十载。学校始终坚持以服务国家和社会需要为己任，锐意进取，勇担使命。我们不会忘记，2013 年 9 月 13 日，习近平主席在上海合作组织比什凯克峰会上宣布，"中方将在上海政法学院设立中国-上海合作组织国际司法交流合作培训基地，愿意利用这一平台为其他成员国培训司法人才。"十余年间，学校依托中国-上合基地，推动上合组织国家司法、执法和人文交流，为服务国家安全和外交战略、维护地区和平稳定作出上政贡献，为推进国家治理体系和治理能力现代化提供上政智慧。

历经四十载开拓奋进，学校学科门类从单一性向多元化发展，形成了以法学为主干，多学科协调发展之学科体系，学科布局日益完善，学科交叉日趋合理。历史坚定信仰，岁月见证初心。建校四十周年系列丛书的出版，不仅是上政教师展现其学术风采、阐述其学术思想的集体亮相，更是彰显上政四十年发展历程的学术标识。

著名教育家梅贻琦先生曾言，"所谓大学者，有大师之谓也，非谓有大楼之谓也。"在过去的四十年里，一代代上政人勤学不辍、笃行不息，传递教书育人、著书立说的接力棒。讲台上，他们是传道授业解惑的师者；书桌前，他们是理论研究创新的学者。《礼记·大学》曰："古之欲明明德于天下者，先治其国"。本系列丛书充分体现了上政学人想国家之所想的高度责任心与使命感，体现了上政学人把自己植根于国家、把事业做到人民心中、把论文写在祖国大地上的学术品格。激扬文字间，不同的观点和理论如繁星、似皓月，各自独立，又相互辉映，形成了一幅波澜壮阔的学术画卷。

吾辈之源，无悠长之水；校园之草，亦仅绿数十载。然四十载青葱岁月光阴荏苒。其间，上政人品尝过成功的甘甜，也品味过挫折的苦涩。展望未来，如何把握历史机遇，实现新的跨越，将上海政法学院建成具有鲜明政法特色的一流应用型大学，为国家的法治建设和繁荣富强作出新的贡献，是所有上政人努力的目标和方向。

四十年，上政人竖起了一方里程碑。未来的事业，依然任重道远。今天，借建校四十周年之际，将著书立说作为上政一个阶段之学术结晶，是为了激励上政学人在学术追求上续写新的篇章，亦是为了激励全体上政人为学校的发展事业共创新的辉煌。

党委书记　葛卫华教授

校　　长　刘晓红教授

2024 年 1 月 16 日

前　言　/PREFACE

　　数据要素的流通具有技术本位、场景本位的特征，其独特的运行逻辑不仅使数据确权问题争论不休，更是促使人们重新思考现代权利的理论内核及制度性质。本书以促进数据要素流通为视角，尝试重构数据权利的理论，并对当下数据要素流通制度做出深度解释和改进建议。论述中不仅通过知识图谱的方式梳理数据权利的话语嬗变与核心议题，还从法理学角度论述数据权利的理论内核；在数据权利的规范架构层面，本书并没有封闭、静态地看待数据权利，而是提出数据权利的程序规范架构以应对数据流通中的不确定性，以数据权利的实体权义配置激发市场主体参与数据流通活动的驱动力。

　　本书在尝试构建与数据要素市场发展需求相适的数据权利理论基础和制度规范时，发现以国内外文献为基础的数据权利知识图谱呈现出数据治理技术与权利规范相融合的趋势，认为数据权利"关系理论"内核更能适应数据要素市场的激励性、合作性特征。关系型权利具有自创生性，权利的内容必然有一部分内容掌握在事实层面的关系主体之间。因此，数据权利的框架既有必要考量数据被实际控制者占有的事实状态，使权利的定位不能与数据实际占有的状态相去甚远，又有必要避免数据控制者总是获益的"丛林法则"，遂应将权利中的一部分内容以分权配置的实体制度模式向市场进行开放，形成促进数据要素流通的"锚定效应"。在此基础上，更需要以体系化的程序规范，为市场自发承认权利内容的活动预留空间，解决权利实体配置制度难以触及的"剩余控制权"问题，其中包括以权利主体的商谈、数据要素对象的指涉、数据权利的价值实现、数据权利的风险影响、技术标准的软法规范等程序要素来形成数据要素市场的自发权利承认机制，促成数据要素流通的良性权利规范生态。

目 录 / CONTENTS

导　论

一、问题意识

计算机以及信息网络技术的发展围绕"数据"（Data）这一特殊载体，从早期注重电子化及个体计算功能的计算机时代，过渡到了注重数据传播与流通的互联网络时代。我国于 2020 年 3 月发布重要政策文件——《中共中央 国务院关于构建更加完善的要素市场化配置体制机制的意见》，作为国内关于要素市场化配置的第一份中央决策性质的文件，明确提出把数据与土地、劳动力、资本、技术等传统要素并列为生产要素，提出健全生产要素由市场评价贡献，按贡献决定报酬的机制。2022 年 12 月施行的《中共中央 国务院关于构建数据基础制度更好发挥数据要素作用的意见》指出，数据作为新型生产要素，是数字化、网络化、智能化的基础，已快速融入生产、分配、流通、消费和社会服务管理等各个环节，深刻改变着生产方式、生活方式和社会治理方式。在经济学的定义中，生产要素是指为从事产品生产和服务而投入的各种生产资源，包括土地、劳动、资本等。要素市场的生命力在于要素的反复流转、合作创新。只有在要素进入生产过程并按照一定的比例结合起来创造了商品和服务后，才能形成现实生产价值[1]。在此背景之下，社会多元主体下的数据海量产生，大数据得以形成与发展。围绕数据开源开放和价值迭代，互联网新生态对"数据权利"（以下简称"数权"）的需求应运而生，以"数权"为核心的经济、政治、社会运营模式逐渐成为新兴技术产业融合

---

[1]　参见张元鹏：《微观经济学教程》，中国发展出版社 2005 年版，第 237–238 页。

的创新型实践。数权的核心是真实、可信、合法的数字利益。数权带来的不仅仅是社会经济层面的局部变化，更是多元社会主体之间关系的结构性变革。因此数权又可以涵盖各类社会主体的价值需求。例如，国家机构基于行使公共职权的需求主张数权，企业基于财产和商业利益的需求主张数权、公民基于个人隐私、人格、财产的需求主张数权等。因此，数权所对应的数字利益离不开司法、行政、市场、个体等多主体联动的法律环境。以数据化行政治理、数据企业规制、互联网司法体系为代表的新型数据治理体系的发展，构成了数权发展的治理基石。从全球视野来看，2018 年 5 月欧盟《通用数据保护条例》（General Data Protection Regulation，以下简称 GDPR）的发布，标志着数权立法时代的到来。在国内有关数据生产要素的《中共中央 国务院关于构建更加完善的要素市场化配置体制机制的意见》发布无疑是引领国内数权经济时代发展的开创之举，也体现了国家对数据在推动经济发展、提升政务效率、加强社会治理等方面发挥重要作用的肯定。随后，《中华人民共和国数据安全法》（以下简称《数据安全法》）《中华人民共和国个人信息保护法》（以下简称《个人信息保护法》）的出台，不仅回应了社会各界的期盼，也正式提出了保护公民、法人和其他组织在网络空间的数据合法权益、保障个人信息和重要数据安全、维护国家安全与社会公共利益等重大的数权立法议题。但是，随着大数据、人工智能技术的迅速发展，数据主体的关系变化也愈发快速且复杂化，数权保护问题依然层出不穷。在此背景下，本研究将着力阐释要素流通为导向的数据权利在法律中的内涵，以数据权利化的方式来化解特定场景中多方利益冲突下的数据保护以及利益均衡机制问题，建构具有层次的数据权利体系。

但是，当前由于要素数据权利理论的不足或缺位，导致在数据的流通过程中面临以下难题：

第一是隐私以及安全风险问题。大数据时代的个人数据侵害已经成为全世界都面临的严峻考验。在我国，基于百万份问卷调研的《中国个人信息安全和隐私保护报告》显示，多达 81% 的人收到过对方知道自己姓名或单位等个人信息的陌生来电；53% 的人因网页搜索、浏览后泄露个人信息，被某类广告持续骚扰；在租房、购房、购车、考试和升学等个人信息泄露后，受到营销骚扰或诈骗的高达 36%。除了数据泄露和非法交易，一些新样态的数据侵害的方式也逐渐显现，如歧视性的数据应用，收集个人数据再依据多种标准（年龄、经济实力、健康状况等）将人群分类，并决定谁应当有何种待遇，形成不当歧视。又如，数据画像使得定向广告精准地在特定时间和场景到达目标用户，以"数据杀熟"方式诱发冲动消费。关系控制是指利用秘密获取的他人信息对其在社会或职业网络中施加影响。在美国，近年来发生的信息泄露数量大幅增加，美国华盛顿州总检察长 Bob Ferguson 的《2020 年数据泄露报告》（2020 Data Breach Report）显示，近年来受数据泄露影响的华盛顿州总人数大幅增加，从 2019 年的 35.1 万人增加到 2020 年的 65.1 万人。恶意网络攻击仍然是数据泄露的主要原因，约占该报告中所有数据泄露量的 65%。每宗数据泄露事件平均影响 16 759 名华盛顿州居民，数据安全已从隐私问题走向公共安全风险。

第二是数据要素化流通治理质量难以提高。首先，数据在企业间作为商业利益和资产的保护存在诸多争议。企业间的数据权问题也从纯粹财产权的问题上升到经济秩序的层面，如数据取得行为涉及不正当竞争的百度诉 360 案、微博诉脉脉案、淘宝诉安徽美景案等；数据控制或共享行为涉及滥用市场支配地位的华为与腾讯的微信数据纠纷、顺丰菜鸟物流数据纠纷、美国 LinkedIn 与 hiQ 数据纠纷等；企业间数据流转涉及经营者集中的滴滴出行与优步中国合并案、美国 Facebook 收购 WhatsApp 案等。同样，企业对个人数据的保护也成为数据商业活动正当性来源之一。近年来我国法院审理的案件中，众多国内知名企业受到侵犯个人信息的指控，大范围地引起了社会的关注：支付宝年度账单服务默认勾选服务协议被指侵犯隐私权、百度涉嫌侵犯消费者隐私被江苏消协提起公益诉讼、华住酒店集团近 5 亿条数据泄露、12306 网站 470 万余条用户数据被贩卖等。因为公民个体对数据权保护的力量分散且薄弱，企业基于利益的驱使难免利用数据进行违反社会公共利益的行为，所以数据权保护的难题不应当完全交由市场解决，政府应当在数据权保护的理论与实践中掌握核心话语权。为此，我国各地政府也开始探索公共数据的社会化应用，尝试形成有利于数权保护的治理生态：根据《2019 中国政府地方数据开放报告》，我国已有 82 个省级、副省级和地级政府上线了数据开放平台，开放数据集的数量是 2017 年的 7 倍，总数据容量较 2018 年增幅近 20 倍。但以政府为中台的社会化数据交易仍处于初步阶段。受制于数据可用性、个人数据保护安全性、流动性等痛点难点，我国以政府为主导的数据要素市场远未形成。

第三是数据权利的规则难以适应要素化流通的具体场景。其中，政府、企业等组织的数权保护问题存在着一定的共性，那就是组织对于个人数据的保护与数据流通性间存在紧张关系。在我国现有法律体系下，传统的静态赋权模式难以具体地指引数权在数据全生命周期中的保护，也难以在公民与组织之间搭建合理的利益均衡机制。法律的场景适应性难题造成了现实中两种极端，一种是政府和企业等组织为了规避数据合规风险在数据活动中"不共享、怕共享"，严重阻碍了数据开放和利用的进程。目前，许多公共部门、研究机构和企业掌握着大量的数据，但由于缺乏有序的共享和交易机制而使其成为众多"数据孤岛"，数据价值大打折扣。另一种极端则是政府与企业基于履行职务或者盈利的现实需求，以合法性争议较大的方式进行数据活动，形成数据流通的"灰色地带"，造成巨大安全隐患。

因此，构建完善的以要素流通为导向的数据权利理论将具有重要的理论、实践意义。

二、文献梳理与综述

（一）数据权的对象范畴

要构建数据权理论，首先要确定数据权保护的对象范畴。在我国的学术讨论中，常见的分类为"信息"和"数据"两种，且主要集中在个人信息和隐私保护领域中。对这两者的定义将影响到数据权保护的具体对象。主流观点倾向于将两者认为是可以互换的概念[1]。少数观点强调两个概念之间的差别：有学者认为信息是数据的内容，数据是信息的形式[2]，黄国彬等人则认为信息在内涵外延上小于数据[3]。然而，这些区别往往停留在描述层面，并未产生实际的法律后果。因此可以认为，在我国语境中，"数据"和"信息"是作为同义术语被使用的。在比较法上，欧盟国家习惯使用个人数据（Personal data）的概念，而美国法上则使用个人可识别信息（Personally Iden-

---

〔1〕 参见张新宝：《从隐私到个人信息：利益再衡量的理论与制度安排》，载《中国法学》2015年第3期。

〔2〕 参见程啸：《论大数据时代的个人数据权利》，载《中国社会科学》2018年第3期。

〔3〕 参见黄国彬等：《个人数据的概念范畴与基本类型研究》，载《图书情报工作》2017年第5期。

tifiable Information）的术语。但是两个术语都在内涵上并没有本质区别。虽然说学界倾向于对信息和数据作同质处理，但是在信息和数据所对应的权利论述上存在分歧。有学者认为个人信息保护权益，并不是一项全面的、绝对的支配权[1]。使用"个人信息权"概念的学者，将个人信息权界定为本人依法对其个人信息所享有的支配、控制并排除他人侵害的权利[2]。随着数据权对象研究的深入，有学者开始从实质内容区分数据权应保护的对象，体现出近年来研究逐渐深至场景的趋势[3]。

（二）数据权的法律定位

国内外学者尝试将数据权定位到现有法律认定地位中，以辨明数据权属于一种新型权利抑或能够被已有法律吸收，主要的学说观点包括宪法人权说、一般人格权说、隐私权说、财产权说、新型权利说和独立人格权说[4]，但是这种列举更多地体现为世界范围内对个人信息权界定的分歧，而在我国学界，这种观点的针锋相对局面事实上并未成型，将个人信息权作为一种独立的人格权属性已经成为主流学界的共识[5]。对于个人信息权的具体内容，目前不同学者虽然在列举上存在一定分歧，但大多认为其主要包含精神性的人格利益，并且同时也包含一些财产性的人格利益。与此相反，我国学者在个人数据权利的界定上却存在着较多的分歧。在权利主体上，一些学者在个人信息权的意义上使用个人数据权利或者个人数据信息自决权的概念，将个人数据权的权利主体局限在数据主体即自然人[6]，但是这种观点并非主流，更多学者强调了个人数据主体的多元性。有学者认为个人数据权利不仅包含自然人的个人数据权利，还包括数据企业对个人数据的权利[7]；有学者更是将国家构建为数据权利的主体，使数据权利成为一个包含人格权、财产权和国家主

---

〔1〕 参见高富平：《个人信息保护：从个人控制到社会控制》，载《法学研究》2018年第3期。

〔2〕 参见杨立新：《个人信息：法益抑或民事权利——对〈民法总则〉第111条规定的"个人信息"之解读》，载《法学论坛》2018年第1期。

〔3〕 参见张新宝：《〈民法总则〉个人信息保护条文研究》，载《中外法学》2019年第1期。

〔4〕 参见张里安、韩旭至：《大数据时代下个人信息权的私法属性》，载《法学论坛》2016年第3期。

〔5〕 参见杨立新：《个人信息：法益抑或民事权利——对〈民法总则〉第111条规定的"个人信息"之解读》，载《法学论坛》2018年第1期。

〔6〕 参见贺栩栩：《比较法上的个人数据信息自决权》，载《比较法研究》2013年第2期。

〔7〕 参见程啸：《论大数据时代的个人数据权利》，载《中国社会科学》2018年第3期。

权的框架性概念[1]；另外有学者在更为狭义的语境中使用"数据权"概念，仅以数据控制者作为该权利主体，而与个人信息权相对立[2]。对于数据权利的内容，学者之间也存在分歧，有学者认为自然人对于个人数据的权利既不是对个人数据的隐私利益，也非从个人数据交易获得的经济利益，而是保护自然人对其个人数据被他人收集、存储、转让和使用的过程中的自主决定的利益[3]；而部分学者则主张要赋予数据主体以个人数据的财产权[4]。最后需要指出的是，部分学者倾向于使用"个人信息保护"或者个人数据保护的概念，这些学者往往都指出传统基于个人控制的人格权保护模式的局限性[5]。在国外，实际上并无"个人信息权"的概念，欧盟 GDPR 所使用的确切表述为 Personal data（个人数据权）。在英美法上同样不存在所谓的个人信息权，而是使用"隐私权"的概念，或者信息隐私的概念。当然，国内学者所主张的个人信息权的实质——自然人对于个人数据的支配性权利，并以此为基础的数据主体的"通知和选择"模式（Notice and choice）已经受到了学界的普遍质疑，并被认为不能适应大数据时代隐私保护的需求[6]。

（三）数据权利的各方利益平衡

在对数据权的构架进行探讨的过程中，部分学者注意到了数据权并非传统的静态权利，而是特定场景下经过合理利益均衡后形成的权利形态，但是国内对此的研究尚处于提出问题阶段，国外对于利益均衡视角下的数据保护研究较前沿深入。目前国内学者针对不同的权利主体展开讨论。部分学者强调了数据主体的财产权利。例如，有学者认为个人信息无可争议地具有一定的经济价值，这种经济价值主要体现在名人个人信息的商业价值之中。权利人可以授权他人使用其姓名、肖像等，用于商业经营活动，以获取经济利益[7]。

---

[1] 参见李爱君：《数据权利属性与法律特征》，载《东方法学》2018 年第 3 期。

[2] 参见许可：《数据保护的三重进路——评新浪微博诉脉脉不正当竞争案》，载《上海大学学报（社会科学版）》2017 年第 6 期。

[3] 参见程啸：《论大数据时代的个人数据权利》，载《中国社会科学》2018 年第 3 期。

[4] 参见龙卫球：《数据新型财产权构建及其体系研究》，载《政法论坛》2017 年第 4 期。

[5] 参见孙南翔：《论作为消费者的数据主体及其数据保护机制》，载《政治与法律》2018 年第 7 期。

[6] See Robert H. Sloan, Richard Warner, "Beyond Notice and Choice: Privacy, Norms, and Consent", *Journal of High Technology Law*, Vol. 14, 2014, pp. 61-107.

[7] 参见王利明：《论人格权商品化》，载《法律科学（西北政法大学学报）》2013 年第 4 期。

有学者认为个人信息具有财产性的人格利益内容，并且与肖像权的客体肖像具有相似的内容[1]。亦有学者认为个人信息财产权是主体对其个人信息的商业价值进行支配的一种新型财产权[2]，或将数据财产权直接概括定义为"数据权"，是指数据控制者对于"数据集合"享有的占有、处理、处分的权利。一种折中的观点认为，个人数据的财产权利为数据主体以及数据控制者所分有。要区分个人信息人格权与个人信息数据库财产权进行保护[3]。对于数据主体在个人数据上的财产权。肖冬梅等认为，数据保护应兼顾数据红利与数据安全，将数据法益配置给数据产生者，同时适用财产规则是一条相对优选的路径[4]。还有学者具体地提出法经济学中"卡-梅框架"对个人数据保护的规则方式指引[5]。也有国外学者早期认为，应当成立个人信息财产权，比如美国哈佛大学 Lessig 教授在 *Code* 一书中对数据财产化理论进行了系统论证，其认为对于信息的保护应该采用财产权路径[6]。欧盟特别是德国，针对企业对个人数据的权利有较为深入的探讨。比如有学者提出了开始从所有权、财产权的视角讨论数据，主张赋予数据生产者一项专有的财产权，借此可以从下游市场数据利用中获得回报[7]。有充分的理由引入"数据生产者权"（Data Creators Right），应制定可转让的专有数据权，应将此种权利分配给负责在数据载体上编写数据的个人或主体。其进一步论证了需要新引入数据权的原因：首先，数据权可以激励企业创建和记录数据；其次，数据权可激励企业分享数据；再次，数据权可以开创数据市场；最后，数据权可以明晰大数据分析中获益的主体。当然，也有学者对新设数据财产权或数据权持否定

---

[1]　参见杨立新：《个人信息：法益抑或民事权利——对〈民法总则〉第 111 条规定的"个人信息"之解读》，载《法学论坛》2018 年第 1 期。

[2]　参见刘德良：《个人信息的财产权保护》，载《法学研究》2007 年第 3 期。

[3]　参见张平：《大数据时代个人信息保护的立法选择》，载《北京大学学报（哲学社会科学版）》2017 年第 3 期。

[4]　参见肖冬梅、文禹衡：《法经济学视野下数据保护的规则适用与选择》，载《法律科学（西北政法大学学报）》2016 年第 6 期。

[5]　参见曹博：《论个人信息保护中责任规则与财产规则的竞争及协调》，载《环球法律评论》2018 年第 5 期。

[6]　See Lessig, Lawrence, Code and Other Laws of Cyberspace, *Version 2.0*, Basic Books, 2006, p. 12.

[7]　See Karl-Heinz Fezer, "Data Ownership of the People. An Intrinsic Intellectual Property Law Sui Generis Regarding People's Behaviour-generated Informational Data", *Zeitschrift für geistiges Eigentum*, Vol. 9, No. 3., 2017, pp. 356-370.

态度。比如有学者认为当前没有必要创设一种新的数据权，认为合同方案足以有效保护数据。也有学者认为，当前法律体系对数据的保护并没有缺位，数据保护的范围继续扩张并不利于整体的社会经济效益[1]。而欧盟委员会最新的报告中对于创设数据生产者权也持谨慎态度，其认为要引入一项新的知识产权或财产权，需要有经济上的正当性，即只有当一项新型财产会促进数据经济的运行时，才有引入新的财产权体系的必要[2]。还有学者认为保护个人信息是从数据中获取经济收益的必要条件，而监管干预、技术方案和经济激励可确保二者平衡，进而增加个人和社会福利[3]。

（四）现有研究的不足及本书出发点

第一，以要素流通重构数据权利理论的视角缺乏。不少学者已经指出了传统数据保护模式的不足（知情同意、目的限定等事前控制手段，以及侵权法、刑法等事后救济措施），然而对于应当在未来采取何种替代手段，国内外学界尚存在很多分歧意见。尤其对于要素流通数据权利理论的发展脉络、理论重构、内在运行机理这类理论研究的深度不足。

第二，局限于传统民事权利的法教义学分析。尤其受限于隐私和个人信息相关的权利研究，忽视了数据作为要素流通的未来趋势，忽略了数据治理的实践做法与数据权利理论的张力。数据治理的专业技术和领域经验为数据的要素级流通和正当性的互认提供了必不可少的支持。因此数据权利的法律保护不能在脱离数据治理的实践背景下展开。这就要求研究的论证应当具有跨学科的知识背景，而不仅仅局限在法学理论的框架之内。

第三，数据权利领域的话语体系复杂，研究趋势不明确，研究对话错位。由于数据权利的理论尚未被以体系化的方式重构，以及法学理论没有及时跟进数据治理的实际经验，导致研究者之间的沟通困难，概念的错位和误用时有发生，与数据权利相关的"数据权属""隐私权利""个人信息权益""数据主权""数据财产权""数据人格权"等概念层出不穷、关系错综重叠。对

---

〔1〕 See Dorner, Michael, "Big Data und 'Dateneigentum'", *Computer Und Recht*, Vol. 30, No. 9., 2014, pp. 617-628.

〔2〕 参见 Josef Drexl 等：《马克斯·普朗克创新与竞争研究所就欧盟委员会"关于构建欧洲数据经济征求意见书"的立场声明》，刘维、张嘉莹译，载《电子知识产权》2017 年第 7 期。

〔3〕 See Rahul Telang, et al., "The Impact of Privacy Regulation and Technology Incentives: The Case of Health Information Exchanges", *Management Science*, Vol. 62, No. 4., 2016, pp. 1042-1063.

比国内外的研究发现这种话语错位更明显，导致现有研究缺少对数据权利理论乃至数据领域的法律研究的系统性共识。

三、叙事逻辑

本研究以促成数据要素流通的目标，以数据权利理论为理论主线，以现代权利理论和数据治理实践为交叉视角，构建要素流通为导向的数据权利"知识图谱——理论内核——场景张力——程序规范——实体规范"的研究架构。

本书第一、二章为了走出数据权利的研究趋向不明确、话语错位、概念不清困境，绘制数据权利的知识图谱。针对数据权利研究进行系统的知识脉络梳理，从学术文献的话语嬗变、承继、关联角度，明确各关键概念之间的区别与联系，最重要的是发现要素化流通的数权研究趋势和相关的话语结构。

本书第三章为了从法学理论的视角审视数据权利，以有利于要素流通的角度重构数据权利的理论体系。尝试摆脱民法领域的封闭私权结构，以数据治理的实践做法作为外部视角，正面回应现代法哲学的权利定位，分析权利的意志理论、利益理论、关系理论适用于数据权利要素流通的优缺点，明确数据权利的法理本质、法律定位、开放性质。

本书第四章以数据权利的理论内核为视角，观察数据权利在场景中的张力，探讨数据权利如何在公共数据场景中促成数据的要素流通。首先，基于数据权利的开放性、关系性理论特点，明确场景研究对数据权利的重要性。其次，论述公共数据场景的典型性，分析公共数据向个人数据、市场非公共数据的张力。最后，以数据权利理论观察公共数据的战略价值、流通趋势，明确公共数据场景下的"发展导向"数权立法对数据要素流通的重要性。该章节将着重数据权理论的具象化，概括数据场景活动的基本模式以及面临的关键痛点，为后续以要素流通为导向的数据权利理论的程序规范和实体规范做好铺垫。

在第五章，数据的"发展导向"必将面临数据权利的不确定性，因此诉诸数据权利的程序规范，以疏解价值冲突、打通信息沟通渠道。根据当前的数据治理的实践以及与法律的契合点，将数据权利程序理论分为五个要素：第一，主体意志要素通过数据主体的管理再造、业务再造，使数据权利主体能够理智、中立地作出数据权利相关的决策或改变数据权利的行为；第二，对象要素通过数据分级分类使边界模糊、范畴不确定的数据对象能够相对可指涉；第三，风险要素通过影响评估机制使权利能够容纳风险；第四，价值要素通过数据资产评估使数据权利的价值得以表现，构成数据要素级流通的关键环节；第五，效力要素通过技术标准这种具有专业领域性、场景性、利益导向型的"软法"机制，使数据权利程序诸要素能够具备约束、引导数据有流通利用的作用，成为数据权利认同机制的规范效力基础。

第六章建立在前述数据权利的程序框架基础上，配置公共数据授权运营、交易、义务开放的实体权利。首先，授权运营是公共数据有序向社会开放的重要起步阶段，以技术平台搭建形成数据不离场流通环境，公权力主体采取"一场景一申请""一需求一审核""一模型一审定""一场景一授权"的方式监督被授权主体的数据开发利用行为，保持公共数据的公益属性，因此公共数据应参照公共自然资源行业制度，采取"全民所有，国家所有"的权利模式，公民对公共数据享有所有权，但是需要由公权力机关代理公共数据的开发与挖掘，同时由被授权运营主体通过开发利用公共数据获得不可转移的数据用益权，使其能够从开发利用公共数据的过程中获取利益，从而激发公共数据的社会服务价值。其次，随着公共数据市场化规模逐渐扩大，在授权运营基础上，以数据交易所的模式逐步探索公共数据面向市场的"点对点"交易，进一步发掘公共数据的潜在价值，交易主体可以享有脱敏数据的可转移用益权；另外，如果技术平台发现某类数据被频繁申请开发，并且具有重要的公共服务价值和市场潜力，为了避免数据的重复开发带来资源浪费，可以由公权力主体对其进行高质量的数据义务开放，并且享有编纂数据库的著作权。

数据权利知识图谱总览

第一节　数权知识图谱绘制的意义及方法

一、知识图谱绘制的意义

当下数据权利领域知识瞬息万变、泥沙俱下。数据权利的法律领域研究常因信息不统一、不及时、不全面，带来学术研究重复性高、效能低下、沟通不足、理论趋浅、话语割裂等问题。法律与数据治理的技术领域话语衔接关系复杂，导致数据相关的权利概念层出不穷，数据赋权话语泛滥：数据权、隐私数据权、数据主权、数据管理权、控制权、数据存储权/使用权/收益权/处分权、个人数据权、数据财产权、数据用益物权、数据所有权等。这些权利研究割裂性强，与数据治理的实践结合程度较低。法教义学的数据权利研究只按照法律条文或者学者自行构建的逻辑体系，难以真正厘清数据权利话语体系下的概念来源、证成、关系。这些概念有的沿袭了传统私法中的财产权结构，有的关联了数字社会的多元利益主体（个人、政府、企业等），甚至还将更加复杂的"主权"概念也融入进来。权利话语泛化的现象导致数据权利研究虽表面上"百家争鸣"，实际上却存在概念对概念的自我演绎之嫌，导致人们对权利内在机理研究的忽视。权利理论内核的不清晰，进一步影响数据权利对数据治理领域的外部知识吸收，研究者会陷入复杂的技术话语中（如人工智能、算法、机器学习等），甚至在没有对技术进行深度解剖的情况下，贸然得出将数权问题委以特定技术解决的结论，这使数据权利研究在解决理论、实际问题的道路上越走越偏，无法洞悉数据权利领域研究逐渐走向要素流通的趋势和走向。

因此，本章将数据权利研究的话语本身作为一种研究现象，收集国内外权威文献集群，借助 CiteSpace 工具，通过语词聚类、引用关联分析、时间脉络展示，以可视化方式展现数权领域话语的概念演变、关联、聚类、方向，发现概念背后的话语基础，进而才有可能对概念进行解构与分析，为数据权利的研究指明方向、框定话语。

二、图谱数据来源

近年来，数据权利领域相关论文呈井喷增势。为使研究建立在现有基础之上，对数据权利研究的现状、热点、沿革、趋向进行清晰地摸底和梳理，并保障数据来源的权威性、科学性与代表性，本研究于 2022 年 2 月收集 CNKI 中 CSSCI 期刊数据作为国内论文样本、收集 Web of Science（简称 WOS）核心数据库中的法律类别（Law）SCI 期刊数据作为国外论文样本，借助 VOSviewer 以及 CiteSpace 分别形成领域知识图谱，采用计量分析、领域知识图谱绘制等方式，对权威期刊论文数据进行共现、共被引分析，以此作为探索国内外数据权利研究的知识基础，并进一步通过知识领域聚类和文献多维分析，构建数据权利研究的整体框架，甚至从中发现数据领域法学研究存在的潜在规律，更好地指引数据权利研究。

三、关键词的选取

围绕"数据权利"作为研究对象，但值得注意的是，数据权利研究横跨法律与技术领域，且在学界尚处于争鸣探索的阶段，其争议不仅存在于概念内涵，甚至对概念本身的称谓或范畴都有所不同，例如，有学者主张数据权利能够作为一种新兴权利独立存在[1]，有的学者主张数据权利能够被现有法律体系所吸收[2]，甚至存在认为不需要数据权利概念的学者，他们主张技术手段就能解决数据市场秩序维护的问题[3]。在这些复杂基础之上，国内外对

---

〔1〕 参见王利明：《论数据权益：以"权利束"为视角》，载《政治与法律》2022 年第 7 期。

〔2〕 参见梅夏英：《数据的法律属性及其民法定位》，载《中国社会科学》2016 年第 9 期。

〔3〕 参见韩旭至：《数据确权的困境及破解之道》，载《东方法学》2020 年第 1 期。

于"数据权利"的认知角度和话语表达存在巨大差别，国内偏向积极响应"数据生产要素"的政策提法，旗帜鲜明地将"数据"作为一种客体进行研究，但是由于对数据的本质认识以及数据权利规则本身的构建未形成体系，所以总是无法绕开传统个人信息权、财产权以及数据治理等方面进行探讨，而国外对数据权利的探讨渊源更久远，原因是国外对数据权的探讨起始于作为基本权利的隐私权，不断探讨社会对隐私权的影响和限制。但随着近年来 GDPR、《加拿大消费者隐私保护法》（Consumer Privacy Protection Act，以下简称 CPPA）等法案的影响，外文文献讨论的方向也开始出现的变化，更偏向把数据当作独立的经济要素来探讨。基于上述原因，仅用"数据权"或"Data rights"作为关键词精确检索将遗漏大量关键论文。鉴于此，为使文献收集与研究保持密切相关性，在对国内 CSSCI 期刊论文库进行检索时，将"个人信息""数据权""数据治理"三组关键词并行作"主题"精确检索（"主题"检索将涵盖标题、摘要、关键词），使数据权相关论文样本范畴不至过于宽泛；但是针对 WOS 中的 SSCI 期刊论文数据，选取关键词时不能仅限于国外文献常用的 Privacy 或 Personal information 等表达，否则同样会将研究引入狭窄的隐私权概念中，无法适应数据权利研究的跨领域性特征。为此，本章针对外文文献选取"Data"一词作为 SSCI 法律类别（Law）期刊的标题关键词，考察国外权威期刊围绕"Data"这一对象的法律研究趋势，在筛除掉少数将"Data"作为部门法实证研究标签的论文后，可以将研究视野放宽至"Data governance"（数据治理）"Data protection"（广义的数据保护）以及"Personal data"（个人数据）等，这些与"Data"相关的关键词能够与国内针对数据权利的研究接轨，都体现了对"数据"本身的法律思考。根据上述检索思路，获得样本的时间跨度在国内为 2005 年至今（样本量为 1105 条），在国外为 1995 年至今（样本量 887 条）。

四、分析步骤与方法

本章节的知识图谱研究具体步骤：第一，利用 Excel 做传统的文献计量分析，展现领域研究状况及起始点；第二，利用 CiteSpace 聚类时间轴、时间线挖掘领域内的关键节点文献及其聚类情况，总结领域研究主题，对比分析领域脉络及未来研究趋势；第三，在结合相关理论与分析聚类结果的基础上，利用 Vosviewer 绘制平面知识地图，对数权知识基础、核心议题及研究热点进行整合，以期系统展现数权领域研究。在 CiteSpace 分析中，本章将关注聚类的起点文献、聚类体量、研究持续时长、前后承继关系、未来走向；同时关注每一领域（由若干聚类形成）的研究持续时长、整体研究体量、关键聚类节点、与其他领域的承继关系、领域的未来走向等。在 VOSviewer 分析中，本章将在 CiteSpace 的信息基础上，对 Vos 地图进行领域区分，观察各领域的中心度和连接点，以此形成数权领域的知识总结。

第二节　国内数权知识聚类时间轴

本章应用 CiteSpace 对文章进行聚类，并形成相应的聚类集合，生成聚类时间轴图，以颜色深浅和圆圈大小来分别指代文献的时间先后和影响规模，并且通过不同颜色线条表达聚类关键词之间的关联。颜色越深，则说明对应产生的文献越新，反之越浅的话，就代表文献存在的时间越久远。圆圈越大，说明该关键词相关研究文献量越大，圆圈的颜色如包含越多的深浅跨度，则表示该关键词的研究持续时间越久远。CiteSpace 由此可以将聚类关键词的产生先后、持续时间、关联关系直观表示出来。但是，关键词聚类时间轴图是以一整条时间轴的角度观察领域研究趋势的，其作图结构较难看清关键分支领域之间承继、关联关系，遂辅以关键词聚类时间线图，以不同视角梳理数据权领域的研究脉络。

一、隐私起点阶段

第一个阶段位于起始的 2008 年前后，该阶段开始关注"个人信息权""隐私权"等关键领域。图 1-1 中显示这两个关键词的圆形图案较大且跨越较多颜色的色调，说明具备可观的文献数量和较长的研究跨度。由于"个人信息保护"与"隐私权"强调数据权的人格属性，人格权是社会环境变动下个体正当性被持续支撑的重要基础，所以具备持久的研究生命力。

二、新型数权阶段

第二个阶段在 2015 年前后，在"数据治理""大数据""个人信息保护法"

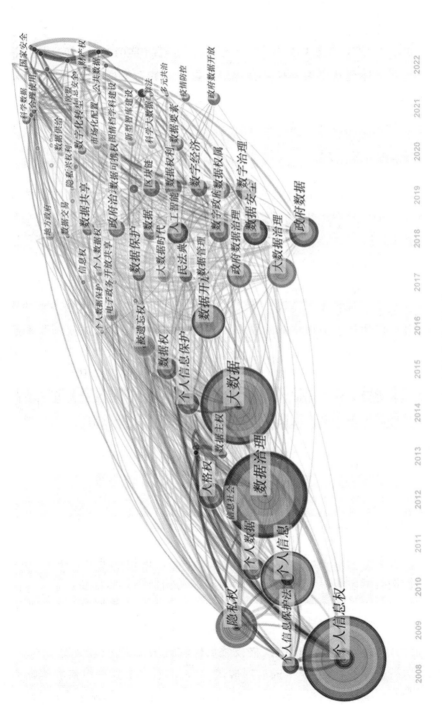

图1-1　国内关键词聚类时间轴

等背景性大概念下开启诸多新型权利的探讨（如被遗忘权、数据权、数据主权等）。该节点可谓一个关键转折点，"大数据"一词在 2014 年以较高的数量规模出现，足以体现其作为一种具有背景式影响力的新型概念，其不仅针对技术领域，更喻示着社会结构的变化。而"被遗忘权""数据权""数据治理"这些关键词也在这样的背景下兴起，成为具有深远影响力的研究领域。

三、数权治理阶段

第三个阶段则是在 2016 年及之后，该阶段虽没有新形成明显占据主要规模的关键词，但是显现出数权领域研究的新动向，如"数据开放""数字政府""数字经济""疫情防控""数据权属"等，可以看出数据领域研究已经开始转向特定的场景或用途（如政府数据开放共享、市场数据流通）。另外，"人工智能""算法""区块链""数字化转型"等技术的兴起也催生出了更多的新型法律概念（如数据可携权、数字法治、多元共治等）。在这个注重法律概念技术化、应用化、治理化的阶段中，本章研究的主题"数据权利"概念也被提出。因此，数权研究基于其所处的时代，应具有开放性和实践性。另外，本阶段难以寻找具有支配地位的研究聚类，但在详细观察聚类关联后可发现，这些研究要么尚在形成大规模研究聚类的过程中，要么就是在旧有的前两个阶段的研究中徘徊，这也体现出数权领域的研究潜在价值。

第三节　国外数权知识聚类时间轴

一、与国内时间轴的相似性——趋势与节点

再看国外关键词聚类时间轴，虽然所得样本的数量和时间跨度存在区别，但是在关键词时间轴发展趋势上具有较为明显的相似性，体现在：第一，国外研究同样起始于人格权属性的研究领域 Privacy，并且在早期也与刑事犯罪相关，且人格权领域研究同样具有较大的研究规模和时间跨度；第二，经过一段时间后，国外研究也从传统人格权领域转移到 Data 这一客观对象本身，明显的标志就是国外在 2009 年前后形成了 Data protection 这一具有相当研究规模与时间跨度的研究聚类。在这里理解 Data protection 应当不局限于对数据

（尤其是个人隐私数据）的绝对保护，而是一种更为中立、开放的概念，包含对数据本身价值、可用性、完整性，甚至是个人之外的组织个体对数据的占有使用的保护（与这种定义能够互相印证的是国内研究的"数据保护"聚类出现于"数据治理"之后，并且与"数据主权"聚类存在较新的关联，因此证明国内的"数据保护"聚类同样不仅限于关注个人隐私保护）。因此该聚类的关键词表达与国内"数据治理"领域具有类似的研究地位。第三，与国内同样经历了人格权向数据本身的转向之后，国外研究从 2009 年及之后也开始了各种新领域规则探索，包括 Consent（同意）、Security（数据安全）、Surveillance（数据监视）等更为细致具体的规范研究，同样提到了 Cloud Computing（云计算）、AI 等数据的深化应用场景。在 2017 年开始了数据集成式立法典例 GDPR 的研究，并于同年提到了 Economic（数据经济）、Property（数据财产）等与国内"数字经济""数据权属"等概念高度类似的关键词。由此可见，国内外研究聚类的演进体现出相似的规律。

二、与国内时间轴的区别——时间与分支

但即便如此，国内外研究依然存在一些明显区别，首先，从关键研究聚类的出现时间来看，相同关键词的出现总是国外先于国内，例如，位于第一阶段的人格权聚类，在国外样本中最早出现于 1995 年，国内样本则显示在 2009 年，第二阶段的数据治理、数据保护研究聚类在国外显现于 2009 年，国内则显现为 2015 年；其次，在进入第三阶段后的研究内容走向上，国内外出现了明显不同的走向，国内在该阶段诸多占据显著研究地位的研究聚类"政府数据""数字经济""数字化转型"显然都与数据的开放流通、价值释放有关，这与国内明确指出"培育数据要素市场"的背景相互印证，体现出发展的积极态度。而国外文献研究聚类中部分分支研究仍然注重法律规制的相关语词，如 Security（安全）、Regulation（规制）、Consent（同意）、Risk（风险）、Ethics（伦理）等，显示出对数据流通的"审慎节制"态度，尤其注重以各种方法将数据活动限制在各类框架中。

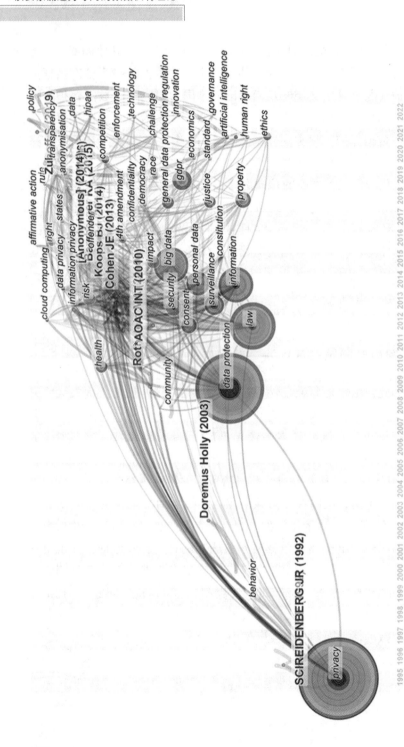

图1-2　国外关键词聚类时间轴

第四节　文献趋势总结

一、起始研究点分析

从发表趋势图观察可知，国内外围绕数据权利、数据法律规制的研究文献发表都存在平缓后陡增的趋势，但在平缓期和增势期的时间分布、增势幅度上存在细微区别。首先从样本的时间跨度来看，国外探讨数据的历史渊源较长，WOS 的 SSCI 法律数据库中从 1995 年前后就存在探讨相关领域的研究文献，例如样本中早期的 Priscilla M. Regan 的论著[1]以及 Joel R. Reidenberg 的论著[2]，尤其是后者在 1992 年以跨国金融服务中的个人信息保护问题展开论述，在当时就已经开始探讨普通法系中传统性质人格权存在的缺陷，基于普通法对隐私的保护模式在解决金融服务信息跨境中的场景不适应的问题，提出必须充分发挥法律、技术和社会手段的协同作用（Combination of legal, technological, societal），以当时的智能信用卡、接口访问限制、网络代码编写技术限制个人信息的存储时长或流动范围等。由此可见国外早年间的研究就已经注意到"数据"的流动性和技术性，不仅谈到技术在其中的应用，还谈到企业、政府等组织在对个人信息进行利用时存在的各方利益平衡问题，这种探讨思路与当下的"数据权利"问题研究具有相当的类似性。而在国内，针对数据权利的探讨渊源并没有国外久远，在符合检索条件的样本中时间最早的论文是吴允锋于 2008 年发表在《法学》的《个人身份信息刑法保护的是与非》，该论文是在社会各界呼吁起草颁布《个人信息保护法》的背景下，从刑法视角探讨国家机关或者金融、电信、交通、教育、医疗等单位的工作人员非法出售、提供个人身份信息时的规制条款设计[3]。由此看来，当时国内研究的起步阶段尚未将个人信息与"数据要素"关联起来，刑法规制的研究视角偏向依赖公权力。所以，国内外的"数据权利"研究起点在理论、定位、

---

〔1〕　See Priscilla M. Regan, *Legislating Privacy: Technology, Social Values, and Public Policy*, University of North Carolina Press, 1995, p. 221.

〔2〕　See Joel R. Reidenberg, "Rules of the Road for Global Electronic Highways: Merging the Trade and Technical Paradigms", *Harvard Journal of Law & Technology*, Vol. 6, 1992-1993, pp. 287-306.

〔3〕　参见吴允锋:《个人身份信息刑法保护的是与非》, 载《法学》2008 年第 12 期。

方法上颇有不同。

二、末端的关键增势分析

虽然国内外文献初始时间点与关注角度区别较大，但是在平缓期过后的增幅趋势上具有相似性：国内外有关论文都从 2012 年前后开始出现逐年陡然增势，至 2021 年文献数量基本达到峰值。另外，2018 年至 2021 年是国内外文献生产的峰值区间，在此期间国内外每年研究文献产生数量远高于之前任何一年。在这四年间的国外文献总量占历年文献总数的 44.7%，最高年产文献量 105 篇发生于 2020 年，国内文献总量占历年文献总数的 79%，最高年产文献量 321 篇发生于 2021 年。通过上述增势对比分析，可见国外对数据的研究渊源更久远，于 1995 年前后便已经存在相关问题的讨论，到 2018 年前后亦随着 GDPR 和 CCPA 等具有国际影响力的前沿立法的出现，相关研究文献也呈现井喷之势。与之相比，国内研究文献虽然起步较晚、早期研究文献数量稀少、进入增势期间稍晚，但是在进入增势后比国外呈现出更加明显的增幅，这反映出国内数据权利研究的环境特点，国内随着《数据安全法》《个人信息保护法》《民法典》人格权编相关内容等法律影响的扩大，重要政策文件《中共中央 国务院关于构建更加完善的要素市场化配置体制机制的意见》明确提出了要"构建数据要素市场"，数字化转型浪潮在国内的影响力并不亚于国外，甚至在文献体量上后来居上。

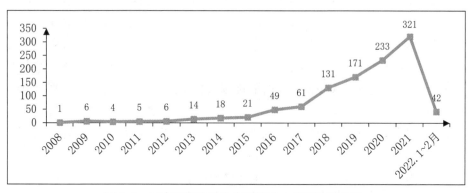

图 1-3　国内研究文献发表趋势图（CNKI CSSCI）

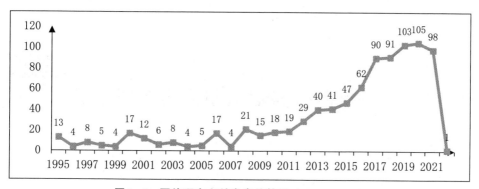

图 1-4　国外研究文献发表趋势图（WOS SSCI）

数据权利知识图谱的领域分析

第一节 国内数权知识聚类时间线

再来看数权知识聚类时间线图，图 2-1 与聚类时间轴图共用同一数据来源，其内容实质上也与聚类时间轴图一致。CiteSpace 时间线图能够根据关键词数据量排列出若干领域，并且根据引证关系和同类关键词，将时间轴图中的聚类分到这些领域中，可以更清晰地观察聚类所处的话语领域和关系。因此本章将从每个领域内部的首篇文献、标志聚类、标志文献（数据库中显示聚类中引用率最高的节点文献）、趋势走向等维度来观察数权话语演变趋势[1]。首篇文献可以了解研究领域的起始点，趋势走向可以看得出研究的延续性和波动起伏，标志性聚类可以看出该领域的核心研究内容，标志性文献可以看出某个知识点中引用最广泛的关键文献。借助 CiteSpace 自动形成的研究领域，将国内研究划分为"个人信息""数字政府""数据主权""数据要素""大数据""法律规制"六个领域，领域排名越靠前，说明以领域名称为关键词的文献数量越多，研究影响力越大。

---

〔1〕 参见李杰、陈超美：《CiteSpace：科技文本挖掘及可视化》，首都经济贸易大学出版社 2017 年版，第 257 页。

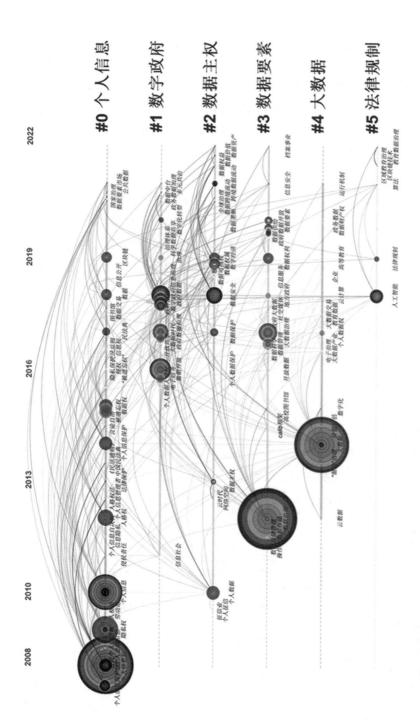

图2-1　国内关键词聚类时间线

一、从封闭到开放——"个人信息"领域

从整体研究趋势来看，该领域研究规模大、跨度长，且每 2~3 年间就会产生具有明显规模的子聚类，证明该领域具备持续研究的生命力。公共数据、数据要素市场、国家治理为该领域的最新研究趋向。从该领域的研究起点看起，较明显的起始子聚类群包含"个人信息保护法""个人信息权""个人信息""隐私权"等，他们因具备客观的文献规模，所以也成为本领域的标志性聚类。其中的首篇文献时间中最早的是 2008 年吴允峰的《个人身份信息刑法保护的是与非》，当时正处于社会呼吁起草和颁布《个人信息保护法》的阶段，探讨个人信息保护的早期落脚点是刑法，研究偏向以规范解释方法填补个人信息保护规则缺失的问题。基于个人信息的内涵延展性，同阶段亦有从金融个人信息[1]、电子商务个人信息[2]等角度探索规范路径的论文。该阶段研究方式较为单一，多以个人信息的法益角度强调公法保护。

在经过 2010 年后，个人信息领域研究进入"权利"属性的研究探讨阶段，有学者提出应重视在网络环境下人格权的新内涵，并将个人信息权纳入《人格权法》的框架下保护[3]；之后在 2015 年产生了"被遗忘权""数据权"等权利的新类型，该领域学者认为隐私权保护范围无法涵盖数字社会个人的权利表达[4]，遂应当确立个人数据权以及数据财产权，与数据主权一同形成大数据共治基本原则[5]，或是进一步将数据权与数据主权同纳入"数据权"这一新兴权利概念的谱系范围内[6]。随后又于 2018 年前后因《民法典（总则）》的颁布带来新的研究热潮，有学者提出了信息删除权在民法典中的

---

〔1〕 参见杨帆：《个人金融信息的刑法保护初探》，载《上海金融》2009 年第 7 期。

〔2〕 参见李仪：《论电子商务环境下的消费者个人信息权制度——一个以新制度经济学为主的视角》，载《消费经济》2009 年第 5 期。

〔3〕 参见王利明：《论个人信息权在人格权法中的地位》，载《苏州大学学报（哲学社会科学版）》2012 年第 6 期。

〔4〕 参见郑志峰：《网络社会的被遗忘权研究》，载《法商研究》2015 年第 6 期。

〔5〕 参见齐爱民、盘佳：《数据权、数据主权的确立与大数据保护的基本原则》，载《苏州大学学报（哲学社会科学版）》2015 年第 1 期。

〔6〕 参见肖冬梅、文禹衡：《数据权谱系论纲》，载《湘潭大学学报（哲学社会科学版）》2015 年第 6 期。

编纂必要性[1]；在 2019 年前后，随着数字化转型的深入，个人信息在"区块链""数据要素市场""公共数据开放"等聚类中持续出现，有学者提出了区块链的去中心化、加密分布式治理模式对传统法律的影响，包括对个人隐私、身份认同、数据安全等传统法律概念的变革[2]，更有学者将"数据"作为一种单独客体提出，区别于"个人信息"探讨其承载的利益或权利内容[3]。在此基础上，有学者从更开阔的市场视角，提出数据要素市场的法律框架，认为有必要规制基于数据的垄断与不正当竞争行为，提升数据的市场化流通安全与效率[4]。从整个趋势来看，个人信息领域研究是"数据"领域的基础研究，其研究规模和时间跨度最大。个人信息领域的研究拥有独立的研究起点，起始于人格权保护或刑事法律规制，学界针对"数据"与其指向的权利的探讨却从未间断，并且随着数据在社会各界的广泛流通应用，不断产生新的论述角度，这充分体现了个人信息研究持续的生命力。核心关键词不断在权利、正当性等法律概念的自我承继批判与"数据"或"信息"等技术客体的本质探讨间徘徊。

二、数据在政府端的要素化——"数字政府"领域

从整体趋势上看，该领域研究发展较为集中且迅速。从 2016 年开始兴起，并在 2018 年前后形成了具备可观文献规模的聚类群，在 2019 年以后该领域仍持续产生新的研究方向。本领域起始于关注"电子政务"，该领域学者提出在数据资源巨量化、政府治理业务数字化的背景下，提出重视数据治理规划，在规范数据应用的同时也促成政府职能优化与转型[5]，这类文献的关注点是政府公共服务职能，但在论述时不可避免地谈论到数据的规范使用的重

---

〔1〕　参见余筱兰：《民法典编纂视角下信息删除权建构》，载《政治与法律》2018 年第 4 期。

〔2〕　参见张桐：《数据治理的变革：来自区块链技术的支持与想象》，载《宁夏社会科学》2019 年第 6 期。

〔3〕　参见冯源：《〈民法总则〉中新兴权利客体"个人信息"与"数据"的区分》，载《华中科技大学学报（社会科学版）》2018 年第 3 期。

〔4〕　参见陈兵、赵秉元：《数据要素市场高质量发展的竞争法治推进》，载《上海财经大学学报》2021 年第 2 期。

〔5〕　参见霍小军、袁飚：《"互联网+政务服务"对地方政府治理的影响分析与实践研究》，载《电子政务》2016 年第 10 期。

要意义，具体包括合理保护数据承载的国家、社会、个人相关利益[1]。在 2016 年过渡到该领域的标志性聚类"数据开放"，该聚类的核心观点在于，区别于传统信息公开职能，政府应当将公共数据资源有序向社会开放，以此提升政府公共服务质量、促成政府公共服务职能的升级，基于"数据"这一要素同时具备公共利益与个人利益的特殊属性，政府在开放数据过程中与个人数据权利等法律问题紧密联系起来，有学者提出在数据开放过程中以专门立法、行政监督、商业环境等角度保护个人信息[2]。

如果说上述研究都紧紧围绕政府的公共属性，只将政府视作数据开放流通的"守夜人""组织者"，那么在 2018 年产生的"政府数据"聚类研究中，政府已经逐步从外部角色转变为身处数据利益博弈的"局内人"，其核心研究观点包括应当厘清数据开放利用过程中的权利义务关系，其中包括政府与企业在数据二次应用过程中应当享有的用益权[3]，但是也要防止数据权利的恶意滥用、承担相应的安全隐私保障义务[4]。基于此，"数字政府"领域往后的研究愈发走向开放化，有学者提出"数据中台"能够促进数据对传统业务的赋能[5]，亦有学者提出数据在政府各部门中的协同治理格局[6]。从整体来看，"数字政府"研究领域不仅体现了政府职能的优化，更体现出政府在数字社会中的重新定位。基于数据流通价值来源的多样性，政府有必要成为数字社会全程参与者、服务者、保障者。从不同领域的研究承继关系上看，数字政府领域承继于个人数据、数据治理、数据主权研究，在本领域中的最新趋向是数字化转型、数据多元共治、数据中台建设，在其他领域中的研究走向是数据安全、数据财产权、人工智能、区块链等。

---

〔1〕 参见于施洋等：《国内外政务大数据应用发展述评：方向与问题》，载《电子政务》2016 年第 1 期。

〔2〕 参见张毅菁：《数据开放环境下个人数据权保护的研究》，载《情报杂志》2016 年第 6 期。

〔3〕 参见商希雪：《政府数据开放中数据收益权制度的建构》，载《华东政法大学学报》2021 年第 4 期。

〔4〕 参见张聪丛等：《开放政府数据共享与使用中的隐私保护问题研究——基于开放政府数据生命周期理论》，载《电子政务》2018 年第 9 期。

〔5〕 参见邹倩瑜等：《基于中台架构的科技政务数据治理模式研究——以广东为例》，载《科技管理研究》2021 年第 24 期。

〔6〕 参见梁宇、郑易平：《我国政府数据协同治理的困境及应对研究》，载《情报杂志》2021 年第 9 期。

三、国家边界和数据要素流通的交集——"数据主权"领域

"数据主权"的概念在学界有广义说与狭义说之分，广义说认为"数据主权"包括国家数据主权与个人数据主权，其中个人数据主权建立在国家数据主权保障的基础之上[1]；狭义说认为"数据主权"仅包含国家数据主权。虽然存在众多文献将国家与个人数据主权合并探讨，但由于广义说中的个人数据主权内容与其他研究聚类"个人信息""数据权"等应属于同一研究视角，遂图 2-1 中的"数据主权"领域观察将聚焦于国家层面的数据主权研究，图 2-1 中有关个人数据主权的部分聚类放入个人信息领域中进行观察。从整体趋势上，该领域研究规模较分散，规模较大的聚类主要产生于 2018 年前后，成规模聚类的产生间隔时间较长，研究持续时间较长，直至 2021 还在生成新的聚类，跨境数据流通为本领域最新的研究流向。

从研究起点来看，该领域的关注起点在 2013 年，与同年发生的震惊全球的"棱镜门事件"有密切的联系，有学者在"云时代""网络空间"等研究聚类下提出了"数据主权"观点，认为数据主权是国家主权在网络空间的衍生物，关乎现实中国家的权威与安全。同时数据主权也是网络环境自身发展的必然产物，遂有必要通过法律、政策、外交、技术等措施进行保护[2]。随着技术的变革，数据主权向数据保护、数据安全等领域的延伸发展，有学者提出数据主权的保护归根结底是技术发展的问题，需要技术对数据进行切实的控制和分析[3]，也有学者提出数据主权的保障措施应着眼于法律制度构建，包括以数据确权作为数据交易的基础，以数据安全作为数据开发利用的保障[4]。再有学者逐渐将数据主权与数字经济联系起来，认为现代国家会根据各自不同的数据经济价值和安全立场来判断并制定跨境数据流通政策、划定数据主权范畴[5]，因此有必要将数据主权也纳入数据市场规划的范畴中。

---

　　[1]　See Joel Trachtman, "Cyberspace, Sovereignty, Jurisdiction, and Modernism", *Indiana Journal of Global Legal Studies*, Vol. 5, No. 2. , 1998, p. 566.

　　[2]　参见蔡翠红：《云时代数据主权概念及其运用前景》，载《现代国际关系》2013 年第 12 期。

　　[3]　参见付伟、于长钺：《数据权属国内外研究述评与发展动态分析》，载《现代情报》2017 年第 7 期。

　　[4]　参见武长海、常铮：《论我国数据权法律制度的构建与完善》，载《河北法学》2018 年第 2 期。

　　[5]　参见茶洪旺等：《数据跨境流动政策的国际比较与反思》，载《电子政务》2019 年第 5 期。

著名的"隐私盾协议"无效案就是欧盟与美国在争夺数字经济霸权过程中，试图以数据流通方式突破国家界限的典型案例。由此可见，数据主权问题离不开数据权属，网络空间的国家主权与各国数据资产的管理方式、数据权属认定方式有着密切关联，所以在 2019 年开始出现了"数据权属""数据可携权"等聚类，这些聚类探讨数据权属在政府、企业、个人之间的边界和流转方式，但由于数据权本身的内涵复杂、外延极广，该聚类研究差异明显，有从个人数据安全保障角度[1]、政务数据资产化管理角度[2]、企业数据利用准则等角度[3]等。从研究领域的来源和流向上来看，除了本领域的研究脉络外，数据主权研究主要承继于其他领域个人信息保护、数据治理、互联网空间治理研究，主要流向数据开放、数据要素市场、数字化转型等聚类。由此可见，数据主权领域研究到了权属研究阶段也会趋向多元治理，并最终与国家层面的安全问题关联起来。针对数据主权中提到的数据权属问题，系数据主权研究的基础内容，权属争议没有定论，主权问题就难以决疑。

四、数据流通利用的关键——"数据要素"领域

"数据要素"领域主要围绕数据的生产价值，研究其相关的制度、管理、技术措施，与其他研究领域相比，"数据要素"研究更接近数据的活动规律，对围绕"数据"的法学理论、制度研究具有重要的意义。从整体趋势上来看，除了核心研究聚类"数据治理"从 2012 年开始具有较长的研究持续性，其他研究聚类主要在 2016 年~2021 年间较活跃，最新研究流向"数据供给""数据开放""信息安全""档案事业"等。

从本领域的起始点"数据存储管理""操作型数据管理"来看，样本中最早提到数据治理的文献发表于 2012 年，该文作者提出"数据治理"概念的方法并不是直接下定义，而是通过比对传统的数据存储管理模式：重系统、轻平台，数据管理系统与业务系统呈现网格状结构，数据处理各行其是，数据

---

〔1〕 参见安柯颖：《个人数据安全的法律保护模式——从数据确权的视角切入》，载《法学论坛》2021 年第 2 期。

〔2〕 参见张鹏、蒋余浩：《政务数据资产化管理的基础理论研究：资产属性、数据权属及定价方法》，载《电子政务》2020 年第 9 期。

〔3〕 参见姚佳：《企业数据的利用准则》，载《清华法学》2019 年第 3 期。

管理令出多门的"烟囱式"数据管理模式[1]。因此,该文作者认为数据治理应该是注重平台一体化管理、数据管理与业务流程深度嵌入、数据开放性的。虽然这种早期观点已经颇具前瞻性,但是因为数据的生产与流通并没有形成当下的"要素"级规模,故针对"数据治理"到底是"对数据的治理"还是"利用数据进行治理"的内涵尚未形成共识,例如,有学者就认为"数据治理"是一种利用信息化手段对社会进行管理的概念[2],但也有学者尝试比较传统"数据管理"概念与"数据治理"的区别,认为前者是静态的结果导向型管控,而后者是动态的数据过程管控,强调了数据管理是一个"程序性"的问题[3]。

2015年往后,学界对"数据治理"是将"数据"作为独立客体的研究已形成共识。在明晰了概念之后,往后的研究阶段注重填充"数据治理"的内涵及体系。例如,有学者以"数据科学"的角度,进一步明晰"数据治理"的内容颗粒应包含"框架体系""政策标准""成熟度模型""数据质量"等要素[4],但是由于数据治理本身具有复杂的内涵和广泛的外延,研究偏向技术化、碎片化,难以在理论层面形成体系和一致性,欠缺具有深度的理论和研究方法。鉴于此,数据治理研究开始从纯粹的技术管控领域寻求与人文社科的契合甚至是统一,这种契合在国内主要发生在数据科学与法学的交叉领域,寻求数据治理的人文价值实现与合法性认同的研究聚类"数据权利"在2019年成为领域内新的研究趋向。但是交叉学科常面临话语体系的交叉改造,当数据治理寻求人文社科的理论升华与认同时,传统人文社科必须面临自身体系革新与改造:有学者反对传统私权利理论对数据规制的机械适用,基于数据的公共属性应构建"分享-控制"的数据公共秩序框架[5],有学者提出

---

[1]　参见深圳发展银行信息科技部:《数据存储管理在银行IT建设中的作用》,载《中国金融》2012年第11期。

[2]　参见单勇:《以数据治理创新社会治安防控体系》,载《中国特色社会主义研究》2015年第4期。

[3]　参见童楠楠、朝乐门:《大数据时代下数据管理理念的变革:从结果派到过程派》,载《情报理论与实践》2017年第2期。

[4]　参见张宁、袁勤俭:《数据治理研究述评》,载《情报杂志》2017年第5期。

[5]　参见梅夏英:《在分享和控制之间　数据保护的私法局限和公共秩序构建》,载《中外法学》2019年第4期。

"权利束"概念解决数据的主体利益复杂性问题[1]，亦有学者宽泛地将数据确权问题委以特定技术来解决[2]，但是这些研究并未对权利范式形成共识。由于数据的内涵与价值取决于所处场景和流通、应用的方式，难以用下定义方式涵盖数据权利的全部内容，遂也有学者在数据"要素"级别的流通、开放、应用中以"行为规制"模式划定数据的合法性边界，例如，有学者提出在政府数据开放场景下以开放许可协议限定数据，构建程序合法性[3]，也有学者在人脸识别场景下探讨隐私保护风险评估机制的重要性[4]。

从研究的来源和去流上看，数据要素研究主要生发于信息社会研究，中途承继于数字政府领域的数据开放研究，后期承继于个人信息领域的隐私保护法律研究，同时转向与数字政府领域中的数字化转型、政府数据等相融合，最后广泛流向公共数据治理、数据跨境流动、数据权利、人工智能、云计算法律规制等领域，数据要素是去脉最广泛的研究领域，其中的数据治理聚类研究的广泛性最明显。

五、数权的技术背景——"大数据"领域

"大数据"一词在该领域一般作为技术、概念、理念抑或社会背景，是研究的主要对象。从研究整体趋势上来看，本研究以围绕"大数据"核心聚类，具有可观的文献规模、引用量和时间跨度，并和其他领域多个关键聚类具有长期研究关联，但是同领域并没有形成具有明显规模的新聚类，同领域产生小型聚类均文献量低于 10 篇，最新研究去脉为数据财产、政务数据、高等教育等。

从研究起始点来看，"大数据"与"云数据"在研究早期的 2012 年前后经常在跨境数据流通规制研究中并用，例如，有学者提到大容量存储设备、宽带和云计算技术带来的数据全球化法律风险规制，强调的是大数据的技术属性[5]，往后的研究中常把"大数据"作为一种数据互通、数字化转型渗

---

[1] 参见闫立东：《以"权利束"视角探究数据权利》，载《东方法学》2019 年第 2 期。

[2] 参见韩旭至：《数据确权的困境及破解之道》，载《东方法学》2020 年第 1 期。

[3] 参见王真平：《政府数据开放许可协议：理论源流、法律属性与法治进路》，载《图书馆学研究》2021 年第 11 期。

[4] 参见曾雄等：《人脸识别治理的国际经验与中国策略》，载《电子政务》2021 年第 9 期。

[5] 参见蒋洁：《云数据跨境流动的法律调整机制》，载《图书与情报》2012 年第 6 期。

入人们生活各方各面的大背景，然后再聚焦探讨于这种背景相关的特定现象的合理化问题，例如，在大数据背景下探讨个人隐私问题、数据产业化问题、高等教育问题等。也正因为这种"背景板"定位，使得该研究的在2013年后没有形成具有连贯性的规模聚类，而是更多与其他领域产生泛在关联。从不同领域间的承继与去脉关系上来看，"大数据"领域与个人信息、数字政府、数据要素、数据治理等领域均有承继关系，并且形成了对新生的数据权利、政府数据开放、数据要素市场、人工智能规制等新研究聚类的去脉。

六、尚处探索阶段的数权研究分支——"人工智能"法律规制

"人工智能"法律规制领域强调法律对数字化时代各类新型技术、现象（尤其是支撑人工智能运行的算法与数据）的约束。从整体研究趋势上看，本领域研究周期短、研究聚类少，但鉴于 Citespace 仅能从关键词词频以及引用关联命名领域，缺少实质分析聚类间深层逻辑关系的能力，在文献量较少的领域中归纳关键词的准确度就会下降，所以不能根据图中信息断言"法律规制"研究在数据领域的不充分。相反，实质上结合上述其他领域的研究脉络可以较为清晰地观察法律规制研究在数据领域研究的普遍性、持续性、强关联性。图 2-1 所示第六领域的文献多集中在"人工智能"领域，遂针对这些关键词研究脉络分析。这些词没有出现在数据研究的前几类领域中，最直接的原因就是与它们相关的关键词在样本中的出现频度较低，再加上从全领域视角下的承继关系来看，本领域研究聚类鲜有流向其他领域聚类，这说明"人工智能"是数据领域研究中相对独立且边缘的研究分支，或者说研究的知识领域相差甚远。例如，聚类"人工智能"的文献中，有将"人工智能"作为背景讨论民事权利保护[1]、商业市场监管[2]、政府治理问题[3]的研究，

---

〔1〕　参见王利明：《人工智能时代对民法学的新挑战》，载《东方法学》2018 年第 3 期。

〔2〕　参见朱琳、金耀辉：《大数据驱动金融市场监管研究——基于上海自贸试验区 P2P 企业风险监测的实践》，载《华东理工大学学报（社会科学版）》2018 年第 6 期。

〔3〕　参见柳亦博：《人工智能阴影下：政府大数据治理中的伦理困境》，载《行政论坛》2018 年第 3 期。

其中算法治理常作为人工智能研究的落脚点[1]。

第二节　国外数权知识聚类时间线

经过前述国内外关键词聚类时间轴的整体趋势对比，发现国内外基于不同的语言、立法偏好、所处研究阶段和社会背景而形成微妙的差异对比格局。为了深层明晰数据领域研究的全貌，对国外数据研究进行分领域的聚类时间线分析亦十分重要。同样借助 Citespace 根据关键词频度和关联自动划分并命名的六个领域：Personal data（个人数据/个人信息）、Property（财产权）、AI（人工智能）、Surveillance（监视）、Data protection authority（数据保护监管）、Standard（标准）进行分析比较。值得注意的是从领域间的产生关系上来看，第一领域 Personal data 和第二领域 Property 是数据研究走向隐私人格权与财产权的两个面向，两个领域都明显产生于 Property 研究聚类，该聚类又是第四领域 Surveillance 下 Fourth Amendment 衍生出的聚类，可见国外话语中对隐私理论的重视。综合这些信息，对国外数权知识聚类时间线进行细致分析。

---

〔1〕 参见郑智航：《人工智能算法的伦理危机与法律规制》，载《法律科学（西北政法大学学报）》2021 年第 1 期。

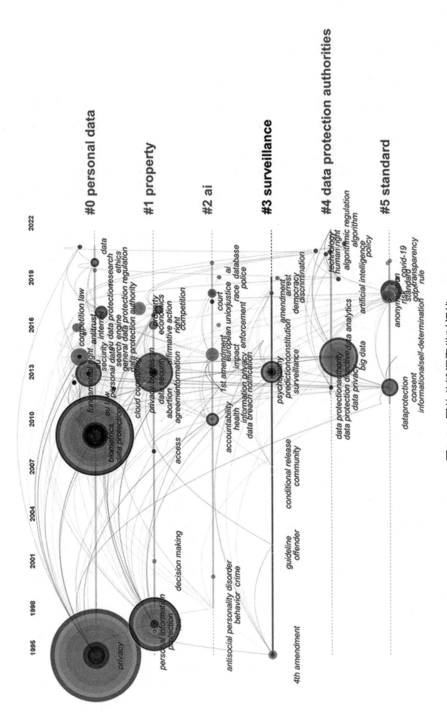

图2-2　国外关键词聚类时间线

一、受到各方利益制约的隐私——"Personal data"领域

随着社会的发展，各方利益不断对隐私权利产生影响和制约，致使 Personal data 一直在不同范畴的基本权利、人格权利、财产权利中徘徊修正。该领域聚焦讨论个人数据的法律保护，从整体趋势来看，本领域研究的重点突出，标志性研究聚类 Privacy 和 Data protection 的文献体量最大且研究时间跨度最长，2012 年往后是新型聚类形成的活跃期，基本权利（Fundamental right）、安全（Security）、欧盟 GDPR、伦理（ethic）等新聚类是本领域的最新研究方向。

从本领域的研究起始点来看，样本中最早的文献作者 Harold 于 1995 年提出政府在刑事侦查和履行公共安全保障职权时，应当保护公民隐私相关的信息。在这篇起始文献中，隐私权利的保护规则是从美国宪法第四修正案（Fourth Amendment）中的财产保护规则当中推演得出，政府行使公共职权时征用财产必须有严格的目的限制和使用期限，那么隐私数据被采集也应受此限，这是对公民基本权利的保护[1]。从这里可以看出，国外隐私权利研究的早期视角是以财产权模式下的隐私权限制公权力，注重对隐私本身内容的完善与再造。Privacy 聚类到 2017 年前后因 GDPR 的颁布实施迎来新一波研究热潮，有学者提出了该法案对隐私保护模式的影响，认为除了传统依赖后端监管处罚和司法判决维权外，掌控数据的公司应当从业务流程、战略规划、组织架构、技术设计等方面进行内部改造以适应新的法律制度[2]。在 2009 年产生的 Data protection、Personal information、Security 聚类群也经历着变化，不再局限于数据权利的绝对保护，而是将社会主体多元需求与数据的价值联系起来。其中，个体的隐私权利保护规则在相对增强，例如，有学者提出在云计算背景下，个人隐私数据在云计算用户之间存在窃取风险，云计算服务提供商亦有非法利用隐私数据的利益动机，云计算系统的复杂性在面对和黑客攻击时可能产生的涟漪效应均增加了个人隐私受到侵犯的危险，遂有必要针对云计算的技

---

[1] See Harold J. Krent, "Of Diaries and Data Banks: Use Restrictions under the Fourth Amendment", Texas Law Review Vol. 74, No. 1., 1995, pp. 49-100.

[2] See Tikkinen-Piri C, et al., "EU General Data Protection Regulation: Changes and Implications for Personal Data Collecting Companies", *Computer Law & Security Review*, Vol. 34, No. 1., 2018, pp. 134-153.

术特点与利益相关方格局，制定更为细致的隐私保护规则[1]。但是企业数据权利在逐渐从绝对保护转向相对保护，例如，聚类中有学者研究北美自由贸易协定（North American Free Trade Agreement，简称 NAFTA）提出的 Data exclusivity（数据排他权），该权利适用于医疗行业公司的临床数据，目的在于激励行业创新，保护公司商业竞争利益。但是该文作者提出该数据排他权的法律依据属于国际贸易协定，应当注重平衡不同国家能够承受的保护数据排他权的成本，尤其是当一些国家需要应对国内公共健康安全危机或保护弱势群体时，应当适当降低数据排他权利的保护力度。该研究设计了一套限制数据排他权利的规则，包括限缩药物数据的专利权范围、限缩排他保护的时间期限、设定不予排他保护的公共健康情形等[2]。

因为个人数据指向的隐私权利在数字社会中愈发不确定，本领域还探讨隐私权利的变化与法律概念的关系。例如，有学者提出利用技术立法保障隐私基本权利，认为法律实现公平正义需要介入技术规则（原文表述为技术特别法 Technology specific law），因为当技术明显对隐私、不被歧视的权利和正当法律程序产生不利影响时，就不会是价值中立的。遂有必要在技术设计时对这些合法权益进行补偿。数据的控制者和技术的使用者必须预测这些系统的设计如何影响隐私合规性，并通过贯穿始终的隐私设计（Privacy by design）以防止违规的方式主动防止 GDPR 这类数据保护法规中出现的侵权行为[3]。该文献提出了区别于传统成文法律、非成文法律的概念框架，提出高度动态、结合数据应用系统快速创新更迭的数据法律模式。该类研究将研究数据权的思路引入法律本身的批判性思考，具有相当重要的理论转折意义。

在 2017 年以后，个人数据隐私保护的路径出现了 Ethic 研究聚类，意味着隐私研究与更广义的伦理归责的结合。为了避免个人隐私权利在利益关系纷繁复杂、效率至上的数字社会中被彻底消解稀释，在借助权利保护的法解

---

[1]　Nancy J. King, V. T. Raja, "Protecting the privacy and security of sensitive customer data in the cloud", *Computer Law & Security Review*, Vol. 28, No. 3., 2012, pp. 308-319.

[2]　See Pie-kan Yang, "Current Development of Canada's Data Exclusivity Regime: How Does Canada React to Nafta, Trips and Dangle between Pharmaceutical Innovation and Public Health", *Asian Journal of WTO & International Health Law & Policy*, Vol. 4, No. 1., 2009, pp. 65-91.

[3]　See Hildebrandt M, Tielemans L, "Data protection by design and technology neutral law", *Computer Law & Security Review*, Vol. 29, No. 5., 2013, pp. 509-521.

释路径暂时无法寻找定论时，有学者借助伦理来阐释隐私保护的正当性。针对伦理规则的内涵和研究定位，有的观点默认伦理规则与法律规则等同，可以按照法律规则的形式纳入企业的数据影响评估清单[1]，但也有观点体现出伦理规则的领域复杂性，例如，有学者在 GDPR 立法背景下提出企业与雇员关系下的数据伦理规则，认为企业强制要求雇员佩戴智能移动设备，以"员工健康"管理为名收集并追踪雇员的身体健康信息现象存在侵犯隐私、助长歧视和不对等劳动关系的隐患[2]。但是在这类将劳工隐私与伦理关联起来的研究中，涉及政治学、心理学、社会学等多领域研究。该文作者从心理学角度、政治学角度提到了电子设备监控对员工生产力和压力、从管理学角度提到利用计算机监控员工行为数据的绩效模式可能带来的管理风险，体现出将伦理归责介入权利研究的复杂性。

从研究的承继、去脉关系上来看，第一领域 Personal data 是国外样本中研究体量最大、时长最久的研究，所以其承继的研究来源主要是本领域内的文献，主要始于 Privacy 聚类，而该聚类在时间线上最早的文献又来源于第三领域的美国宪法第四修正案（Fourth Amendment）。本领域研究的基础性还体现在研究去脉的广泛，在其他六个领域均有分支，包括数据财产、人工智能、数据监视、数据保护监管者等。

二、个人数据的财产面向——"Property"领域

个人数据在传统民事法律研究中属于人格权，具有专属性和不可让渡性。但是在数字时代个人数据具备经济价值，因此具备财产权属性。所以该研究领域关注的个人数据的财产权面向，从领域知识聚类中可以看出个人数据产权研究的由来及发展趋势。研究命题主要是个人数据的产权保护制度。从整体趋势上来看，领域内的法律（Law）、信息（Information）等聚类具有一定规模、研究持续性强，聚类产生的时间分别是样本早期的 1995 年至 1998 年

---

〔1〕 See Amram D, "Building up the 'Accountable Ulysses' model. The impact of GDPR and national implementations, ethics, and health-data research: Comparative remarks", *Computer Law & Security Review*, Vol. 37, 2020, p. 37.

〔2〕 See Ce'line Brassaret Olsen, "To track or not to track? Employees' data privacy in the age of corporate wellness, mobile health, and GDPR", *International Data Privacy Law*, Vol. 10, No. 3., 2020, pp. 236-252.

间以及 2013 年至 2018 年间，2016 年往后研究偏向明显，与第一领域后期
注重数据安全、基本数字人权、数据伦理不同，本领域后期偏向数据流通
的产权（Property）、市场竞争（Competition）、著作权（Copyright）等研究
方向。

　　本领域的早期阶段注重探讨隐私权利与公共空间的平衡。值得注意的是，
与第一领域的研究起始点注重隐私权利内容本身的优化与再造不同的是，本
领域研究伊始便不是强调隐私的单向保护或内容填充，而是在特定的群体、
行业领域内容探讨隐私与公共利益之间的平衡关系，在 Law 聚类的早期研究
中有学者提到为了提升医疗行业服务质量实行同行评审，诸多国家建立医师
数据库，但是该措施涉及医师职业信息、个人身份信息的隐私保护与公共医
疗利益的价值平衡问题，遂应以电子数据库特定格式、限定访问方式、限制
提供信息的数量等方式保护医生的隐私信息不被滥用，但是也不切断医生数
据库与社会公众之间的联系[1]。由此可见隐私权利内涵与数字社会之间的依
存关系与张力，法律需要将概括性、原则性的法权保护内容不断细化到具体
的行业、人群、规则、方式。

　　本领域的中期阶段注重探索规制下的流通路径。Law 聚类的研究到了 2015
年后，明显展现出个人数据的财产化、流动化研究趋势，聚类文献着重在互联
网技术迅速发展的背景下，思考个人信息流动并产生价值的方式，其中有学者
探讨了的当时 PDE（Personal data economic）和 PFP（Pay for privacy）两种不
同的隐私数据货币化模式，从消费者对隐私数据的控制权、强力监管措施、
隐私交易协议内容限制、司法裁判等方面提出对隐私货币化的规制[2]，亦有
学者强调为了兼顾个人数据的流通和保护，应当在立法层面明确地定义个人
信息的内涵，保证隐私数据法律的确定性与可适用性[3]，更有学者开始探讨
数据时代下的法律本体论再认识，传统的法律体系能否适应包括隐私在内的

---

〔1〕　See Julie Barker Pape, "Physician data banks: the public's right to know versus the physician's right
to privacy", *Fordham Law Review*, Vol. 66, No. 3., 1997, pp. 975-1028.

〔2〕　See Elvy S A, "Paying for privacy and the personal data economy", *Columbia Law Review*,
Vol. 117, No. 6., 2017, pp. 1369-1460.

〔3〕　See Arkhipov V, Naumov V, "The legal definition of personal data in the regulatory environment of
the Russian Federation: Between formal certainty and technological development", *Computer Law & Security Re-
view*, Vol. 32, No. 6., 2016, pp. 868-887.

法律概念剧变，这是学理研究中不可忽视的问题[1]。显然，在数据流通愈加频繁的背景下，这些在 GDPR 法案颁布前夕的研究都较注重数据流通的合法化规制，同时又在尝试避免"规制"导向的法律对数据流通造成的阻碍。

本领域的后期阶段注重数据流通的促进。本领域研究在 2017 年后展现出明显的开放流通导向，该时期产生的聚类群财产权（Property）、权利（Right）、经济（Economic）、披露（Disclosure）、竞争（Competition）等均体现出数据开放流通之大势所趋。该时期的学者频繁关注商业活动中聚集的数据产权化保护，有的学者在权利（Right）聚类下解构了数据权利的概念，甚至认为数据权属（Ownership）的认定是无意义的，原因在于数据领域的权属划定不仅不能起到传统产权制度保护激励创新作用，反而会促成市场垄断、隐私威胁、扼杀技术发展、限制言论自由，遂当下包括欧盟与美国在内的数据立法前沿国家均回避了数据权属问题[2]，也有学者并未完全否定数据权利，他们以数据开发利用的风险评估制度为载体，提出"风险"与"权利"并存的理念，体现出数据权利与传统私权不同的不特定性、概率性[3]。但也有认为数据权属可以应用在商业、专利领域的学者在经济（Economic）聚类中提出当企业有目的地利用分散的消费者个人数据形成自己的专利技术时，企业不仅作为这项专利的所有权人，也能够享有这项专利应用过程中产生的其他数据的权力（Power）[4]；除去数据流通中的权利争议，更有学者在竞争（Competition）聚类下搁置争议不清的数据权属问题，直接从数据治理角度探讨数据的流通方式以及前提，认为数据的标准化才是流通的先决要件，而非传统法律思维下的先确权后流通[5]，以这样的思路打开了数据市场多元利益博弈的研究视野。

---

[1]　See Alarie B, et al. , "Law in the future", *University of Toronto Law Journal*, Vol. 66, No. 4. , 2016, pp. 423–428.

[2]　See Lothar Determann, "No One Owns Data", *Hastings Law Journa*, Vol. 70, No. 1. , 2018, pp. 1–44.

[3]　See Dijk Niels Van, et al. , "A risk to a right? Beyond data protection risk assessments", *Computer Law & Security Review the International Journal of Technology Law & Practice*, Vol. 32, No. 2. , 2016, pp. 286–306.

[4]　See Simon B M, Sichelman T, "Data-generating patents", *Northwestern University Law Review*, 2017, p. 111.

[5]　See Gal M, Rubinfeld D L, "Data Standardization", *NYU Law Review*, Vol. 94, No. 4. , 2019, pp. 737–770.

从上述研究脉络分析以及时间线图中的研究承继、去脉关系上看，本领域与第一领域的个人隐私保护研究虽然具有紧密的承继关系（尤其是 Privacy、Data protection、Personal data 等聚类是第二领域的主要来源）。但是在 2015 年后明显呈现出数据的开放流通倾向与数据秩序的结构性革新倾向。基于这种倾向，本领域研究对其他领域的扩张性和发散性也愈发明显，从研究向其他领域的去脉关系上看，本研究不仅走向第一领域的反垄断（Antitrust）、还走向第二领域的数据保护监管（Data protection authority）、第三领域的健康（Health）、第四领域的监视（Surveillance）、第五领域的（Big data）和（Discrimination）、第六领域的（Risk）和（Consent）等。

三、数据伦理的分支——"AI"领域

从数据的研究视角看 AI 技术的规制，知识相隔距离较远的研究领域——第三研究领域为 AI，人工智能本身已包含大量数据在人工智能方面的研究。从整体趋势上看，本领域的研究聚类较分散，而且标志性聚类不明显，聚类文献规模都较小，从时间延续性上看，AI 领域研究文献实质上起步较晚，早期的行为科学与法学交叉研究的相关文献并未实质触及人工智能技术。在数据研究视角下的 AI 的研究，往往也是数据在特定场景中涉及深度计算和机器学习。例如，有学者在 2010 年提出患者数据库具备深度挖掘价值，但是在利用算法设计的编码行为赋予数据特定价值时，付出劳力的计算服务提供商往往会基于前期成本的付出主张对数据的权利，而患者本身也强烈主张健康数据的所有权，在这种情形下，因为人工智能算法的介入，数据权利分配问题将变得愈加复杂[1]。在这些研究中，人工智能都只是作为数据应用的一种表达，研究更多关注的还是数据本身的使用规制。而在研究进入 2020 年前后，数据伦理问题常与人工智能同时被提出，常与数字社会下的特殊群体（儿童、老人、残疾人等弱势群体）保护相关，使得 AI 领域研究较偏向技术伦理研究。例如，有学者提出对数据弱势群体的保护，其中人工智能作为技术被提及，认为它们可能对人权、法治和社会正义构成重大风险，不仅有可能导致不

---

[1] See Rodwin, Marc A, "Patient Data: Property, Privacy & the Public Interest", *American Journal of Law & Medicine*, Vol. 36, No. 4., 2010, pp. 586-618.

同群体之间歧视，更有可能形成对个体价值的压迫和剥削[1]；还有学者提出荷兰政府在利用人工智能技术对有过前科的青少年进行犯罪风险评估时，利用大量的风险档案建立犯罪关联网络，虽然能够提高决策精准度，但这种计算评估模式没有考虑到法律对未成年人的宽恕价值，有可能使未成年人在未来的人生中被打上负面评价的烙印，助长歧视行为，遂应当借助 GDPR 当中规定数据主体拥有删除并退出数据网络的权利，帮助未成年人摆脱人工智能的精密计算[2]。从研究的承继和去脉关系上看，除了主要来源于 Privacy、Data protection 等重要研究聚类，AI 领域的研究与其他领域的承继关系不明显，主要的研究去脉为个人数据领域的伦理（Ethic）聚类、数据监管者领域的（Big data）聚类、产权领域的安全（Security）聚类、标准领域的风险（Risk）聚类。从承继关系和整体研究内容来看，本领域研究虽然与 AI 相关，但是更多研究着眼于数据计算、使用的规制，本质上依然是数据领域的研究，这与样本收集围绕的是数据的关键词有关，另外，本领域研究的承继关系网络并不庞大，除了与个别标志性聚类有关联之外，研究去脉并不丰富。这说明 AI 领域的研究相对不发达，并且在数据领域中呈现式微走势。从知识领域结构上看，AI 研究与数据研究存在知识间隔，两者研究相对独立，即使在较新的研究中，数据与人工智能的研究交集也仅体现为数据库（Database）聚类（将数据库作为智能决策的基础）[3]，因此本研究将聚焦数据领域问题，避免研究被人工智能下领域下的庞杂概念纠缠。

四、重塑公共空间与个体关系——"Surveillance"领域

"Surveillance"领域注重审视数据时代的公共空间与个体性，研究公权力对个人监视的规范及秩序。如果说前三个领域更多关注法律地位相对平等的社会主体之间的数据关系，那么本领域关注的更多是信息、地位不平等的公

---

[1]　See Malgieri G, Niklas J, "Vulnerable data subjects", *Computer Law & Security Review*, Vol. 37, 2020.

[2]　See Fors K L, "Legal Remedies For a Forgiving Society: Children's rights, data protection rights and the value of forgiveness in AI-mediated risk profiling of children by Dutch authorities", *Computer Law & Security Review*, Vol. 38, 2020.

[3]　See Niovi Vavoula, "The 'Puzzle' of EU Large-Scale Information Systems for Third-Country Nationals: Surveillance of Movement and Its Challenges for Privacy and Personal Data Protection", *European Law Review*, Vol. 45, No. 3., 2020, pp. 348-372.

共空间、公权力对个人影响的异化，以及个体选择何种方式对抗这种异化（有学者提到了法律限制抑或民间自治两种方式）〔1〕。从整体趋势上来看，本领域研究的整体规模不大，但是标志性聚类明显，且研究的延续性较好，民主（Democracy）、歧视（Discrimination）为本领域的最新研究方向。

从本领域 1995 年的研究起始点来看，起始文献与第一领域个人信息的起始点重合，都探讨的是美国宪法第四修正案下刑事侦查、行政执法过程中的隐私保全（如犯罪者信息和政府收集的公民 DNA 数据）。如第一领域所述，该文献借助财产权保护框架保护个人隐私，但是启用这种扩大解释的法理依据在于公权力不得对个人自由采取过度限制。这类援引第四修正案限制公权力监视公民的研究持续时间很长。随着数据挖掘、预测、监视带来的监视行为的深入，为防止这种深入监视造成社会公众的抵制，研究监视行为的合理合法性至今依旧具备价值〔2〕。这类研究是从数据在政府端集成对个人隐私造成损害角度出发的，还有一类研究从数据辅助提升刑事侦查、社会治安的角度出发，探索现有法律规则认定标准的变化，例如，有学者提出，在数据大量聚合、刑事侦查手法依赖多元数据的背景下，刑事办案与行政执法中发现危害社会安全因素的精准化水平应该提高，这在文中被称为合理怀疑能力（Predictive reasonable suspicion）的提升〔3〕。此后，数据领域的监视研究经过了一段不活跃期，直到 2013 年前后，出现了标志性聚类 Surveillance，开始探讨数据监视公权力的管辖界限、公权力借助数据对公民监视产生的影响。其中有学者以数据的本地化为角度，认为数据的跨边界传输便利性和速度、传输的任意性、随机性，以及数据存储的位置和数据被访问的位置之间的物理脱节，模糊了公权力管辖的边界，破坏了既定法律体系中刑事侦查、行政执法、司法审判等权利义务关系的前提假设，使原本的合法监视发生异化，易形成单方面域外执法、干涉他国主权等明显有悖于公平、自由价值理念的行为〔4〕；还

〔1〕 See S. D Seybold, "Somebody's Watching Me: Civilian Oversight of Data-collection Technologies", *Texas Law Review*, Vol. 93, No. 4., 2015, p. 1029.

〔2〕 See Ferguson A G, "The Exclusionary Rule in the Age of Blue Data", *Vanderbilt Law Review*, Vol. 72, No. 2., 2019, p. 561.

〔3〕 See Ferguson A G, "Big Data and Predictive Reasonable Suspicion", *University of Pennsylvania Law Review*, Vol. 163, No. 2., 2015, pp. 327-410.

〔4〕 See Jennifer Daskal, "The Un-Territoriality of Data", *Yale Law Journal*, Vol. 125, No. 2., 2016, pp. 326-398.

有研究从数据时代下的新型公共空间审视数据监视，例如，有学者承继了2007 年的社群 Community 聚类研究，提出数据流通下的公共空间重塑，因为在欧盟 GDPR 及其相关法律中，隐私被作为个人自由的延伸，而数据流通过程中塑造的"公共-个人"关系并不局限于政府与公民的关系，也有可能是人群自发形成的话语共同体与个人之间的关系（如搜索引擎提供的话语聚类就承载了公共空间的作用）。在这种关系中，为了让个人能够抗衡公共空间的追踪与影响，赋予个人减少公共空间对其影响的权利（如被遗忘权）将非常重要[1]。顺应这种研究趋势，本领域在 2016 年往后形成民主（Democracy）聚类，聚类相关研究认为数据保护并不只是个人层面的问题，应当摒弃对个人数据的绝对至上以及静态保护，进而将其视为一种社会问题和价值判断，所以数据保护的深层命题应是社会的正义、民主、尊严和公平[2]。另外，同时期的歧视（Discrimination）聚类的研究思路体现出相同的开放性，反歧视的标准具有明显的情境属性，文献中提到了劳动者基因检测数据[3]、警务治安数据[4]、消费者数据[5]，反歧视类研究虽然发散性强，但其共通点在于歧视的判断都基于敏感类数据（基因信息、犯罪信息、消费偏好信息等）的滥用或误用。从本领域的整体研究内容来看，最重要的突破点和理论意义就在于突破了传统公共空间的定义，重新塑造出一种基于数据的公共空间，这个空间中没有绝对的权威，只有数据的自发聚合以及个体性边界的不确定，这意味着传统法律思维中的公私二元思路已经难以解决其中的问题，数据保护问题甚至意味着社会关系的革新。虽然本领域研究后期提出了诸多触及社会根本秩序的研究命题（包含民主、自由、尊严、个体性等），但是都难以给出明确具体的答案。

---

[1] See Robert C. Post , "Data Privacy and Dignitary Privacy: Google Spain, the Right To Be Forgotten, and the Construction of the Public Sphere", *Duke Law Journal*, Vol. 67, No. 5, 2018, pp. 981-1072.

[2] See Yves Poullet, "Is the general data protection regulation the solution?", *Computer Law & Security Review*, Vol. 34, No. 4. , 2018, pp. 773-778.

[3] See Bradley A. Areheart, Jessica L. Roberts, "GINA, Big Data, and the Future of Employee Privacy", *The Yale Law Journal*, Vol. 128, No. 3. , 2019, p. 3.

[4] See Logan W A, "Policing Police Access to Criminal Justice Data", *Iowa Law Review*, Vol. 104, No. 2. , 2019, pp. 619-677.

[5] See Adrian K, "ADVANCING QUALITY COMPETITION IN BIG DATA MARKETS", *Journal of Competition Law & Economics*, Vol. 15, No. 4. , 2019, pp. 500-537.

从研究的承继、去脉关系上来看，数据监视的研究承继于隐私（Privacy）、宪法第四修正案（Fourth Amendment）、社群（Community），主要研究流向其他领域的数据库（Database）、大数据（Big data）、风险（Risk）聚类。

五、数据流通中的监管——"Data protection authorities" 领域

"Data protection authorities" 领域的研究涉及监管主体的地位与职权形塑、监管要求的细化、监管手段的协同与开放。具体研究数字时代下的政府和行业主管部门对于企业、个人的数据保护情况如何进行检查、执法等。从整体趋势上来看，本领域研究的时间线相较其他领域较短，文献数量在 2016 年前后较为集中，2020 年前后产生技术（Technology）、政策（Policy）、人权（Human right）、算法规制（Algorithm regulation）等小规模聚类群作为该领域的最新研究方向。从起始研究文献来看，样本中最早论述数据保护监管者的研究是在 2012 年，有学者提出应当塑造数据保护监管者的独立性，因为独立性是保障数据保护专门法律的实施与执行的基础，应从监管者的法律地位、组织形式、职权内容等方面的立法设计着手防止其受到其他行政权力与市场主体的干预[1]。

该起始文献中提到样本之外更早的数据监管者独立性研究可以追溯到 1987 年，可见该研究命题的由来已久。往后在 2013 年前后的数据隐私监管聚类 Data privacy 中，有学者从监管机构的立法建置以外的视角，提出市场的自我规制，指出除了自上而下的立法监管，还需要为消费者和企业提供更加多元的纠纷解决方法，在前端解决化解矛盾纠纷需要更多依赖行业自律。这种行业自律的努力应当体现在知情同意和透明度原则、消费者教育[2]（包括关于在线隐私问题、隐私政策和隐私增强技术），也有学者注意到了监管依据的复杂性，提出"软"技术规范与"硬"法律规范的结合[3]。往后出现了本领域的标志性聚类大数据（Big data），该聚类起始于 2014 年，2017 年的文献

---

[1]　See Graham Greenleaf, "Independence of data privacy autnorities（Part I）：International standars", *Computer law and Security Review*, Vol. 28, No. 1., 2012, pp. 3–13.

[2]　See Barclay C A, "A comparison of proposed legislative data privacy protections in the United States", *Computer Law & Security Review*, Vol. 29, No. 5., 2013, pp. 359–367.

[3]　See Chik W B, "The Singapore Personal Data Protection Act and an assessment of future trends in data privacy reform", *Computer Law & Security Review*, Vol. 29, No. 5., 2013, pp. 554–575.

量最高，往后逐年递减，从研究内容上看，Big data 一词在聚类文献中多作为背景板，鲜有对其进行严格定义，因为除了最初的 3V（Volume、Variety、Velocity）定义，随着技术的发展又可能产生更多的难以明确定义的角度〔1〕（如 Veracity、Variability、Value、Virtual），其含义更多与数据分析活动相关。遂该聚类文献多注重数据在分析的生命周期中数据监管规则研究，在数据的流转变化过程中不断寻找合适的规范手段，毕竟没有任何法律规则能够一劳永逸地解决数据监管的有效性问题。例如，从个体规则角度，有学者提出传统"知情同意"规则在面对当下数据处理活动和数据分析的复杂性、个人数据使用的异化已经难以起到规范作用，遂建议监管部门应当要求数据市场主体形成基于多数据集分析的影响评估机制，为消费者提供退出数据集或携带个人数据转移的权利，且应当保留监管机构对数据的深层控制〔2〕。另外，从公共政策角度，有学者关注到政府开放数据的监管影响，提出公共数据开放虽然有利于市场创新，还能促进政府履职透明度和可问责性，但是基于可识别个体数据的监管不确定性和隐私保护的隐患，开放公共数据将会受到阻碍〔3〕。可见在该阶段的研究过程中，针对监管者的主体独立性已无更多争议，而是注重不断细化监管的标准与职权内容，总之，标志性聚类的研究内容是在 Big data 作为一种分析工具的技术背景下，在各类数据活动领域中不断形塑监管规则，其研究领域性和延展性强，监管的规则研究跨越公私法界限，甚至是更多部门法界限。本领域在研究后期主要探讨监管的人权、伦理面向，注重监管规则的场域化以及效果评估。例如，基本人权（Human rights）聚类中的学者认为人权保护是现有数据监管的重要决策基础，数据监管是数据分析技术、人工智能技术"伦理化"的表现〔4〕，提出了人权影响评估（Human

---

〔1〕 See Broeders Dennis, et al, "Big Data and security policies: Towards a framework for regulating the phases of analytics and use of Big Data", *Computer Law & Security Review*, Vol. 3., No. 33, 2017, pp. 309-323.

〔2〕 See Mantelero A, "The future of consumer data protection in the E. U. Re-thinking the 'notice and consent' paradigm in the new era of predictive analytics", *Computer Law & Security Review*, Vol. 30, No. 6., 2014, pp. 643-660.

〔3〕 See Hardy K, Maurushat A, "Opening up government data for Big Data analysis and public benefit", *Computer Law & Security Review*, Vol. 33, No. 1., 2017, pp. 30-37.

〔4〕 See Niles van Dijk, et al., "The 'Ethification' of ICT Governance. Artificial Intelligence and Data Protection in the European Union", *Computer Law & Security Review*, Vol. 43, 2021, pp. 1-14.

rights impact assessment，简称 HRIA）的方法和模型。这种评估的方法和相关的评估模型聚焦于人工智能应用，其性质和规模需要根据情境做出适当调整，形成可衡量的风险评估方法，将数据保护监管和伦理化从单纯的概念辨析转向人工智能在数据密集型应用领域的实现，能够很好地契合监管需求[1]。从研究的承继关系和去脉上来看，数据监管的研究承继面广，与其他领域的隐私、数据保护、法律规制、个人数据、授权规则、数据监视等聚类均存在承继关系，这与数据监管规则建构注重全面性、体系性相关；从研究去脉上看，数据监管领域研究流向数据产权（Property）、匿名化（Anonymisation）、标准（Standard）聚类等。

六、融贯数权技术性与规范性的关键节点——"Standard" 领域

"Standard" 领域融贯了数据治理的技术话语与数据规制的规范话语，是数权研究的关键节点。具体研究数据活动如何诉诸技术用语中的标准、规范，规则体系的交叉与融合是本领域研究的特点。从整体研究趋势来看，本领域研究的时间跨度虽不长，但是从 2016 年开始的研究活跃度和聚类多元性明显，并且在 2019 年后形成了明显的规模级聚类群，比起其他领域在 2019 年后皆进入研究的不活跃期，标准（Standard）领域研究是所有领域中在研究末期形成聚类群最多的，从研究的全局视角来看，足以说明这些聚类群很可能是未来重要的研究支系，在数据领域研究中占据重要的地位。

本领域的起始文献以公共数据的复用为对象，虽然不是针对 Standard 展开的系统研究，但提到了数据的标准化是数据对接流通的基础工作，数据标准化具体包含数据的互操作性、服务的连续性和多模态方面促进标准化信息流或不同主体接口的跨境公共交通数据流转[2]。从起始文献来看，数据标准研究提出的语境往往不限于传统的隐私保护，而是注重数据的开放、合作、互通、复用，在数据在标准化过程中，隐私或安全的保护质量也将得到提升。

---

〔1〕　See Mantelero A，Esposito，"An Evidence－Based Methodology for Human Rights Impact Assessment（HRIA）in the Development of AI Data－Intensive Systems"，*Computer Law & Security Review*，2021，p. 105561.

〔2〕　See Vandezande N，Janssen K，"The ITS Directive：More than a timeframe with privacy concerns and a means for access to public data for digital road maps?"，*Computer Law & Security Review*，Vol. 28，No. 4.，2012，pp. 416－428.

在 2018 年前后出现的授权（Consent）聚类中，标准是在法律规则实施存在困难的情况下提出的，这种困难发生于特定的数据场景中，例如，有学者在研究中提出欧盟 GDPR 虽然以完整的体系和严格的归责机制形成了广泛影响力，但是这种严格责任体系在不同地区、不同行业领域带来监管的分歧。该文以科学数据收集处理中的知情同意规则为切入点，认为知情同意中的目的告知规则存在模糊性，在数据收集时难以判断其目的是否属于科学研究，遂提出应允许数据主体根据特定科学研究领域和公认的伦理标准做出更细致的同意内容。该文还提出行业专家组织编制的技术标准能够起到和法律类似的规范作用，其中包含对数据规则中的特殊概念的解释（如知情同意、合法目的、匿名性、识别等）。类似的研究思路还可见于匿名化（Anonymisation）聚类中，有学者提出 GDPR 第 4 条第 5 款定义了数据的假名化（Pseudonymised data）（假名化常用于科学、历史或统计研究的任何个人数据的适当保障），目的虽然在于为数据流通利用形成隐私保护屏障，但是假名化的概念来源于网络计算机领域，其定义与其他条款规定的匿名化（Anonymisation）并非一致，相比于匿名化的完全无法识别定义，假名化在原有语境中只是一种降低风险的手段，为了区分二者的内容和功能，研究提出对匿名化的定义应当不仅限于法条概念和理论之争，而是根据英国匿名化网络（UK Anonymisation Network）的匿名化决策框架（Anonymisation Decision-Making Framework）的决策环境要素，形成有关匿名化数据处理的数据环境（Environment）和流程（Process），以相对确定性的程序要件来证成匿名化的合法性[1]。

经过大量的法律规则标准化解释及应用研究后，在 2019 年前后形成标志性聚类——风险（Risk）。该聚类作为 Standard 领域乃至整个领域中的重要理论节点，将"风险"这一社会学、经济学研究中常出现的概念融入数据法律规范中，对数据领域的法律规范研究有着重要的影响：有学者研究提出数据法律规范引入风险概念的标志是 GDPR 第 35 条规定的数据保护影响评估制度，旨在将数据合规义务作为风险管控的落脚点，认为对风险进行直接的法律定义是无助于保护数据主体权利和自由的，重要在于认知风险的方法以及对

---

〔1〕 See Miranda M, et al., "Are 'pseudonymised' data always personal data? Implications of the GDPR for administrative data research in the UK", *Computer Law & Security Review*, Vol. 34, No. 2., 2018, pp. 222-233.

风险的类型化[1]。该研究意味着数据时代下权利的不确定性开始显现，因此对数据权利和个体自由的制度探讨思路必须从传统私权、绝对权、静态物权等概念纠葛中解脱出来，重新思考权利的实现路径。风险在数据法领域中的研究模式能够起到很强的解释力，包括在反计算歧视领域中，有学者将歧视现象当作风险事件，风险防控的落脚点仍然是具体的数据处理义务，包括禁止使用未经批准的歧视性业务，对在法律规定可能由个人身份造成的数据收集、披露活动进行影响评估，并要求公司在设计统计模型时排除可疑变量[2]。另外，当风险概念嵌入数据保护法律中后，有学者认为基于风险的不确定性与泛在性，数据产生的危害往往是系统性的，个人数据主体常被动承受日益复杂的数据使用下游成本，期间受到的损害难以通过线性因果关系来捕捉，因此需要形塑数据治理下的集体追责模式。当人们感到自己受到数据使用的损害，但没有能力或资质获得法律救济或不满意于现有的法律救助时，应当有专门的公益机构帮助他们了解合法或非法的数据使用所造成的损害的性质、严重程度和频率[3]。可见数据标准领域的风险治理研究对监管机构与公民救济等关键研究点具有融贯性，是打通数据法律研究领域、重构数据权利的重要理论节点。

　　在同时期，GDPR 聚类针对 2018 年颁布的法案展开研究，其中的文献除了法律条文解释研究，更重要的是提到了数据控制者应当从业务流程、战略规划、组织架构、技术设计等方面进行内部改造以适应新的法律[4]，例如，数据收集知情同意原则、透明度原则等[5]。这些合规义务的实施和评估无疑需要依赖标准。还有学者关注到了标准的集成化典例——应用程序编程接口（APIs），该学者认为欧盟在数据治理领域的诸多重要制度（包括个人数据可

---

〔1〕 See Raphaël, Gellert, "Understanding the notion of risk in the General Data Protection Regulation", *Computer Law & Security Report*, Vol. 34, No. 2. 2018, pp. 279-288.

〔2〕 See Prince A, Schwarcz D, "Proxy Discrimination in the Age of Artificial Intelligence and Big Data", *Iowa Law Review*, Vol. 105, No. 3., 2020, pp. 1257-1318.

〔3〕 See Aisling M, et al., "Big Data Governance Needs More Collective Responsibility: The Role of Harm Mitigation in the Governance of Data Use in Medicine and Beyond", *Medical Law Review*, Vol. 28, No. 1., 2020, pp. 155-182.

〔4〕 See Tikkinen-Piri C, et al., "EU General Data Protection Regulation: Changes and implications for personal data collecting companies", *Computer Law & Security Review*, Vol. 34, 2017, pp. 134-153.

〔5〕 See Rossi A, Lenzini G, "Transparency by design in data-informed research: A collection of information design patterns", *Computer Law & Security Review*, Vol. 37, 2020, p. 105402.

携、非个人数据自由流动、消费者数据访问规则、政府采用或复用数据等）都高度依赖 API，其作为健全和有效的数据共享生态系统的关键促进作用。然而，另一方面，所有这些尝试在基本原理、范围和执行方面本质上都是不同的。基于 API 共享数据流程的复杂性，实践中有关监管措施、数据流通的尝试在基本原理、范围和执行等层面存在差异性，因此需要健全的标准化措施[1]。在 2020 年前后，基于新型冠状病毒疫情防控中的密切接触者数据的保护争议，有学者提出不同的法律体系（如以欧盟 GDPR 的集成性、概念性立法模式与美国《健康保险流通与责任法案》（Health Insurance Portability and Accountability Act，简称 HIPPA）、CCPA 等行业性、领域性立法模式形成对比）对隐私数据保护标准的塑造起到不同的效果，进而反思不同形式的官方立法对标准的影响[2]，也侧面体现出席卷全球的新冠疫情对数据领域研究的促进影响。从研究的承继关系和去脉上看，Standard 领域的研究来源广泛，数据保护（Data protection）、数据监视（Surveillance）、法律规制（Law）、个人数据（Personal data）等、市场竞争（Competition）等聚类研究往后都与之产生关联，足以说明数据法律领域研究的殊途同归性，以及 Standard、Risk 等关键研究节点的理论重要性。而本领域研究去脉关系更多只发生在领域内部，鲜有流向其他领域的聚类（况且从整体趋势上看，其他领域同时段也没有产生具有同等影响力的新聚类），足以说明本领域研究在时间上具有前沿性、研究脉络上具有相对独立性，极有可能是数据领域研究未来的重点方向。

第三节　基于 **VOSviewer** 的知识结构总结

综合上述研究脉络的梳理，明确了各专业术语之间的承继发展关系和基本内容以后，再通过 VOSviewer 工具将相同的文献样本集绘制成直观的知识结构图，能够更加直观观察知识点的规模以及体系位置、中心程度，便于研究总结数据法律领域的基本共识与研究重点。

---

〔1〕　See Borgogno O, Colangelo G, "Data sharing and interoperability: Fostering innovation and competition through APIs", *Computer Law & Security Report*, Vol. 35, No. 5., 2019, pp. 105314. 1-105314. 17.

〔2〕　See Bradford L R, et al., "COVID-19 Contact Tracing Apps: A Stress Test for Privacy, the GDPR and Data Protection Regimes", *Journal of Law and the Biosciences*, Vol. 7, No. 1., 2020, p. 23.

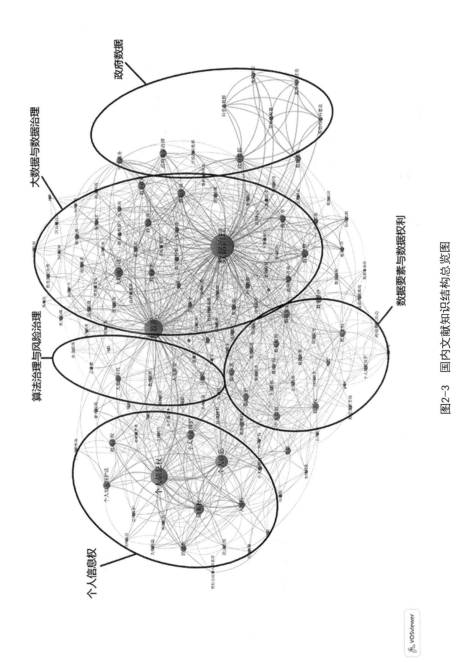

图2-3　国内文献知识结构总览图

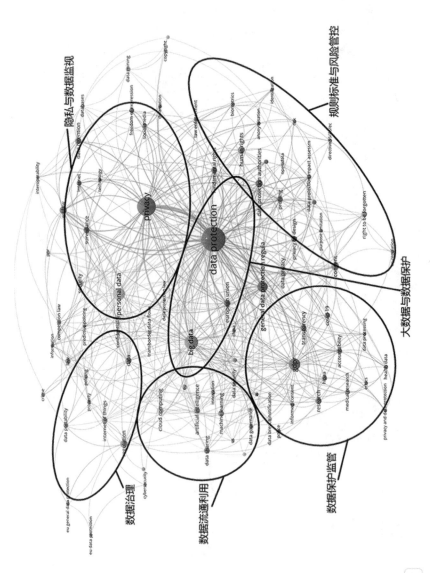

图2-4　国外文献知识结构总览图

　　基本共识与研究重点：（1）国内外都以个体隐私保护作为出发点，但是个人隐私在国内外都不是数据研究的终点，数据权利的概念不能受限于隐私权利，而数据的要素化流通是促使个人数据走向开放与流通的关键因素，以此为基础的数据权利理论尚需研究；（2）国内外都提到了数据监视下公共空间与个人的关系，因此有必要重新审视数据时代下的个人与公共空间关系，传统部门法的公私二元割裂视角不再适宜数权研究，图谱中的文献显示公共空间和个人的关系逐渐走向互动化、流通化；（3）数据治理、数据保护相关的技术背景，作为数据要素化流通的关键研究背景，对数权理论的构建必须考虑技术的张力，必须观察数据治理的实践经验；（4）数据权利的内容、实施、评估等活动高度依赖场景，数据的要素流通需要建立在场景下的多方价值协商、风险评估、决策沟通等"程序性"机制之上，并且可能通过领域性的"标准"形成规范效力；（5）最关键的是，数权知识谱系生长的内生动力在于数据的要素化流通，国内外皆在知识图谱中展现出从"绝对保护"到"流通发展"的趋势，明确数据活动规制边界的最终目的在于释放数据流通价值，数据权利成为支撑数据流通的重要基础。

数据权利的理论内核

第一节　数据权利的重要性

一、法哲学中权利的重要性

每个时代的法哲学研究都应当密切关注自己时代所提出的种种问题，使之成为时代精神的体现。把权利作为现代法哲学研究的重大议题来研究，反映了法哲学研究的时代进步[1]。权利是现代文明的法治起点，现代化文明的法律制度的起点在于肯定人的独立性及其主张的正当性，也就是权利。以法治的中立性和技术性为逻辑起点，将个人主义和自由主义作为哲学基础，技术性职业主义构成了权利理念的主流[2]。权利的重要地位体现在人类文明的发展脉络中，人们从原始社会的简单语言、文字、音乐等载体构成的意识杂糅体，经过漫长的沉淀形成更加精巧的工业文明。工具的制造和生产资料的集中交易促成了城市的形成，推动了知识的系统化和社会群体的分工，庞大的档案管理体系使得知识更加容易被记载和传承。思想、知识、文化的独立性成为工业文明的产物，以文艺复兴为标志性事件，人类的思想从神权、自然、宗教教义的压迫下解脱出来，人的主体性、自由平等被承认；启蒙运动启发人们以理性的方式确证自然法律与自然权利，消解了专制王权和等级特权的

---

[1]　参见公丕祥：《权利现象的逻辑》，山东人民出版社2002年版，第1页。

[2]　参见郑成良、杨力：《以人为本与法治发展——兼论程序公正的权利表达》，载《学习与探索》2007年第4期。

合法性；英国光荣革命在政治上正式开启了法治现代文明，1215 年《大宪章》确立"王在法下"原则，1689 年《权利法案》进一步明确此原则。国会议会制度使得政治权力受到法律的约束。"天赋权利"理论在近现代逐渐成为最有影响力的政治法律理论之一，甚至成了"随时可供对既存体制挑战的近代人使用"的"一个解放的原理"，法国大革命中的"自由、平等、博爱"等口号就是这种理论的另一种表达[1]。工业革命使人类掌握的科技指数级增长，教育越发普及，知识的传递变得愈加频繁，世界连为一个整体，人类以其独立、理性的思想成为世界的中心。在法律制度中，权利就是人们独立性与理性的法律象征，即人的正当行为、主张不应当受到侵犯。

二、权利语义的重要性

权利在人类文明的历史中是个体理性、独立、自由的代名词，但是权利在法律文本中的语义又会面临不同角度的解读，遂有必要明确其基本含义，避免其在具体领域中应用时产生混淆。在《辞海》（第 7 版）中，权利被解释为"法律赋予自然人、法人和非法人组织的权能和权益，与义务共同构成公正法治的基础"。同时指出"权利"的语词复词出现在更早期的文献《后汉书·董卓传》中："遂等稍争权利，更相杀害"，其中的"权利"偏向贬义，意味权势与货利。可见随着西方法律制度的引入，汉语中"权利"用语作为英语单词 Right 的舶来品，明显存在着语境与含义的差异。差异表现为，Right 一词的本义并不等同于汉语中的"权"与"利"。首先，Right 不等于 Power "权"，"权"是一种单向迫使他人做或不做某种事情的控制与支配力量，虽然 Right 与 Power 之间可能存在联系，例如，公权力基于法律规定的正当理由对违法人员采取强制措施可谓 Power。但是并不能断定 Right 一定意味着 Power，换言之，拥有 Right 不一定拥有 Power，例如，个人享有合法债权，却不能通过单方强制获取的方式实现债权；反之，拥有 Power 不一定拥有 Right，例如，某些激进民族主义国家实行的种族隔离政策。其次，Right 也不等同于 Interest "利"，"利"是一种让人获益或者能够获得某种自由的事物，它可以是被积极利用的债权利益，也可以是被动受到法律保护的物上利益或者人格利益。同样，Right 与 Interest 之间亦没有必然关系，拥有 Right 不一定得到 In-

---

[1]　参见舒国滢：《法学的知识谱系》（中），商务印书馆 2021 年版，第 767 页。

terest，例如，中国公民享有受教育的权利，但是受教育权并不直接产生利益；拥有 Interest 不一定拥有 Right，例如，某人拾得遗失的钱包，他事实上可以使用钱包里的钱，但是这并不意味着他拥有这项权利，他的行为依然是不正当的。因此，从语义的角度上来看，Right 的真正含义应该是某种正当性，这种正当性既不来源于某种特定的情感或者先验的价值取向，也不来源于现实的强权，而是人们理性的认同。所以，Right 的真正含义应当是"某主体有做/不做某事的正当理由"，因此权利的本意强调的并不是触目可及的"权"或"利"，而是某种抽象的正当性。所以，本书所聚焦的数据权利，不应止步于数据所指涉的具体"权"或"利"，更应当追问它们的正当性从何而来，对数据权利的初步理解应当是"主体可以围绕数据提出主张/做出行为的正当性"。

三、数据权利的时代性

数据权利具有特殊的时代背景。早在 1959 年，"后工业社会"概念的首创者哈佛大学教授丹尼尔·贝尔就提出，人类在经历过依靠自然界提供的原料和人力的前工业化社会，以及依赖机器和技术进行大规模商品生产的工业化社会之后，会随着物质生产力的极大提升，导致人们对精神与智力的追求逐渐取代物质利益寻求，人类社会将进入高度依赖信息，并且致力于发展服务业的后工业社会[1]。如今，数据便是人们的精神、信息、知识高速运转的产物，截至 2020 年，全球可计算的数据体量就已经突破 430 亿比特[2]。根据国家技术监督局发布的国家标准《信息技术 词汇 第 1 部分：基本术语》（GB/T5271.1—2000）的规定，数据的定义是"信息的可再解释化表示"。可见数据已经成为人们生活不可缺少的工具和媒介。2020 年 4 月，数据首次被我国确定为新型生产要素；党的十九届五中全会提出了建设数字中国的宏伟目标，数据乃是数字社会的核心元素；习近平总书记在十九届中共中央政治局第三十四次集体学习时的重要讲话中指出了发展数字经济的重大意义。可见，数据的法律之治成为跨越政、商、民多领域的时代命题，是响应中国的

---

〔1〕 参见［美］丹尼尔·贝尔：《后工业化社会的来临》，高铦等译，江西人民出版社 2018 年版，第 107 页。

〔2〕 See Gantz J, Reinsel D., *The Digital Universe in 2020: Big Data, Bigger Digital Shadows, and Biggest Growth in the Far East United States*, 2013.

国家治理现代化、法治化发展的关键理论节点。针对这种技术变革背景下的权利议题，本书既不赞同"技术万能"立场，不认为数据权利的认可、数据价值的增加、数据要素的流通完全是技术领域的问题；也不赞同"法律万能"立场，不认为完全照搬传统民事权利的框架能够解决数权问题。技术的逻辑与法律的理论应当存在联系，数据权利理论则是窥见这种特殊时代背景下的法治转型的关键切口。

四、"要素流通"导向下的数据权利

（一）"要素流通"的含义

通过本书第一、二章的知识图谱分析，可以看到数据权利的研究脉络起始于隐私。但是随着技术的发展和社会的变迁，隐私不断受到外部各方利益的影响和约束，隐私的自我管理和完整保护变得越来越困难。反之，融合了个人数据的平台将其有序整合，以数据的流通促成个体与数据控制者之间的沟通，以平台数据价值反哺个体利益，逐渐形成了一种趋势。正如第一、二章知识图谱中显现的隐私向"数据要素""数据财产"的转向，数据的流通性和价值的实现成为社会更加关注的议题。既然以市场化的角度观察数据权利，要使数据权利能够在市场中得以实现，需从经济学的视角来看如何定位数据的市场地位。一些学者将数据定义为类似于石油的"资源"，"资源"意味着能够具备"价值"与"稀缺性"。数据虽然具备"资源"的某些性质且能够产生价值，但是其"稀缺性"是不确定的，以"资源"定义市场中的数据过于偏向数据的支配性保护。因此，当下对数据的流通应用过程中，仅有某些企业在对特定的数据进行内部管理和整合时会使用"资源"这一表达。而在更大范围的数据市场化活动过程中，"资源"这一语词难以解释数据以开放、流通的动态形式存在的特征，更难以解释公民个体、企业、政府以互惠共谋的方式塑造数据市场生态的复杂活动。

我国立法、政策文件将数据定位为"要素"，其意图就在于能够准确定位数据的市场性质。"要素"一词在经济学中是指生产要素（Productive Factor），指的是从事产品生产和服务而投入的各种经济资源，主要包括劳动、土地、资本和企业家才能等。尽管生产要素也和普通产品（传统型资源为基础的）一样需要通过买卖关系才能实现其自身的价值，但是，两者在交易结束后所产生的作用截然不同：对于产品来说，买主得到了产品以后就进入了该产品的最后消费环节，通过消费该产品实现其一定程度的满足；而购买生产要素的买主不是把生产要素用来消费的，而是要进一步投入生产过程中，并且生产要素在进入生产过程之前仅仅是可能的生产能力，只有在它们进入生产过程并与其他生产要素按照一定比例结合起来，创造了产品和服务之后，才变为现实的生产能力，也就是说只有在这时生产要素才能体现出其价值，此时生产要素的所有者才能获得相应的收入[1]。另外需要指出的是，在我们讨论要素价格的决定时所称的要素价格乃指生产要素的服务的价格，而非要素本身的价格。要素本身与要素的服务是不同的。生产要素的服务是生产要素在生产过程中发挥的功能，也就是对生产的贡献。经济学上有时候就用生产服务（Productive services）一词代替生产要素使用，以强调厂商所购买的不是生产要素本身，而是其在生产过程中的贡献，即其服务。我们通常都说"雇佣"劳动、"租"土地或"借"资本，而不是直接说"购买"劳动、土地或资本的原因就在于此。综上所述，生产要素投入市场的生命力在于将要素反复流转、合作创新，对应到数据权利，也就是说数据权利进入流通市场的最终结果是产生服务，这将是一个多方价值协商、协作创新、充满不确定性的循环生态。数据权利的理论内核必须能够适应"要素"的定位，"流通"的导向，"要素流通"的视角能够帮助我们摆脱传统私权将数据作为"有限资源"的认知缺陷，将权利理论的框架衔接到数据流通应用的实践中，使得数据权利理论能够尝试涵盖个体的需求、市场的可持续发展、法律对市场的平衡作用。

（二）构建"要素流通"市场的关键点

一是需要构建市场需求者之间的合作空间，同时需要保证市场供给者能够从中获取利益或报酬。这一系列需求在数据市场中，将以政府、企业、平台的数据合作场所（授权运营平台、数据交易所等）来实现，并且以数据产品、服务的方式回馈到数据的末端供给者中（个人）体现出来。其原因在于要素市场的供需模式完全不同于产品市场，它以政府、企业、平台等组织作为市场需求者，以个体、家庭为市场供给者。针对市场需求者来说，要素需求是一种派生需求（Derived demand）。一般来说，消费者在产品市场上购买

---

[1] 参见张元鹏：《微观经济学教程》，中国发展出版社 2005 年版，第 237-238 页。

产品是为了直接从消费中得到满足，因此是一种直接和最终的需求；厂商购买生产要素则不是为了从中得到直接的满足，而是希望通过生产要素的使用生产出能够在市场上卖得出去的产品，从而获得利润，因此厂商对生产要素的需求是由产品市场上消费者对其产品的需求派生出来的，是一种间接和派生的需求。如果市场上没有对某种产品的需求，那么就不会产生对生产该种产品的生产要素的需求。例如，对于土地的需要，是由对于农作物或建筑物的需求派生出来的；对于石油的需求，是由对于发电、汽车或化学纤维制品的需求派生出来的。再者，要素需求是一种联合需求。厂商购买生产要素是为了从事产品生产活动的，而任何产品的生产活动所需要的都不只是一种生产要素，而是多种生产要素。在生产过程中，这些生产要素之间既是一种互补关系，同时也可以是相互替代的关系。比如，为了生产一定数量的产品，一定的劳动投入量必须有一定数量的资本来配合；为了保持经济效率，在增加一个要素的同时就必须减少另外一个要素的投入量，这就是边际技术替代规律的作用。生产要素之间的这种相互关系表明了要素的需求是相互关联的，因而是一种联合需求，市场主体对数据的需求当然也不例外。另外，从市场供给者的视角，个人或家庭在消费者行为理论中是以消费者的角色出现的，而在生产要素价格决定理论中则是以要素的供给者或者所有者的角色出现。因此，在要素市场上，个人或家庭拥有并向厂商提供各种生产要素，获得相应的要素报酬，这在数据市场化活动中，数据最终以某种产品或服务的形式反馈到个体身上来体现。

二是市场需要"充分竞争"，才能高效且相对公平。基于上述要素市场的供需方关系特征，需要塑造在法律意义上公平、在经济学意义上高效益（通常表达为"充分竞争"）的数据要素市场，需要注重以下几点：第一，要素市场需要具备一定的规模，具有数量充足的供方、需方，以确保"要素"的流动空间，这在法律上意味着数据权利制度需要涵盖数据市场中足够多类型、数量的主体，以确保他们之间的交易得到法律的支持，足以支撑形成一定的市场规模，并进一步激发数据市场的优胜劣汰机制，提高要素流通的质量；第二，同种生产要素需要具备同质性，以使得估值、交易的活动不至于成本过高。要素的同质性是当下数据要素市场构建的难题，参差不齐的数据质量、场景下多元的数据定义、分散的数据存储、各异的数据格式，使得数据作为要素的识别、估价、谈判成本高昂，有必要为数据要素的同质化转换塑造特定的技术、制度；第三，买卖各方需要对市场有充足的信息，以促成交易的稳定性和高效性。这意味着需要通过数据治理和权利制度保障各方主体在信息地位上的相对平等，避免信息不对等的非公平博弈。

第二节 完善还是重构？——数据权利的定位

一、完善路径的不足

基于权利重要性、法律体系稳定性的考量，我们在面对某种权利议题时，总会审慎地判断该议题是否能够通过解释论的方法，被现有法律体系所吸收，以此防止权利议题的泛化。只有穷尽了现有法律体系的解释方法，仍然不能得出让人信服的答案时，才会考虑权利议题的独立性和新兴性。这种优先基于现行法律体系的做法，可以被称为"完善化的"数据权利路径，因为其本质是对既成权利制度的完善，使之适应数据权利的议题内容。

国内的数权研究中，将数据权利吸纳进现有权利架构中的完善化路径因各种适应性难题，逐渐被学界否定。具体来说，早期存在个人信息的刑法法益保护研究，并没有考虑数据的要素化对个人信息范畴的影响；如果适用物权法的模式解释数据权利[1]，缺点在于对世占有、排他等属性不符合数据流通利用的合作增值模式，且物权难以解释数据中包含的人格属性内容；适用人格权模式解释数权，又会将数据限制在个人手中，阻碍数据流通利用；适用合同法的债权模式解释数据权利[2]，则完全忽视了数据作为特殊客体的存在形式，不仅无法对数据交易、数据开放活动中的数据交付、数据资产管理评估做出回应，也无法规制合同相对方之外的第三方窃取、篡改、非法利用数据行为；适用知识产权的模式[3]，虽然能够对数据库这类具有智力成果特征的数据进行权利界定（如欧盟《关于数据库法律保护的指令》区分原创数据库和非原创数据库不同力度的保护），但是难以解释数据流通利用中组合碰

---

〔1〕 参见赵加兵：《公共数据归属政府的合理性及法律意义》，载《河南财经政法大学学报》2021 年第 1 期。

〔2〕 参见梅夏英：《数据的法律属性及其民法定位》，载《中国社会科学》2016 年第 9 期。

〔3〕 参见林华：《大数据的法律保护》，载《电子知识产权》2014 年第 8 期。

撞产生的新型利用价值分配，数据产生的价值难以只用知识产权的"智力性""独创性"核心特征解释[1]，欧盟法院在 2005 年 British Horseracing Board V. William Hill 案中将数据库的知识产权保护限缩至"数据库框架"（而非数据本身）的判决观点[2]就证明了这一观点；适用竞争利益、商业秘密模式解释数据权利，虽然能够在数权立法尚不完善的时期以劳动赋权思路解决商业行为中的数据保护问题，但仍难以构成未来数据要素化流通的通约秩序，同时也不能回应数据存在的公共价值，难以解释数据与个人、公共利益之间的关系。

另外，随着数据专门立法时期的到来，我国选择性参照欧盟 GDPR 形成了《个人信息保护法》《数据安全法》等专门法律。但是我国法律并未确立"数据权利"提法。因此建立在这个立法阶段上的数据权利解释路径，也属于"完善化"的规范类型。这种路径的优点在于个人信息权益的技术化、规范化，专门立法涵盖了数据治理的诸多新型要素，超越了大多数传统部门法的知识框架。GDPR 作为以数据基本权利为立法基础的典例，实际上服务于欧盟欲构建"一体化"数字经济市场秩序的目的，但以个人数据权利为本位，意图使个人与个人数据紧密联系甚至形成控制，再加上宽泛的信息处理行为规制范畴以及罚金高昂的惩罚措施，使其不仅背离数据基本权利保护的初衷，更是对数据的开放流通形成了阻碍。[3]所以即便立法具有专门性，但现有法律解释数据权利的缺点也很明显，借鉴了 GDPR 的我国立法也同样如此。再者，GDPR 的个人数据权利建立在宪法基本权利的范畴，能够融入个人与公共空间的关系，形成个人数据权利的"公私复合性"。但我国数据立法更偏向以传统民事权利的范式来定性数据权利，基于传统民事权利适应数字化转型的技术语境时面临的先天不足，导致个人数据的流通利用愈发受阻，正如学者的观点：当下《民法典》的编纂缺少个人与公共空间的对话维度权利孤岛与法益社会化中私法面临退守的必然性[4]，数字空间的技术话语与数据权利的制度话语割裂明显，制度的底层逻辑有待完善。

―――――――――

〔1〕　参见李爱君：《数据权利属性与法律特征》，载《东方法学》2018 年第 3 期。

〔2〕　See British Horseracing Board v. William Hill Organization Ltd. Reference：〔2005〕C-203/02.

〔3〕　参见高富平：《GDPR 的制度缺陷及其对我国〈个人信息保护法〉实施的警示》，载《法治研究》2022 年第 3 期。

〔4〕　参见梅夏英：《民法权利思维的局限与社会公共维度的解释展开》，载《法学家》2019 年第 1 期。

二、重构路径的可行性

完善化路径的缺陷迫使我们思考数据权利是否需要重构。但是重构数据权利，意味着该权利议题的独立性，意味着认定数据权利是一种"新兴权利"。此时，在法理学层面，解释"新兴权利"是否存在就成为重构数据权利的第一道难题。有学者认为当提出"新兴权利"这个议题时，一定要区分清楚我们是在现有基本权利的框架内解释权利的新型适用方式，还是真正地提出一种新型的独立权利。并且认为所谓"新兴权利"提出基于两种理论视角，一种视角被学者称为"新兴权利"的情境命题（context thesis of new rights）[1]，指的是出现了新的事实情境，原有权利架构本不存在响应该情境的依据，而现实却出现了对这种情境下的某种对象进行保护的主张，如近年来出现的"胚胎权利""动物权利"，以及更早出现的"股权"等；另一视角是"新兴权利"的领域命题，指的是出现了一种需要保护的情况，这种情况是道德权利对法律权利的映射[2]，如隐私权引申出数据删除、修改权。但是针对这两种新兴权利的理论路径仍然存在争议，有学者认为权利的情境命题可以被权利的动态性驳斥，因为权利的实践性和动态性可以使其创设不同的义务，以达到保护特定对象、调整特定情境法律关系的目的。并且更进一步的是，提出权利创设新义务的现象往往离不开价值判断，这种价值判断是否有正当的理由上升为权利，又会受到道德权利的判断，进而又会上升到权利领域命题（道德权利对法律权利的影响）。所以道德权利才是理论意义上的权利，是权利概念的核心。法律权利仅仅是道德权利的"社会理解"，法律权利的创设不能被称为"新兴权利"。因此有学者认为在"道德权利"的核心地位前提下，新的主张可以通过对道德权利的扩张解释或者新场景的适用来回应，遂不存在所谓"新兴权利"[3]。但是本研究则认为不然。诚如现有研究所述，权利创设新型义务的特征离不开价值判断，价值判断受制于人的行为偏好和环境。道德权利固然重要，它充当着人们解释、适用权利的重要依据。但是我们不

---

〔1〕 参见王庆廷：《新兴权利间接入法方式的类型化分析》，载《法商研究》2020年第5期。

〔2〕 参见陈景辉：《权利可能新兴吗？——新兴权利的两个命题及其批判》，载《法制与社会发展》2021年第3期。

〔3〕 参见陈景辉：《权利可能新兴吗？——新兴权利的两个命题及其批判》，载《法制与社会发展》2021年第3期。

能期望道德权利能够充分地、先验地适应、解释各类场景中人的主张。按照支持"新兴权利"命题的学者的观点，权利均出自各自有限的依据〔1〕，是在互动与沟通过程中产生的，并不是先验的。

举一个典型例子，早时大陆法系学界对于"股权"性质的争论，既有主张身份人格属性的股东地位理论，也有主张财产属性的物权、债权理论，也有学者提出股东地位、债权、物权均不能反映股权的本质：物权、所有权的对世支配属性不符合股东仅能够在公司内部支配股权的特征，债权理论又不能解释股东对公司运营的管理决策权利和认购公司债券行为的正当性，社员身份权理论又过度强调了股东的身份属性，难以解释股权的资产流动属性〔2〕。因此，有学者提出股权只能是一种自成一体的独立权利〔3〕。判断其独立性的主要理由是，市场经济大背景下，区别于国资、独资企业以及传统合伙结构，公司（指股份有限公司和有限责任公司）是市场经济的新型微观基础和载体，股权是公司所有权的衍生物，兼具支配公司经济的目的与手段，同时又是股份有限公司这种新型市场主体结构下辩证结合团体利益与个体利益的枢纽。公司股权的复杂属性兼顾了资本属性与流转属性，既可流转亦可支配。这一系列特征无疑都是根基于"公司"这一新型情境，而法学界对"股权"性质的讨论，都是出于对市场主体权益的合理保护以及经济秩序构建的"道德权利"层面目的。综上，股权的诞生和兴起，就是"新兴权利"可以被证成的实例。

转而思考我们所处的数字时代，人们的物理世界被重新改造，数字社会不是在现有国家权力种类下新设一种权力，而是超越原有权力框架逻辑形成一种权力生产机制和生产关系〔4〕。所以，本书认为，数字社会的特殊性恰体现了"新兴权利"的情境命题和领域命题之重要性，情境命题的重要性体现于数字空间构建的新型社会关系可能产生新的权利诉求，而领域命题则可以在数字空间产生新的权利诉求时，提供一种与道德权利交互思考的路径。

---

〔1〕　参见刘叶深：《为新兴权利辩护》，载《法制与社会发展》2021年第5期。

〔2〕　参见雷兴虎、冯果：《论股东的股权与公司的法人财产权》，载《法学评论》1997年第2期。

〔3〕　参见江平、孔祥俊：《论股权》，载《中国法学》1994年第1期。

〔4〕　参见周尚君：《数字社会对权力机制的重新构造》，载《华东政法大学学报》2021年第5期。

第三节　数据权利的理论选择

一、数据权利理论的内在维度

法理学层面上的各派学说对权利的本质问题"权利是什么"仍然未形成定论。权利的本质问题往往被拆分为三个维度，分别为权利的概念问题，需直接回答拥有权利意味着什么；权利的价值问题，需回答为什么会有权利、权利的价值依据；权利的社会现象分析问题，需回答实践层面是如何判断、认识、实践权利。当下学者探讨权利的概念问题时，主流的"意志论""利益论"之争的特点就在于想要直接回答权利的概念的问题，且认为该问题不应该与权利的价值问题、权利的社会现象问题联系起来。有学者认为人们在界定权利的概念时，无需且不应该诉诸某种价值立场，而是应当探索权利在法律实践中的普遍性、区分性特征[1]。但是本研究认为归纳权利的概念不可能与价值取向、社会现象观察经验完全分离开。换言之，权利的本质问题的三个维度互相牵引。

为了清晰回答权利的本质，我们可以从权利的概念问题开始切入。比克斯指出，在探讨权利概念时，评论者往往会划分出两个派别：一派认为权利的本质在于选择，即权利的"意志理论""选择理论"；另一派则认为权利的本质在于通过相对方的义务履行实现利益保护，即权利的"利益理论""获益理论"[2]。麦考密克也提出权利的正确解释问题在传统的法律理论上被分为"意志理论"与"利益理论"[3]。自近现代权利的概念理论问题兴起以来，利益理论与意志理论就是具有代表性与竞争性的两种学说，尽管二者对权利的概念的观点各有优缺长短之处，但是其论辩几乎贯穿了权利的概念演变史。因此，当我们在探讨权利内核理论时，将不可回避这两个命题。本研究主张重塑数据权利的理论体系，则更有回答这两个命题之必要。

---

〔1〕　参见于柏华：《权利的证立论：超越意志论和利益论》，载《法制与社会发展》2021年第5期。

〔2〕　See Brain H. Bix, *A Dictionary of Legal Theory*, Oxford University Press, 2004, p. 188.

〔3〕　See Freeman M DA, et al., "Law, Morality and Society：Essays in Honour of H. L. A. Hart", British Journal of Law & Society, Vol. 5, No. 1, 1997, p. 135.

二、数权"意志论"与"利益论"之争

从权利概念争议的两种重要观点，意志理论和权利理论谈起，围绕这两者的权利概念选择，以及彼此对立的批判视角，可以看到权利概念研究并非单一的理论概括能够解决。先以权利的意志论观点为例，该论点认为人的意志所能支配的领域可谓之权利[1]，即一种在法律上被尊重的选择。意味着权利人可以"有选择"地要求义务人按照自己的意志履行义务，具体来说，权利人有可以选择要求义务人履行或不履行，也可以选择要求义务人特定的时间、方式、数量等履行义务。由此看来，意志论强调权利人的选择自由。但是，意志理论受到诟病的也正是其自由意志色彩，因为意志论意味着缺乏选择能力和意志能力的主体将难以拥有权利（如儿童、精神病人等缺乏选择能力的人），再者，自由意志并不意味着完全理性（个体自由意志不必然带来个体利益最大化，更难以达到法律所需达成的社会公共利益最大化）。同样的，现存部门法领域中存在诸多不可按照意志处置的权利，例如，法律不允许买卖器官（即便已经过权利人明确同意），因为生命健康权不可转让与放弃；法律也不支持公民不参与社会劳动，因为劳动既是公民自身的权利也是义务，不因公民的意志而转移。在数据权利命题中，自由意志与绝对理性的标准变得更加复杂，首先，计算能力与信息地位的不平等使得意志的表达和理性的标准难以衡量，例如，GDPR 的舶来制度、经我国《民法典》《个人信息保护法》借鉴的饱受争议的"知情同意"制度，就是将个人信息权益意志论的代表，该制度的缺陷也正是意志论的缺陷，表现在自由意志的选择并不总是有利于个人信息主体的，且意志的表达所依赖的理性假设存在主体间的落差，个人信息主体的理性终归难以与数据运营者比肩。例如，知情同意授权后的信息经处理产生了更高的经济价值，而个人信息主体却不能因此获得更多利益；再如个人信息主体否认授权时，一些应用则直接拒绝个人使用该软件的所有功能，也就是说，以自由意志和理性假设为基础的意志理论，在数据权利领域反而形成数据主体之间不公平的契机。

再以权利的利益理论为例，该理论主张权利人能够从他人履行义务的行

---

[1] 参见［德］萨维尼：《当代罗马法体系 I：法律渊源·制定法解释·法律关系》，朱虎译，中国法制出版社 2010 年版，第 10 页。

为中受益，[1]并以此谓之权利。若这种履行义务产生的受益关系是由法律所规定，则可以认为该权利受到法律的保护。利益论的优点之一在于，可以将权利的本质还原为经济学概念中的"利润""获利"，便于在制度设计时，基于主体的趋利避害的理性假设，预测法律的实施效果，以选取最优的制度设计方案，抑或是对现有权利概念进行更加直接具体的解剖，将其还原为不同利益的有机结合体，例如，在我国《民法典》《个人信息保护法》颁布后，就有学者对"个人信息"这一新型权益进行解剖论述，阐释其财产利益属性与人格利益属性复合的特殊属性，揭示个人信息在个人隐私保护及数字经济发展中的促进激励作用等多元功能。[2]但是利益论的缺陷也就因此展现出来，因为权利这个包含"正当性"价值理念的概念，在利益论的视角下，被还原为直接具体的"利益"（Interest），或者被解构为法律规定的诸项义务，而对这些利益和义务何以被称为权利没有做出解答，甚至连权利这个概念的独立性都被消解。由于义务的履行往往依据法律的规定，所以权利人享受"利益"的标准来源也就只有法律，所以利益论存在忽略权利人的意志选择的家长制倾向。忽略权利人价值诉求的权利制度，存在被架空的危险。利益论的另一个致命缺陷在于，利益本身的不确定性和难以计算性，这种缺陷在数字社会这种复杂关系型社会更加明显，权利的多元的利益诉求难以化约。以平台经济背景下的商业巨头的数据垄断行为为例，亚马逊作为21世纪的商业巨头。除了作为零售商，更是作为商业平台整合了互联网交付、物流网络、支付服务、信贷、拍卖行、图书出版商、影视生产、时装设计、硬件制造商、云服务等庞杂的业务。尽管亚马逊在业务规模上实现了惊人的扩张，但它的利润微薄，有的服务或产品标价甚至低于成本。通过这种扩张战略，亚马逊已经将自己置于电子商务界的中心，为诸多依赖它的企业提供关键基础设施[3]（其中包括核心数据、关键技术等）。在亚马逊与消费者的关系中，虽然在获取消费者数据和服务提供时，亚马逊以极低的价格为消费者提供服务，从经济"利益"上计算，很好地实现了消费者（同时也是个人信息主体）的权益，因为以消费的视角来看，个人信息换取了颇为廉价且短期内优质的服务，

---

[1] 参见［英］杰里米·边沁：《论一般法律》，毛国权译，上海三联书店2008年版，第73页。

[2] 参见彭诚信：《论个人信息的双重法律属性》，载《清华法学》2021年第6期。

[3] See Lina M Khan, "Amazon's Antitrust Paradox", *The Yale Law Journal*, Vol. 126, No. 3., 2017, pp. 710-805.

按照价格反垄断理论的判断来说，这是一种消费者福利最大化的商业模式，并没有适用反垄断法予以干预的必要。但是这种以低价格扩张业务链条，通过掌控各类线上行业数据的行为，搭建成对外部竞争者的市场壁垒。因此，平台经济的特征使得亚马逊这类商业巨头能够赢者通吃，从市场的整体架构和长远发展上来看，不仅不利于充分竞争下的创新，甚至有可能形成平台巨头的数据独裁。这种垄断架构进而损害的是个人基于多元身份的利益（包括作为劳动者、生产者、经营者、公民时的利益）。因此，权利的利益论不仅难以回答权利概念的独立性与区分性，将其落实到数字时代的权益保护也难以解释其正当性问题。

从以上论述可以看出，我们判断一个权利概念是否具有普遍的解释功能或者区分功能时，常会将这种概念代入到社会的现象中，并借助价值判断来衡量这种权利概念是否"合乎情理"，当权利的概念不能提供价值判断的支持时，人们也就难以对权利的本质问题做出回答。脱离了价值判断和社会事实的映射，权利的概念的探讨将如同无本之木。

三、数权"关系论"的优越性与挑战

（一）霍菲尔德"关系型"权利的启示

既然权利概念的讨论无法回避价值立场，那么有学者提出意志论与利益论的权利概念之争的根源就是康德的政治理论与边沁的功利理论的立场之争，回答权利概念问题时，要么对这二者的理论立场做出的选择，要么就选择另一种能够与这两种理论抗衡的立场，否则权利概念之争只能是自说自话，难以沟通。所以霍菲尔德（Hohfeld）权利框架就为了摆脱意志论与利益论的价值之争，以纯粹形式主义的规范概括方式，归纳出四种权利结构，分别包括"请求（claim）-义务（duty）""自由（privilege）-无权利（no right）""权力（power）-责任（或负担）（liability）""豁免（immunity）-无能力（disability）"。[1]首先，这种架构的鲜明意义在于将权力的抽象概念解构为"关系型"的描述，所谓"关系"指的是一定存在不同主体之间的互动行为，而非传统民事法律关系常表达的"对物权利""对人权利"的对象区分方式，甚

---

〔1〕　参见〔美〕霍菲尔德：《基本法律概念》，张书友编译，中国法制出版社2009年版，第28页。

至有学者基于此类"关系"视角挑战"物债两份"的大陆法权利体系，尝试提出"物债合一"的突破性理论；[1]其次，"请求-义务"占据这种"关系型"权利的核心，是组成霍菲尔德权利构架的基本单元："请求-义务"与"自由-无权利"互为逻辑相反关系，指的是面对一个"请求"时，存在的两种情况，一种是必须响应请求（对应"义务"），另一种是无需响应请求（对应"自由"）；而另两组结构则提出还有一种"权力"，可以改变前述建立在"请求"基础之上的关系（称为"责任或负担"），亦有一种抗辩选择，可以拒绝这种"权力"对既有关系的改造，霍菲尔德称之为"豁免"，同时也与"权力"形成了反面的概念"无能力"。

由此可见，霍菲尔德权利框架从关系归纳的角度解构了权利的概念，无疑是具有价值无涉性、解释普遍性以及概念可区分性的。尤其是当霍菲尔德框架被用于解释数据权利这种基于复杂社会关系产生的困难议题时，他解构传统"对人""对世"权利、更精确地描述权利在现实生活中复杂真实意义的优点便更能体现出来。[2]有学者提出数据权利以霍菲尔德理论为基础的权利束，具有广泛的影响力，并与数据合规、数据交易、治理的现状契合度很强。

（二）"关系型"数权的挑战

"关系型"数权的挑战理论的优点与挑战恰好也是一体的。霍菲尔德权利框架是基于关系归纳的方式来定义权利的，这种关系的来源必然是研究者视角下的经验事实。也就是说，他的权利概念是从无数关于权利的法律现象中总结出来的。[3]所以，让我们围绕权利的重要性问题，再次进行追问，为什么以规则归纳、经验推定为底层逻辑的四种关系形式，能够被称为"权利"呢？是因为它们作为"关系"客观地存在，且常在法律活动中被表达为"权利"，所以就一定是"权利"吗？这显然是有待商榷的。数据权利"关系论"理论的优点与实现难点恰好也是一体的。以关系为原点的权利概念具备"创生性"（generative），将难以先验性地被法律制度构建。也就是说，关系型数据权利必然面临正式法律制度之外的自创生关系，必然有一部分权利内容的决定权掌握在事实层面的关系主体之间。将部分权利内容决定权交予市场的

〔1〕 参见张永健：《债的概念：解构与重构》，载《中外法学》2023 年第 1 期。
〔2〕 参见戴昕：《数据界权的关系进路》，载《中外法学》2021 年第 6 期。
〔3〕 参见黄涛：《论权利的先验演绎》，载《人大法律评论》2013 年第 1 期。

权利概念不仅有利于突破权利意志论、利益论对价值判断、社会现象的视野短板，也更加符合数据要素流通的导向。但是由于关系型数据权利的"创生性"，如何再在自发形成的数据要素市场关系中寻找权利的"规范性"，则是数据权利理论可以深度探索的领域。为此，需要逐步理解"关系型"数据权利的开放性特征。

（三）"关系型"数权的开放性

第一，请求对象的开放性。按照前述权利与义务的关系，《民法典》第1034条明确了个人信息的定义，以此作为请求、义务履行对象。但是除去条文中规定的自然人的姓名、出生日期、身份证件号码、生物识别信息、住址、电话号码、电子邮箱、健康信息、行踪信息外，用"等"字兜底涵盖了其他可能成为个人信息的范畴。如果按照形式论的观点，在没有被法律明确规定下来的信息类型，则在实际上不一定能够成为义务作用的对象，那么就不能将其纳入权利的范畴。

第二，义务履行的开放性。个人信息权益的保护离不开《民法典》第1035条、第1036条、第1038条所规定的相对方义务，二者理应形成逻辑闭环。但是在义务条款中可以看到，立法者并没有完全将义务规则穷尽，例如，在规定个人信息处理原则和条件的第1035条中，"应当遵循合法、正当、必要原则，不得过度处理，并符合下列条件：（一）征得该自然人或者其监护人同意，但是法律、行政法规另有规定的除外；（二）公开处理信息的规则；（三）明示处理信息的目的、方式和范围；（四）不违反法律、行政法规的规定和双方的约定。个人信息的处理包括个人信息的收集、存储、使用、加工、传输、提供、公开等"。以"原则"规定义务的方式具有概括性和抽象性，其中"合法、正当、必要，不得过度处理"在复杂的业务场景下几乎不可能找到明确统一的标准；"征得自然人或者监护人同意"及其例外条款也没有明确具体范畴；"公开处理信息"中的公开程度应控制在什么程度，以减少数据的商业价值损失或者泄露风险等内容均没有确切、一致的标准。第1036条的信息处理者免责条款同作为义务的填充范畴，却也存在关键的不确定概念，例如，基于"公共利益"或者"自然人合法权益"合理实施的其他信息处理行为可以不承担民事责任，可解释的空间过大，以至于其难以称为具有明确指引作用的义务。与请求存在开放性内容的情况类似，形式论在面对义务履行的不确定性时，会将开放性的内容排除在"请求－义务"的闭环之外。从这个角度上来说，义务的不确定性来源于权利的开放性，也就是说在一些情形下权利构架下的"请求－义务"关系难以形成明确的对应关系，在这种场合，形式论的立场就不会把这类情形纳入权利的范畴。

针对权利的开放性，有三种立场的解释：第一种立场否认权利的开放性内容，即认为法律上没有明确规定的内容就不能算作权利，同时法律规定的概括、抽象范畴已经涵盖了权利的全部内容，由法律的适用者和执行者去解读立法者在条款字里行间中蕴藏的真正意图。例如，前述个人信息的兜底范围，其实可以通过寻找现有信息类别的共通性来推之，义务履行中当中的"公共利益"和"合法、正当、必要"的范围和标准也能从现有规定中解释。但是否定权利开放性的观点缺陷在于，以现有立法解释一切权利内涵的方式需建立在立法者掌握所有的社会知识的基础上，这不符合现代法律与社会的复杂互动规律。第二种立场是将开放性条款中的内容作为待定的、未来的不确定权利范畴，相当于立法者对权利内容未来可能发生的变化形成的主张和承诺。这种观点的主要来源是阿列克西认为权利可以"确定"地蕴含义务，也可以"初步地"蕴含义务。[1]这种思路接近当下的隐私、个人信息"权利"与"利益"两分或者合一的立法思路，个人信息作为一种权益（区别于权利），并不能在一开始就得到法律的绝对保护，只有在个案中被证明其具有保护的必要性和正当性才可以。尤其在上述个人信息保护类别以及义务履行者的"公共利益"依据、"合法、正当、必要"行为标准等开放性内容中，个人信息只有在个案中被法官认定为属于合理保护范围，才能够得到法律的支持，而这类案件的判决思路也可能被其他判案法官参考，间接形成个人信息保护的规范效力。有学者认为阿列克西关于权利"初步地"蕴含义务不能等同于霍菲尔德"权利蕴含义务"架构，因为前者没有形成明确对应的"请求－义务"关系。[2]但正如拉茨认为权利与社会事实紧密联系，使得开放性是理解权利本质内容的关键所在。所以本书认为权利的概念应当吸收霍菲尔德形式论的关系理论视角，以解释囊括数据活动中的多方互动，以权利的四

---

〔1〕 See Robert Alexy, *A Theory of Constitutional Rights*, translated by Julian Rivers, Oxford University Press, 2002, p. 57, p. 181.

〔2〕 参见于柏华：《权利的证立论：超越意志论和利益论》，载《法制与社会发展》2021年第5期。

种典型框架形成确定性，为人们定义一种新型权利理论找准基础，但是又应该在开放地带为新义务的创设容留空间，为权利的不确定边界容留议论的渠道。在这种结构中，价值理论应该被放在权利的动态范围内，通过议论得到的法律理由，对权利的内容做出不断的修正，形成容纳动态与静态内容的权利概念。因此，接下来的部分将基于上述权利的概念及特征，为了支撑数据的要素化流通，阐述数据权利对传统隐私权、财产权的超越。

第四节　超越隐私权、财产权的数据权利

一、超越隐私权——隐私的场景化

当下的数据权利研究与隐私的渊源在知识谱系梳理部分已有详细论述。当下诸多数据权利研究都从隐私权出发，或者与隐私权有密切关联。但不可否认的是，隐私权的内涵不再局限于宣示性的基本权利，而是必然转向与当下复杂现代社会的互动关系中。最直接的表现便是隐私逐渐呈现出公共性，该权利几乎不能通过个人单方面的主张而实现，越来越离不开政府的保护、法律的保障。原因在于技术对人们生活的影响，互联网、大数据、云计算、人工智能等形式多样的技术已经深度嵌入人们的生活。物理空间与虚拟空间从分离到融合，基于隐私的大数据分析可以预测人们的行为模式、关系、趋势、知识。这种技术与隐私之间的张力意味着隐私数据的处理将越来越不可避免，同时改变了法律制度设计中常存在的理性人假设，隐私数据难以被人们有效地自我管理[1]，隐私授权的"知情同意"制度的架空已经逐渐成为共识[2]。

针对隐私的这种张力，我国《民法典》以"隐私＋个人信息"的双层逻辑应对之。首先在第1032条规定了隐私权的概念范畴，并通过列反例的方式在第1033条明确了侵犯隐私权的行为，随后又在第1034条另行规定了个人信息法益的保护。值得注意的是，第1033条中存在隐私权与个人信息的交集——

---

〔1〕　See Solove, Daniel J, "The Myth of the Privacy Paradox", *George Washington Law Review*, Vol. 89, No. 1. , 2021, p. 1-51.

〔2〕　See Reidenberg JR, et al. , "Disagreeable Privacy Policies: Mismatches Between Meaning and Users' Understanding", *Berkeley Technology Law Journal*, Vol. 30, No. 1. , 2015, pp. 39-68.

"私密信息"，法条也确认了隐私与个人信息两个概念之间的张力。"隐私+个人信息"双层划分的规范意义在于不同的保护模式、责任认定方法，正是在该层面上法律的规定存在着归责逻辑上的错位：根据《个人信息保护法》，个人信息权益采取过错推定归责方式，而根据《民法典》，隐私权则采取过错责任形式。错位之处在于隐私权作为更核心的民事权利，但其归责方式竟然没有个人信息权益的归责方式严苛。总之，这种双层归责并不利于现行法律体系对数据中隐私、个人信息的分层保护。所以，法律对隐私的保护方式并没有在当下得到好的解决。

另外，"隐私+个人信息"的双层结构还有一个更为实际的难题，那就是如何区分和定义二者。以典型案例"黄某与腾讯科技（深圳）有限公司广州分公司、腾讯科技（北京）有限公司、深圳市腾讯计算机系统有限公司隐私权、个人信息权益网络侵权责任纠纷（2019）京 0491 民初 16142 号"（以下简称"微信读书案"）为例，本案针对微信好友列表是否属于个人信息的问题，在裁判文书中提到了对个人信息进行了三种分类，分别是社会一般共识下的私密信息（归属于隐私范畴）、不具备私密性的一般信息（不属于隐私和个人信息）、兼顾防御期待与利用期待的个人信息（须根据情形判断是否属于个人信息），法院将微信好友列表信息归于第三种类别中。判断兼顾防御期待与利用期待的个人信息是否需要保护的标准在于，个人对信息是否存在合理的隐私期待，这实际上就是一种情景式的判断办法，并没有恒定的答案。但是，在判断隐私期待时，法官划定了隐私期待的范围：主体与特定人的好友关系较为私密且不想被他人知晓；主体一定量的好友关系信息堆积起来可能形成社会对其的不利评价。综合上述标准，法官认为微信读书 App 对好友信息的共享并没有违反信息主体的上述期待，以此认定微信读书 App 没有刺探原告真实社交关系的目的，其行为并未侵犯个人信息。本案判决思路的进步之处就在于尝试在个案中解释个人信息或隐私的范围，尤其应用到了两种突破传统隐私、个人信息视野的视角：第一种视角为隐私的合理期待理论，该理论出现于美国联邦最高法院 1967 年的卡兹案（Katz v. United State）以及大法官 Harlan 对该案的注释中，但是该视角因法官代为当事人判断隐私期待存在与否，而失去在判决中的解释力；第二种视角是由美国康奈尔大学的 Helen Nissenbaum 教授提出场景化理论（Contextual Integrity），其认为任何社会活动都是由某信息主体经历着"信息发出–信息受影响–信息接收"的过程产生的[1]，人们的生活无时无刻不经历着不同的"场景"，不同场景依据主体扮演的不同角色、发挥的不同作用而形成不同的规范。场景化理论的进步性在于隐私范围的判断应强调场景中个体的真实意愿，这些意愿体现在场景中个体的自发表达，而非由法官这种外在主体代替为之。尤其在微信读书案中，法官对隐私期待、场景意愿判断的视角是一种事后推理、外部判断，并没有将上述两种理论真正意义上用于隐私、个人信息的判断。换言之，司法审判活动的事后性、终局性、外部性在判断隐私、个人信息等场景性问题时存在先天的不足，这意味着隐私权、个人信息权益的认知方式需要更开阔的视野，亟需更成熟的数据权利理论来容纳之。

二、超越财产权——财产的协同化

数据作为要素的流通利用强调的是数据的财产属性，因为财产的传统意义包含所有、支配、交易。我国《民法典》明确了数据财产权，但并未明确其内涵及实现方式。显然数据权利并不能与传统物权的内涵等同起来，甚至传统物权中有关财产权的支配性质在复杂的现代化社会中不断面临着公平性、正义性的质疑。法国学者蒲鲁东（Proudhon）曾在《什么是所有权》中指出支配性财产权的种种弊端：财产是盗窃、是剥夺，本质上与争议、公平的目标相悖；所有权不能存在，因为它会造成生产品的成本高过生产品的价值；且在一定资本存在的前提下，生产活动随着劳动而变化，而非随着所有权而变化[2]。美国学者克里斯特曼（John Christman）也明确反对两种简单型的所有权：一种是私人所有权，拥有者拥有对其财产的支配权或主权–绝对权；另一种是国家或社会对一切资源的所有权。提出所有权并非只有个人对物的控制或所有，更应该包含交易、出租获得收益的权利，通过这种开放性构造，使财产权与社会中的分配政策联系起来[3]。综上，这些批判性观点并非对支配性财产权的绝对否认，而是重新审视现代社会下财产权所应注重的公平、

---

[1]　See Helen F. Nissenbaum, *Privacy in Context: Technology, Policy, and the Integrity of Social Life*, Stanford University Press, 2009, p. 129.

[2]　参见［法］蒲鲁东：《什么是所有权》，孙署冰译，商务印书馆 1963 年版。

[3]　参见［美］克里斯特曼：《财产的神话：走向平等主义的所有权理论》，张绍宗译，广西师范大学出版社 2004 年版，第 217 页。

正义价值，发挥财产权理论中的精华部分。

目前，我国的民事法律领域中能看出财产权转型的脉络：自 1978 年改革开放以来，《中华人民共和国民法通则》面对土地和自然资源产权改革、国企产权改革的背景，产生了所有权与利用权、经营权分离理论来应对公有制与第一次市场化的矛盾；《中华人民共和国物权法》时代则进一步细化物权制度细则来解决市场化与有限物权的矛盾、公有制与产权市场化的矛盾；如今，《民法典》物权编背后的公有制的进一步市场化体现在三权分置的安排，致力于中国农村土地物权的进一步市场化。这些财产权的时代发展脉络，体现出财产权内部分离配置、充分激发资源流动效率的趋势。而如今，随着新兴技术的发展，以数据为要素资源的财产秩序也面临着变革。传统财产权制度以现实有体物为基础，而当下包括数据、通证、比特币等新型财产也体现着物权的关系化、相对化、权能分离化的趋势。有学者将这种趋势描述为：从完整的所有权模式向许可模式转变，权利更加具有不完整性、不确定性[1]。

这种趋势使我们在思考数据这类新型资源的财产权不应该是公有或私有割裂的二元安排。一方面，财产权应当坚持个人自由和经济发展作为国家和社会发展中的重要价值，市场主体和个人对数据享有的个性化利益不应当被消除；另一方面，财产权在实践过程中的公平问题同样重要，需要避免私权化过程中的数据垄断、数据滥用、数据统治等非公平现象。新兴科技与经济融合，不断促生更加复杂的财产公平分配问题。

因此，数据财产权的复杂性亟需财产权的协同化，即对传统的财产权进行改造，根据前述权利应当具备价值协调功能的论述，协同型财产权应当嵌入利益关系和价值协调，这意味着财产权同样具备场景依赖性。同时，为了使财产权能够起到交易合法性基础的功能，应当形成权利的互认机制，同时明确权利的交易流转机制，使权利的市场价值能够得以显现。所以，数据权利仍然具有财产权性质，其最低限度的私益结构使数据领域内的个人、组织可以获得与其劳动、创造行为相适的经济自主；但是它也不再是完全自主的，数据权利将存在复杂的适用条件，以动态化的价值冲突协商机制、信息沟通机制、风险控制机制化解经济价值增长与公平性之间的问题。

---

〔1〕 参见［美］亚伦·普赞诺斯基、杰森·舒尔茨：《所有权的终结：数字时代的财产保护》，赵精武译，北京大学出版社 2022 年版，第 252 页。

本章小结

　　本章从法学理论的视角审视数据权利，以有利于要素流通的角度重构数据权利的理论体系。其中需要摆脱民法领域的封闭私权结构，以数据治理的实践做法作为外部视角，正面回应现代法哲学中对权利的定位问题。结合数据治理的实践，本章分别分析了数权的意志理论、利益理论、关系理论及其优缺点，其中霍菲尔德的关系理论是数据权利的关键理论基础。为了促成数据的要素流通，数据权利需具备对隐私权与财产权的超越性，体现于数据权利的场景性与协同性，因此，有必要从场景中观察以关系为基础的数据权利。

数据权利的冲突与张力
——从公共数据的场景切入

第一节 场景对数权理论的意义

前文通过理论分析和法律解释角度，充分论述现行数权制度的困境。同时通过探讨权利的概念，强调了重构视角下数权的关系型架构以及价值协调功能，进而提出场景对权利构架的重要性。场景是权利议题独立性、新兴性的重要理由。所以当数据权利的理论架构在特定的场景中时，必然会面临权利各方主张的冲突与自我调适，最终形成权利被承认的状态。这意味着数权的场景研究并不局限于传统的法教义学研究，而是将场景中的社会系统与法律的系统并排审视的社会观察研究。

数权的场景观察视野借鉴的是庞德的关系主义，以及后来伊恩·麦克尼尔的关系契约论、韦斯利·霍菲尔德的权利关系束分析框架、菲利普·塞尔兹尼克的互惠关系嵌入式权利观、奥利弗·威廉姆森的契约关系治理六类型矩阵等一系列社会科学色彩浓厚的法学理论[1]。在数权研究中，开放关系的研究视角落脚点就是数权的场景研究。无论是在数据行业还是在数权研究中，当人们有针对性地讨论数据的利用或规范时，几乎都离不开"场景"的描述。"场景"一词本是数据的商业利用模式中常出现的表达方式，指代的是一种以数据为基础的活动（业务）所涵盖的现实空间、数字空间交错的结构。并且一种场景往往由一条或多条业务线组合而成，从社会关系的视角来看，每条

---

[1] 参见季卫东：《在关系、程序以及议论的视域里再定位》，载《人民法院报》2022年4月14日，第5版。

业务线都连接了不同的社会主体，他们因某个活动（业务）目标而被联系起来。这种以业务为核心的场景概念还具有明确的目标意识和问题意识。因为在大数据的技术背景下，数据活动中缺少的往往不是数据，而是将分散的数据连点成线的目标意识和思想架构。目的意识是如此重要，以至于目的明确的业务设计反而能够促成大量数据的集成。例如，国内阿里巴巴平台、微信平台的业务模式，通过满足人们的购物、社交需求，动态地汲取用户反馈、完善服务机制、合并业务链条，进而成为占据市场支配地位的数据巨头。总之，场景的本质是目的意识支撑下的信息集成、数据流动。从这个意义上，数据的场景正在改变人们的认知方式，从"眼见为实"的客观哲学，走向"非风动，非幡动，仁者心动"的主观主义哲学。场景的认知模式在法律领域中也能够被美国隐私专家、隐私场景理论提出者 Helen Nissenbaum 在其"场景完整性"理论的五要素"信息主体、信息接收者、信息发送者、信息类型和传输原则"框架所证成，并进一步应用到法律领域对隐私权边界的探讨中。欧盟 GDPR 以及美国 CCPA 等数据立法中都以"个案场景规制"的方式确立了场景研究对数权的重要意义。

基于数权的特征，脱离场景而直接以法律一般性的规范方式探讨数据权利的内在机理将是十分困难的。因此，基于场景的研究思路应该是"自下而上"的，要讨论本"无形"的数据，需要将其暂时"固定"在场景的框架中，总结其中的规范理论以及冲突疏解机制。再通过各类场景的比较分析，区分场景中的共性与个性。总结共性问题作为普遍规范的参考，同时也将个性问题放入半开放的权利调整框架，逐步明晰数权制度的模式。

可供数权研究切入的场景类别多样，但是同时具备理论张力、实践意义、研究信息可获得性的场景比较有限。公共数据场景是比较典型的数权研究落脚点，在理论的张力层面，公共数据具有个人利益、公共利益、商业利益的范畴张力；在实践意义层面，公共数据在我国的发展具有重要的战略意义，具有较大潜在发掘价值；在研究信息的可获得层面，由于公共数据与居民社会公共服务紧密相关，比起商业数据，公共数据的服务性、公开性、交互性较强，有利于数权研究观察其动态发展机制。并且，从本书第一、二章的知识图谱部分中可以看出，国内数权知识图谱对于数据在公权力端的要素化已有研究规模，国外知识图谱通过"数据监视"（Surveillance）探索公共空间与个人关系的重构，这些研究与公共数据场景密切相关。

同时，政府是公共数据开放运用的主导者，在数据掌控能力、熟悉程度、技术基础等方面都具有技术优势。在公共数据领域，作为公权力机关的政府运用大数据并非"数据湖式"的简单堆砌，而是更大程度借助于多维异构数据，为体系化、层次性的平台系统构建、数据叠加关联、小样本集泛化、数据中台建设、知识图谱描绘、多主体联邦学习、深度场景应用等，提供数字化的公共产品或准公共产品，持续产生影响广泛或深远的社会和经济效益，同时又在数据权益保护、数据安全管理上，能够严控数据泄露、不当使用造成的社会影响。所以公共数据的开放利用前景广阔，研究公共数据场景对数权理论具有重要的意义。

第二节　市场数据的公共性张力
——以垄断数据的公共化为例

一、垄断数据何以具有公共性

公共数据不仅有面向个人数据的张力，也有面向市场数据的张力。公共数据向个人数据的扩张是基于公民对社会公共服务的需求，而公共数据向市场数据的扩张则是基于对数据资源垄断的排除。从公共数据中的个人数据融合趋势上来看，数据不仅意味着经济价值（Interest），还意味着权力（Power）。公共数据形成的权力结构尚需完善，公民与公权力机关形成对话共商渠道，而市场领域的数据基于商业秘密和产权资源的保护，不仅更加难以对其数据权力形成约束，并且对巨头企业掌控的数据将更难以流通，制约数据的开放利用价值。在市场数据领域中，更多学者以反垄断法来应对这种现象。本书认为，市场数据的流通、利用和规制虽以经济法领域的反垄断问题作为出发点，但实质上是一个特定市场数据公共化的问题。

以亚马逊这类巨头企业的商业模式为例，其数据平台整合大量的跨领域数据，包含互联网交付、物流网络、支付服务、信贷、拍卖行、图书出版、影视生产、时装设计、硬件制造商、云服务等庞杂的业务。亚马逊不惜在长时间保持低利润率以扩张市场，有的服务或产品标价甚至低于成本价，不断纵向合并市场业务链条，逐渐形成具有强大影响力的结构性垄断力，无论是政府、竞争企业、消费者在将来都难以摆脱其影响力。通过这种扩张策略，亚马逊已经将自己置于电子商务界的中心，为诸多依赖它的企业提供关键基础设施（其中包括核心数据、关键技术等）[1]。社会公众对巨头企业大量聚合数据的担忧来自多方面，包括对涉及国家、社会公共安全的重要数据以及涉及个人隐私的敏感数据泄露、非法转卖、滥用等。市场数据基于商业利益的保护，其受到社会的评价与制约的难度更高。对这类巨头企业的约束常以反垄断为路径。但是，传统反垄断法中的价格垄断判断标准面临着巨大挑战，因为该标准按照价格为标准计算消费者福利，认为在消费者付出的价格成本低于垄断成本时，则不应当认定垄断性，按照此标准，亚马逊的行为甚至不能被定义为垄断。这种价格主义的垄断判别机制的关键缺陷在于，忽略了垄断的数据所包含的复杂利益，否定了参与其中的市场主体和社会个体在其中权利的多样性和复杂性，当巨头企业形成了庞大的数据垄断规模，数据就不再是一种单纯的商业利益了。因此数据在市场中分配的正当性也不应当仅仅局限于价格层面的成本收益衡量，而应该包括关乎消费者的生活安全、服务质量、市场多样性与创新性等长期权益。这些长期利益涵盖了市场中主体的多元身份，既可以是作为消费者的利益，也可以是作为劳动者、生产者、经营者，甚至是身为公民的利益。所以，从反垄断角度下的数据权利制度，其目的不应该只是狭隘、短期地追求价格层面的经济福利，而是从更长远的视角，以维护市场竞争的正当程序的角度，来激活数据要素市场中各类主体的沟通渠道，使数据权利的配置趋向公平。

与一般领域内的市场支配不同，数据的价值聚合属性加剧了巨头企业的垄断作用，使垄断者在市场中形成一种赢者通吃的局面。主要表现为两个层面：第一是通过垄断性的数据产品服务不断提升消费者黏性（如社交软件、购物平台等），消费者基于消费惯性排斥同领域的新市场竞争者；第二是遏制竞争者的创新能力，在拓展新业务层面，垄断者通过跨业务并购谋求创新的成本远低于自行开发创新业务。这种赢者通吃的局面既不利于数据的市场化流通，更不利于数据的权力在市场中被公平地分配。从该层面看，数据的垄断应该是数据权利理论不能忽视的议题，垄断的局面极有可能是数据权利制度不够完善带来的后果，例如，当前宽泛个人信息概念下"知情同意"制度

---

〔1〕 See Lina M. Khan, "Amazon's Antitrust Paradox", *The Yale Law Journal*, Vol. 126, No. 3., 2017, pp. 710-805.

产生的冗长隐私政策和一揽子授权模式，以及数据权利制度空缺下的企业数据"收集即占有，占有即所有"市场潜规则，无疑都是对市场数据垄断的助长。并且，这种垄断模式使传统市场发展中垄断者随技术的发展而更替的规律不复存在，对创新的遏制将使垄断的周期变得更长。因此从更长远的角度看，这种垄断局面明显不利于数据的要素级流通及价值增长。所以针对形成了广泛的垄断力，具有市场基础地位的市场数据垄断，有必要从开放流通的促进角度寻找解决路径。

二、垄断数据如何公共化

因此，将特定资源公共化成了化解结构性垄断的路径。具体而言，将亚马逊这类巨头企业掌控的具有市场关键地位的数据参照公共事业法规和公共事业者义务的方式进行约束，可以参照传统公共行业中的水源、电力、天然气等资源行业，铁路、轮渡等运输行业，电话、电报等通信行业的资源规制方式[1]。这种公共资源的规制方式已有广泛的应用范围，其关键理念在于，重要的规模级产业（包括新兴技术产生的数据行业）应当以公正合理的价格提供普遍式的服务，并向公众开放，使社会公众能够享受公共资源带来的红利。公共化的目的在于明确了垄断不可回避的情形下，接受垄断带来的好处（包括资源的高效利用和消费者的福利优势），同时限制垄断的弊端（公共化的资源必须接受来自市场多元主体的监督，并且有义务促进资源的流通利用高效化）。

但是，垄断资源的公共化并不是容易实施的。针对资源的公共化本身就一直受到诸多质疑，主要的疑虑在于资源公共化后的"公地悲剧"[2]，即每个市场参与者都欲坐享其成，不花费成本地享受公共资源带来的红利，最终反而荒废了公共资源的价值；其次则是质疑资源的公共化管理是否会产生滋生权力的腐败[3]，变相促成另一种权力的垄断。对此，本研究认为数据的公

---

〔1〕 See William, Boyd, "Public Utility and the Low-Carbon Future", *The environmental law reporter*, Vol. 45, No. 8., 2015, pp. 10788-10795.

〔2〕 参见彭辉：《数据权属的逻辑结构与赋权边界——基于"公地悲剧"和"反公地悲剧"的视角》，载《比较法研究》2022年第1期。

〔3〕 参见丁锐、张秀智：《公共资源交易中的腐败及防治——以对土地腐败问题的剖析与思考为例》，载《河南社会科学》2013年第3期。

共化并非意味着数据的绝对公有，而是公权力有义务促进公共数据进一步开放流通，降低公共资源利用门槛，激发其潜在价值，反哺于社会公共服务，塑造各方针对公共数据的价值主张渠道。该过程的实施也有诸多困难，例如，公权力作为资源的管理者如何公平地确认公共资源开发利用的收益，这些收益的分配将决定资源利用者的开发动力；另外基于长远的公共利益维护，资源的开放有时会面临长期的亏损状态，公权力如何平衡开发成本和长期收益等。

第三节　公共视角下的数据权利

从上述公共数据与个人信息、市场商业数据的例子来看，其间的张力与关系已经不可被忽视，割裂地看待三者将无法解决其中的行为边界问题。遂有必要重新思考有关公共数据的定义方式，进而从中思考数据权利的理论融入场景的路径。

一、公共数据的范畴再厘定

由于目前并没有关于公共数据的官方统一的定义，关于公共数据的定义的核心在于公共数据的范畴，即公共数据应该包含哪些数据，基于对公共数据的"公共"理解的不同，主要有"主体说"和"属性说"两种认识。主体说强调数据来源的主体，仅将公共数据视为公共部门掌控的数据，这种定义方法优势在于，可通过主体定义数据属性，数据的边界较清晰，因此围绕公共数据处理的行为责任主体也较好认定，但是该模式的缺陷亦十分明显，如果限制公共数据由政府掌控，则完全封闭了非公共数据向公共数据融合的渠道，加之现有公共数据的质量及可用性参差不齐，公共数据的开放利用、场景升级将受到极大的限制。换言之，主体论在解决类似健康码常态化应用场景的个人数据融入公共数据的情形时，将无法解释公共数据中包含的个人权益问题，例如，在杭州渐变色健康码的案例中，杭州卫健委就忽视了公民对公共数据中个人信息权益的期待，致使公共数据难以利用。主体说属于公共数据定义的相对保守立场，国内除了上海外的诸多地方性数据立法都采取保守定义。

而属性说强调数据属性，将具备公共性质的数据视为公共数据。其范围包含了主体说定义的数据，同时也包括其他具有公共属性的社会数据。这种定义方式的优势在于公共数据可开发利用的资源范围更广，对未来的数据资源挖掘和利用提供更大支持，同时为非公共数据借助公共服务场景融合成为公共数据形成了渠道，有助于数据结构及内容的完整性、可用性。但是属性说也面临诸多挑战，包括数据界限模糊，可能存在争议，法律制度欠缺，公共数据与非公共数据的融合实践操作难度较大。属性论是包含主体论的，两者最大的不同，在于是否将社会数据中具有与大多数人息息相关的、涉及公共利益的数据归于公共数据的范畴。属性说主要由公共数据领域相关的学者专家提出，在地方性数据立法《上海市数据条例》中，突破性地规定除了国家公权力主体外，其他履行供水、供电、供气、公共交通等公共服务的组织的数据也被定义为公共数据。

本书认为数据权利理论研究下的公共数据定义应采取属性说。因为公共数据的定义之争潜在蕴含着公共数据的公共利益与个人数据权益边界立场，主体说包含着公权力机关充分具备收集、处理、开发、应用公共数据的正当性（公共数据的权利）的观点，具有明显的数据权利系"所有权"概念的色彩。而属性说将公共数据的范畴围绕"公共服务"（注重多主体互动互惠关系），其定义中所包含的"公共利益"具有开放性。在属性说定义的公共数据开放环境中探讨各方权益正当性，与本书第三章所论述的关系视角下的数据权利论点一致。

表 4-1　国内地方立法对公共数据的定义对比表

	省市	政策名称	概念内容
1	上海市	《上海市数据条例》	公共数据，是指本市国家机关、事业单位，经依法授权具有管理公共事务职能的组织，以及供水、供电、供气、公共交通等提供公共服务的组织，在履行公共管理和服务职责过程中收集和产生的数据。
2	浙江省	《浙江省公共数据开放与安全管理暂行办法》	本办法所称的公共数据，是指各级行政机关以及具有公共管理和服务职能的事业单位（以下统称公共管理和服务机构），在依法履行职责过程中获得的各类数据资源。

续表

	省市	政策名称	概念内容
3	北京市	《北京市公共数据管理办法》（征求意见稿）	本办法所称公共数据，是指本市各级行政机关和公共服务企业在履行职责和提供服务过程中获取和制作的，以电子化形式记录和保存的数据。
4	重庆市	《重庆市公共数据开放管理暂行办法》	本办法所称公共数据，是指本市各级行政机关以及履行公共管理和服务职能的事业单位（以下简称公共管理和服务机构），在依法履职过程中产生、采集和制作的，以一定形式记录、保存的各类数据资源。
5	天津市	《天津市公共数据资源开放管理暂行办法》	本办法所称公共数据资源，是指本市政务部门及履行公共管理和服务职能的事业单位在依法履职过程中制作或者获取的各类数据资源。
6	广东省	《广东省公共数据管理办法》	公共数据，是指公共管理和服务机构依法履行职责、提供公共服务过程中制作或者获取的，以电子或者非电子形式对信息的记录。
7	广西壮族自治区	《广西公共数据开放管理办法》	本办法所称公共数据，是指各地各部门各单位以及法律、法规授权具有公共管理和服务职能的企事业单位、社会组织（以下统称数据开放主体）在依法履职或生产经营活动中制作或获取的，以一定形式记录、保存的文件、资料、图表、图像、音频、视频、电子证照、电子档案和数据等各类数据资源。
8	宁波市	《宁波市公共数据安全管理暂行规定》	本规定所称的公共数据，是指行政机关以及履行公共管理和服务职能的事业单位（以下统称公共管理和服务机构）在依法履行职责过程中获得的各类数据资源。
9	青岛市	《青岛市公共数据开放管理办法》	本办法所称公共数据，是指数据开放主体在依法履职过程中，采集和产生的、以电子化形式记录和保存的各类数据资源。
10	深圳市	《深圳经济特区数据条例》	本条例所称公共数据是指公共管理和服务机构在依法履行公共管理或者提供公共服务过程中，产生、处理的各类数据。
11	江苏省	《江苏省公共数据管理办法》	本办法所称公共数据，是指本省各级行政机关、法律法规授权的具有管理公共事务职能的组织、公共企事业单位（以下统称公共管理和服务机构）为履行法定职责、提供公共服务收集、产生的，以电子或者其他方式对具有公共使用价值的信息的记录。

续表

	省市	政策名称	概念内容
12	吉林省	《吉林省促进大数据发展应用条例》	行政机关以及具有公共事务管理职能的组织在依法履行职责过程中,采集或者产生的各类数据资源属于公共数据。
13	河北省	《河北省信息化条例(修订)》	公共数据,包括政务数据以及具有公共管理和服务职能的企业事业单位在依法履行公共管理和服务职责过程中制作或者获取的,以一定形式记录、保存的文件、资料、图表和数据等各类信息资源。 本条例所称具有公共管理和服务职能的企业事业单位包括但不限于邮政、通信、水务、电力、燃气、热力、公共交通、民航、铁路等。
14	贵州省	《贵州省大数据发展应用促进条例》	公共数据,是指公共机构、公共服务企业为履行职责收集、制作、使用的数据。
15	陕西省	《陕西省大数据发展应用条例》(征求意见稿)	本条例所称大数据,是指以容量大、类型多、存取速度快、应用价值高为主要特征的数据集合,是对数量巨大、来源分散、格式多样的数据进行采集、存储和关联分析,从中发现新知识、创造新价值、提升新能力的新一代信息技术和服务业态。
16	山东省	《山东省大数据发展促进条例》	本条例所称大数据,是指以容量大、类型多、存取速度快、应用价值高为主要特征的数据集合,是对数量巨大、来源分散、格式多样的数据进行采集、存储和关联分析,发现新知识、创造新价值、提升新能力的新一代信息技术和服务业态。 国家机关、法律法规授权的具有管理公共事务职能的组织、人民团体以及其他具有公共服务职能的企业事业单位等(统称公共数据提供单位),在依法履行公共管理和服务职责过程中收集和产生的各类数据(统称公共数据)。
17	安徽省	《安徽省大数据发展条例》	本条例所称大数据,是指以容量大、类型多、存取速度快、应用价值高为主要特征的数据集合,是对数量巨大、来源分散、格式多样的数据进行采集、存储和关联分析,发现新知识、创造新价值、提升新能力的新一代信息技术和服务业态。

二、公共数据权利立法的两种倾向性抉择

从公共数据的环境角度思考限缩下的数据权利，权利的框架就会变得相对特定。具体而言，以健康码牵动的公共数据权利包含财产属性、人格属性、公共利益属性（学者彭诚信教授已经明确提出这类数据具备多重法律属性[1]，但是鲜有学者提及这种复杂属性是在公共数据的动态复杂场景下体现出来的，静态的数据往往才体现的是财产或者人格等单一属性），需要体系、分层、容纳动态性的权利制度安排（现有研究针对数据权利配置的论点包括所有权、使用权、管理权、交易权等）。再者，基于公共数据是大数据时代重要的战略性基础资源，数据权利制度将会是其利用、保护的前提。该场景下有关个人数据保护、公共利益边界的权利设置，将牵一发而动全身，直接影响公共数据资源的利用或保护。

公共数据权利研究无法忽视公共数据在国家层面的战略价值。掌握在政府手中的政府数据和企业自身积累乃至付费购买的社会数据存在性质上的差异，在构建数据要素市场时需注重分类与融合。以公共数据为关键要素，以创造公共价值为核心，以政府职能转变为助推力，建立用市场价值规律对公共数据的获取、识别、开放、应用等阶段进行衡量的机制。随着数据采集能力的普及与覆盖，掌握具有公共价值的数据的主体不只政府部门，还有私营企业及其他各类社会主体。公共数据资源市场化配置有利于促进数据融合与开放，形成更为完善的数据生态系统，创造更大的政治、经济和社会价值。同时也是我国提升经济发展水平、落实要素市场制度建设的重要改革阵地。

因此，公共数据权利制度与国家数字化转型、发展水平紧密关联，已成为全球争夺数字领域话语权的重要武器和新的利益博弈点。有关要素产权法律制度的研究显示，权利的制度安排具有双面性，有的产权制度能够促进资源有效利用，而有的产权安排则限制了决策的灵活性并逐渐产生阻碍经济增长的负激励[2]。因此，并不是只要有"权利"就一定是人们追求的"善法"。基于要素权利制度的这种双面性，国内外数据权利制度主要有两大

---

[1]　参见彭诚信：《论个人信息的双重法律属性》，载《清华法学》2021 年第 6 期。

[2]　参见［美］加里·D. 利贝卡普：《产权的缔约分析》，陈宇东等译，中国社会科学出版社 2001 年版，第 9 页。

阵营:

一是以美国与中国为代表的"发展导向"立场，适当限缩个人数据权利，分领域释放公共数据发展空间：其中，美国以分行业、领域式数据立法，为行业数字化转型与数据融合塑造空间，在本书第一、二章的知识图谱中也显示，美国数据立法的关键起点也是隐私权利，只是美国并没有以固化的隐私概念限制信息技术的发展，反而致力于对第四宪法修正案中隐私权进行限缩解释。如今，形成联邦和州两级规范，分行业、多监管机构的格局：以联邦贸易委员会（the Federal Trade Commission，FTC）作为兜底的消费者权益保护机构；另外，与通讯有关的数据传输保护，例如，电子邮件、ISP 服务商等的监管，由联邦通信委员会（the Federal Communications Commission，FCC）进行；消费者金融保护局（the Consumer Financial Protection Bureau）对关于金融机构数据共享、聚合等提供了多样、大量的倡议性规则，并有权处罚对金融机构侵犯消费者金融权益的行为等。近年来，美国为拓展领域数据创新，更以"棱镜计划""Vault 7"以及特斯拉、甲骨文、谷歌等世界级公司在全球的触角伸展，意图使全球数据向美国本土汇聚。同时以"总统科技创新计划""18F 小组政府数字分析仪表盘""首席数据官"等机制，全面推动数据集约化管理与应用。

另外，中国对公共数据的"发展导向"立场则体现在两个方面，第一方面体现在立法层面：《民法典》《个人信息保护法》《数据安全法》皆未将数据权利化，为适当限缩隐私权利边界、减少企业数据垄断、公共数据社会化开放利用等有助于数据开放发展的活动容留了空间。但是随着相关数据保护的义务规则体系的日渐庞杂，惩罚规则的日渐落实，中国对数据的开放利用越来越呈现"十字路口"抉择的局面，需要更加谨慎地面对往后的立法和实践模式。另一方面更多体现在实践先行的数字化基础设施建设以及数据地方立法：经过多年的持续性投入与规模化建设，数据流通利用基础设施不断得到改善，为公共数据社会化应用提供了条件。在 2008 年以后，地方政府主导的大数据流通共享逐渐活跃。举例来说，在城市应急指挥领域，上海、北京等城市通过跨部门信息共享构建了城市统一的数据系统，让数据在不同部门之间流动；在农业信息领域，浙江省搭建的"百万农民信箱工程"助力农业、教育等政府部门的数据及时开放。此外，广东、山东、吉林等省份也在以政务云平台为枢纽的信息资源整合共享机制方向上进行探索。虽然近年在全国范围有《个人信息保护法》《数据安全法》等注重隐私、安全管制的法律规范，但是也有《上海市数据条例》以及《深圳经济特区数据条例》等地方先行立法旨在充分推动公共数据充分开放利用。尤其是上海逐步推动公共数据授权运营、数据交易、集成型数据应用等先行做法，具有明显的数据流通倾向。因此，中美立法与实践形成以顶层规划引领数字政府转型和市场的深度创新，这与两国数字化基础建设和应用能力在全球拥有压倒性优势密切相关。

二是以欧澳日英为典型的"审慎限制"立场，严格保护个人或公共数据权利，将数据流动严格限定在法律框架内。其中欧盟以数据保护的体系性立法、高细粒度义务、"重罚则"的隐私保护制度为核心的《通用数据保护条例》其内容文本结构包括基本原则、数据权利主体、数据控制和处理者、数据跨境传输、监管机构、合作与协调、补救措施、处罚责任、特定情形处理、委托与实施等内容，欧盟各成员国可以在该条例基础上制定具体的规定和法律，通过地域性的"强保护"策略抢先建立数据跨境流通壁垒，以避免欧洲被中美数字化浪潮侵蚀。澳大利亚则以数据资产国有化、限制行业数字应用等法律规则，将数字化转型严格控制在规则下，遏制了数字化转型和公共数据开放应用的活跃度。

三、"发展为导向"数权立法的可能性

综合以上公共数据立法趋势，可以看到我国现已站在公共数据发展的高起点之上，以发展为导向的公共数据应用、个人数据公共化融合已经成为国家战略性趋势，公共数据下的数据权利研究应当重新定位法律对个人和公权力主体对公共数据的权利配置和保护，坚持数字化的高水平管理体制改革、业务驱动的高质量运行，为实现数字化转型提供坚实基础。

基于审慎限制的立法立场，立场相对保守的法律界已有诸多研究，并且在立法层面有欧盟GDPR这类体系庞大、要素齐全的成文立法作为范本。本书认为基于"审慎限制"立场的研究和实践具有非常重要的参考价值，但是介于这种立场的选择本身所考量的因素非常复杂，并非传统法律视野下相对保守的视角所能概括，且数据要素的发展趋势与法律制度区别逐渐明显。本研究基于"大胆地假设，小心地求证"的立场，尝试探索另一种可能——具备"发展导向"的数据权利生态，这也与本书第三章所述尝试重构具有开放

性的数据权利观点具有潜在的一致性。当然，基于"发展导向"的数据权利研究并不意味着完全忽视既有的数据隐私、安全问题，反而是一种对现有规制范式的反思，重新定位这些难题的理论视角和认知方法，并努力提出一种多方价值追求下最大公约数的制度设计。

本章小结

本章以数据权利的理论内核为视角，观察数据权利在场景中的张力，探讨数据权利如何在公共数据场景中促成数据的要素流通。首先，基于数据权利的开放性、关系性理论特点，明确场景研究对数据权利的重要性。其次，论述公共数据场景的典型性，分析公共数据向个人数据、市场非公共数据的张力。最后，以数据权利理论观察公共数据的战略价值、流通趋势，明确公共数据场景下的"发展导向"数权立法对数据要素流通的重要性。该章节着重数据权理论的具象化，概括数据场景活动的基本模式以及面临的关键痛点，为后续以要素流通为导向的数据权利理论的程序规范和实体规范做好铺垫。

数据权利的程序规范

　　权利法案的大多数规定都是程序性条款，这一事实决不是无意义的，正是程序决定了法治与恣意的人治之间的基本区别。——威廉姆·道格拉斯

　　通过前四章的论述，我们明确了数据权利的知识谱系以及理论逻辑。通过论述权利的关系本质，基于情境所对应的关系独特性，提出数据权利的场景依赖性，随后又以数据的张力场景，描述不同的数据立法导向，结合数据制度规范的国家战略价值，本书选择以"发展导向"作为数据权利的基调。但在构建数权的理论和制度时，要在理论层面超越权利意志论、利益论、关系论，在制度层面超越隐私权和财产权，并且具备场景适应力，无疑是具有挑战性的。但当我们站在前人的肩膀之上，方知解决数权理论的核心问题在于构建主体参与并对利益、意志、关系予以评价和评判的程序，即数据权利的程序规范。

第一节　数据权利程序规范的理论来源

一、法律本质的开放性、程序性——应对数权关系性

　　基于数据权利理论的开放性视角提出数据权利的程序规范，是站在现代法哲学理论基础上回答"法律是什么"的结果。提出数据权利的程序规范，是对阿列克西"作为程序体系的法律体系"概念的借用。阿列克西认为，从参与者的观点来看，法律的体系不只是一个由制度性（如立法、司法判决）产物或者后果组成的规范体系，同时也是一个程序性或过程性的体系。作为

程序体系的法律体系，是经由规范的制定、证成、解释、适用等诸多环节形成的实体规则和诉讼规则建立的立法或诉讼体系。这里的程序应当不限于司法诉讼程序，更应该包含非制度化的程序。任何参与到这种对话沟通程序中的人，便处于"法律的体系之内"[1]。而针对程序的含义，季卫东教授就曾提出，法律在面对越来越具有不确定的复杂现代化社会中为了限制恣意所形成的产物就是"程序"。其总结程序的核心特征功能就在于对概念、主体、行为的分化与独立[2]，通过不停地划定角色之间的合理范围和权责，使法律作为一套开放系统能够实现"功能自治"以此达到定分止争的目的。并且程序的实现方式可以是多样的，由参与主体共商形成的程序、由特定参与者设计后并获得其他参与者接受的半纯粹程序，都可以被纳入程序的范围。总之，程序关注的是人做出选择的过程，其中要考虑到社会环境对人造成的认知偏差，当人们按照被认可的程序做出选择后就能够自发地遵守，形成实际的约束力。因此，程序体现出一种所谓"反思性的整合"，即制度的设计不仅是实体法制定出认定某种问题的结论，更应该是注重交涉商谈程序的制度化。

正如本书第三章第一节前述，权利是现代法律制度的基本单元，权利的定义与法律本质的定义息息相关。而现代法哲学中有关法律开放性本质的论述，在哈特的《法律的概念》一书中描述是，"法律作为社会控制方法的主要功能，并不体现在私人的诉讼和刑事诉讼之中，这些部分固然重要，但也不过是补救法律体系失灵的辅助性举措而已。法律的主要功能在于，在法院之外，法律被用来以各种方式控制、引导和计划我们的生活[3]"。富勒在《法律的道德性》中提出法律的本质应包含"投入到创制法律的有目的的努力"和"经由该努力而产生的法律"，并且提出了使法律产生实际效力的"程序性道德"命题，包括法律的一致性、颁布过程、不能溯及既往、表达清晰性、时间连续性、不能强求不可能之事等，充分体现法律与社会活动的交互性与开放性[4]。因此，相较于古典自然法学派的神学色彩、实证法学派注重正式

---

〔1〕 See Robert Alexy, "An answer to Joseph Raz", in George Pavlakos ed, *Law, Rights and Discourse: The Legal Philosophy of Robert Alexy*, Hart Publishing, 2007, p. 47.

〔2〕 参见季卫东：《法律程序的意义——对中国法制建设的另一种思考》，载《中国社会科学》1993年第1期。

〔3〕 See H. L. A. Hart, *The Concept of Law*, Oxford University Press, 1994, p. 40.

〔4〕 参见［美］富勒：《法律的道德性》，郑戈译，商务印书馆2017年版，第43页。

命令或科层体系保障的权威力量，现代法哲学更倾向注重现代化社会中复杂的主体关系和动态的运行模式，既重视市场的形成对于自由的意义，也致力于寻找公权力主体在制定政策时对社会以及市场调节的合理地位及作用，既要从静态的视角肯定法律规则遵循的基本逻辑，又要从动态的角度看到社会事实与法律规则的对流。卢曼认为法的程序具有自我反思性[1]（reflexive law），图依布纳则在此基础上进一步提出"管理自治"的反思合理性，旨在利用程序规范来调整过程、组织关系、分配权利[2]，这种观点与我们提出以关系重构数据权利理论的思路有诸多契合之处。贝思·J. 辛格在其著作《可操作的权利》一书中尝试从社会心理学角度解释权利的"正当性"形成过程：权利要有可操作性，需要将权利作为一种社会共同体的共识体现。权利的生长离不开共同体，任何针对权利的追求，最终都是对基于相互承认的共同体的追求。因此，权利的正当性不仅将个体视为目的，也应将共同体视为目的。米德社会心理学认为，一个人的自我认同不是来源于自己对自己的认同，是他所处的社群为他构建的一种"一般化的他人"意识，以此形成一个共有的反应系统，这样才会有沟通的可能性。也就是在这种"共同体"中，"权利"才真正具有效力[3]。换言之，权利的重点在于获得正当性的过程、程序。

因此，从开放系统的角度看待法律与权利，其各个子系统的自我反思，意味着对社会环境的吸纳、反馈能力。这些自我反思的能力不止体现于立法和司法，而且体现于立法和司法过程之外。这些过程尚需具备一套应付社会变动的自生秩序形成、认同机制，并且在这些错综复杂的自生秩序中，设立明确的程序原理上的认定界限和统一这些不同制度的法律前提，这就是在数据权利中关注数据权利程序的原因，数据权利的实体制度和程序性秩序相互作用，密不可分。当我们站在这些学者的理论贡献之上，我们可以看到现代法哲学的重要理论成果皆以开放性视角面对法律和社会的不确定性，所以应以程序的开放视角审视数据权利。

---

〔1〕 参见［德］尼克拉斯·卢曼：《法社会学》，宾凯、赵春燕译，上海人民出版社 2013 年版，第 130 页。

〔2〕 See Gunther Teubner，"Substantive and Reflexive Elements in Modern Law"，*Law & Society Review*，Vol. 17，No. 2.，1983，pp. 239-286.

〔3〕 参见［美］贝思·J. 辛格（Singer, B. J.）：《可操作的权利》，邵强进、林艳译，上海人民出版社 2005 年版，第 37 页。

二、不完全契约理论——应对数权不确定性

（一）正面不确定性——数据权利的塑造、产生价值的不确定性

1. 正面不确定性的来源

数据在国家战略层面，占据要素级市场地位，强调的是数据作为资本、财产的属性。从法律和经济的视角，作为要素级资产应当具备以下特征：首先，应当为某种主体控制或者所有，形成法律层面的权属；其次，资产能够产生直接或间接的经济利益；最后，资产作为一种资源，具有稀缺性，所以需要权属明确，以防止公地悲剧。但是数据要素资产具有无形性、可复制性以及用之不竭的特殊属性，遂在权利的形成、增值、市场的发展层面形成以下不确定性：

第一，数据权利关系的不确定性。数据资产主体多重，权利边界模糊，如数据从生产到流转的过程中，可以衍生出新的数据或新的数据主体：如前述健康码数据向公共数据的融合与转换，个人与公权力机关对数据的权益状况愈加复杂，并且随着社会主体参与公共数据的开放利用，将会更难区分到底谁是数据产品或服务的创造者、收益者、使用者。在无法明确公共数据的权利状况时，如果出现非法获取、过度使用公共数据的情形，将难以保护投入创造力的权利主体，并且与之关联的公民权益也将难以救济。再者，目前非公共数据市场"谁占有，谁所有"的行业潜规则已经带来了数据壁垒、数据灰色产业链等诸多负面影响，公共数据的开发利用更需避免这种情形，亟需明确多主体共谋下的权利架构。

第二，数据资产价值的不确定性。数据资产能够产生经济利益，要以数据资产的合理定价为前提，但是数据资产的定价取决于特定场景，并不存在统一、普适性的定价依据。具体则体现在数据定价与估值的以下难题：一是数据价值的变动性。数据的价值根据其相关性的不同而各不相同，而数据相关性又因数据使用者而异。相同的数据对于不同需求的使用者来说，价值是不同的。同时，数据周转速度的提高意味着数据过时的速度也相应加快，随着新数据的出现，旧数据可能会贬值。二是数据价值的不确定性。例如，监管、全球治理和隐私权等问题，可能对数据的经济价值以及公司对数据的投资力度产生实质性的影响。三是数据资源的无限性。数据资源可以无限使用，

而这个特性也使数据资产的价值难以计量。四是数据资产权利的复杂性。由于数据资产属于无形资产，其权属属性与实物资产不同，需要关注的因素更多，更为复杂。

第三，数据资源稀缺性的不确定性。数据资产是一种人为创设的资源，与石油这类不可再生的稀缺资源相比，数据的稀缺性是相对动态的概念。因此在具备创新能力与驱动力的情形下，数据资产是取之不尽用之不竭的，甚至还会随着数据的聚合展现出越来越高的利用价值。因此数据权利所追求的应当是保持市场的自我驱动和创新能力。

2. 正面不确定性的应对

正面不确定性就是市场创新带来的利润，因为数据产生的利润主要形式是以创新性的数据产品、服务带动机构、企业及其业务数字化升级、转型。在收集、编集、处理、应用数据等行为过程中，都需要创新性，才能形成脱颖而出的数据应用场景，也正是因为数据的复杂性、聚合性，其才能成为当下各行各业创新的新大陆。公共数据的场景也不外如是，正如前述健康码数据与公共政务数据的融合，带来了更高的政务服务质效。

因此，从法律制度思考不确定性正面中的利润，其关键在于保障与促进将不确定性转化为利润的创新活动（相反，如果不确定性不能转换为利润，而是造成某种损失，那么就会成为风险）。所以，为了应对数据权利的不确定性，数据权利的相关制度就应当具备促成创新的能力。这也将数据权利与民法传统静态权利区分开来，因为传统物权、人格权等问题不需要解决所谓创新或利润的问题。但是，针对法律促进创新的命题，在当下亦存在诸多争议。有研究提出立法（或其他制度化措施）是否真正有利于创新的疑问，还有研究提出除了知识产权法，其他法律领域是否要承担保障、促进创新的价值？更有进一步的研究提问法律针对创新是否需要形成独立的范式？这些问题在数据权利领域的研究中也有所体现，正如前数据立法的"发展"模式和"审慎限制"模式的对比分析，以及立法例中欧盟 GDPR 个人数据权利为核心的立法模式，其高成本的合规要求就遏制了数据创新的能力，因此欧盟当前通过《数据市场法》《数据治理法》等法案尝试做出转变，都意味着法律制度与数据领域下的创新是有相关性的，且创新的促进需要贴合相关领域的市场活动规律（如数据的聚合增值模式），所以数据权利下对创新促进不能完全照搬知识产权领域的模式。

对创新的促进因素探讨主要来源于制度经济学、社会学领域。例如，为什么美国的技术创新发展核心在硅谷而不是同样具有较高高等教育居民占比的波士顿和纽约，或者中国的深圳、杭州为什么会成为全国科创中心地带，而不是规模更加庞大的其他一线城市如北京、上海。更典型的是世界银行《营商环境报告》，以一个复杂、跨领域知识的评价指标来判断某个地区的营商、创新环境，对我国国家治理改革和法治建设影响重大[1]。制度经济学学者道格拉斯·诺思（D. North）更是提出产权制度的安排能够激励个人和集团的生产活动，影响经济的演进和发展。所以，当我们理解数据权利对创新的促进价值时，它就已经不仅是一个法教义学或狭义法哲学的议题，而是一个超出了法律规则的自治体系、与社会事实紧密关联的法社会学问题。因此，数权立法如何促进创新价值的问题必然是从社科法学的角度提出的，正如反不正当竞争法、金融法、公司法研究常利用法经济学理论、环境法学常利用公共管理学理论一样，能够促进创新的数据权利立法的结构也必然是领域性的。

既然肯定了法律制度对创新性的促进是良法善治的表现，那么就需要进一步思考数据权利的法律制度能为创新提供什么样的增益作用。为此不妨先分析阻碍创新的要素，在制度经济学领域，戴维斯和诺思曾提出外溢效应、交易成本等问题将可能抑制经济的规模级增长[2]；曾获得诺贝尔经济学奖的奥利弗·哈特提出不完全契约理论，认为现实中的有限理性和交易成本问题将导致完全契约基本不可能存在，缔约双方也不可能完全预料到未来可能发生的所有情形[3]。因此，从制度经济学的角度，结合数据权利的内容，可以将创新的阻碍要素总结为以下三点：第一，信息的不对称性。在数据权利视野下，基于数据生成者、数据处理者、数据控制者之间的有限理论性和有限意志力，数据权利内部的关系难以厘清，数据权利的边界难以控制；第二，风险的不确定性。数据高速、广泛流转下难以控制的风险概率和损害量；第三，交易成本高昂。在产权制度未确定的情况下，难以了解数据的基本情况、

---

〔1〕 参见程金华：《世界银行营商环境评估之反思与"中国化"道路》，载《探索与争鸣》2021年第8期。

〔2〕 参见［美］兰斯·E. 戴维斯、道格拉斯·C. 诺思：《制度变迁与美国经济增长》，张志华译，格致出版社2019年版。

〔3〕 See Oliver Hart, John Moore, "Foundations of Incomplete Contracts", *Review of Economic Studies*, Vol. 66, No. 1. , 1999, pp. 115-138.

价值和应用前景，造成交易谈判的效率低下，例如，我国各地数据交易所就是为了降低交易成本而做出的努力，但是由于数据质量管理、价值评估等工作方案尚不成熟，导致成交量依旧处于低位。

除了这些影响创新的因素，有学者还提出对法律制度本身的要求，认为法律可以区分出固定的法律制度与灵活的法律制度[1]，观察制度的结构性视角，意味着要思考非正式制度对创新的影响（如金融领域对影子银行、地下钱庄等非正式制度的关注）。这意味着一种分层次的自创生、自适应法律体系等。基于这种视角，有学者提出法律在参与创新促进、监管过程中法律的"三足结构"[2]，提供了一种既存在悖论也相互统一的制度层次：第一结构是促进创新的制度。旨在直接提升市场发展的效率，该结构主要由发展与改革、商务、工业与信息、科技管理等行政部门领衔推动，主要借助政策文件或促进式立法实现（如欧盟《数字服务法》《数据市场法》《数据治理法》，以及我国地方立法文件《上海市数据条例》《深圳经济特区数据条例》等）；第二结构是安全监管。强调宏观安全，往往由公检法系统、网络安全行政机构推动，以国家安全立法与执法为主要形式（如我国《数据安全法》《国家安全法》《网络安全法》《刑法》等）；第三结构是权利保护。旨在满足创新活动中组织或者更个体的权益激励，在传统行业领域主要表现为对知识产权、专利、商业秘密、消费者权利等保护，常由"公检法"系统和市场监督管理部门推动。而在数据领域则体现为数据权利制度的设计（如我国《民法典》《个人信息保护法》初步提出了数据财产权和个人信息权益的框架），由法院、检察院办理数据的公益或私益保护案件，并根据《数据安全法》的规定由国家网信部门负责统筹监督，地方则有大数据局、大数据中心等部门统筹数据市场监督管理。促进与保障下的与数据权利的程序规范、环境重塑密切相关。另外，为了疏解监管与创新之间的悖论，可以通过制订具有开放性、广泛性、方便性的技术标准，融贯数据的识别、风险的判断、降低流通门槛。技术标准同样是法律的自创生与自适应体系。本书所主张的一种市场激励型的法律格局是"软法+硬法"的双重多元共治格局，具体表现为"硬法的软法化"，

---

〔1〕See Anderlini L, Felli L, "Incomplete Written Contracts: Undescribable States of Nature", *The Quarterly Journal of Economics*, Vol. 109, No. 4., 1994, pp. 1085-1124.

〔2〕See Chris Brummer, Yesha Yadov, "Fintech and the Innovation Trilemma", *Georgetown Law Journal*, Vol. 107. No. 2., 2019.

硬法指引下的软法的效力认可机制和合规责任豁免为市场创新提供激励；"软法的硬法化"，软法向硬法的转化，硬法向软法的学习与收纳是成文法律汲取市场知识和自我更新的重要方式。

数据领域法与创新促进领域法的经验类似，例如，创新促进领域法当中研究知识产权法是否能够保护创新力，在财政促进金融领域，也有提到税收与政府补贴，例如，在金融行业，通过资本利得税的降低刺激风险投资的增加，对不成功的投资进行补贴，同理在数据权利领域，尤其是作为数据处理者的企业，把数据当作一种资产，企业的数据融资，或者数据开放，通过税收补贴刺激政企数据融合，作为对企业的激励手段；银行业审慎监管的适当放松，例如，金融行业以各种措施减少中小企业的融资难度，在数据领域中，针对企业的合规，形成合规不起诉制度，减轻企业的业务负担等，将合规不起诉主张作为一种程序性权利。

(二) 反面不确定性——数据风险的不确定性

1. 反面不确定性的来源

何谓风险？从 20 世纪 80 年代，人们对安全概念的理解和认知经历两个重大的改变，其一是从传统的国家安全概念扩展到非传统的安全概念，将人类的贫困、疾病、气候变化、自然灾害等均纳入安全概念的范畴。相应地，我国对安全的认知也逐步从传统安全观提升到总体安全观。其二是从针对危险的安全概念扩展到针对风险的安全概念，安全不再只意味着消除危险，更重要的是预防风险和处置风险，风险不可避免，因此没有绝对的安全，安全都是相对的，制度设计不可能消除风险，只可能尽量公正地分配风险。

关于数据开放流通过程中权利损害风险性的不确定性，主要体现为以下方面：

第一，各类安全问题的范畴错综重叠，隐私安全与数据安全问题牵涉紧密[1]，有研究专门从数据安全的角度来讨论数据隐私权问题[2]，二者的范

---

[1] See Thierer, Adam D, "The Internet of Things and Wearable Technology: Addressing Privacy and Security Concerns without Derailing Innovation", *Richmond Journal of Law & Technology*, Vol. 21, No. 2., 2015, pp. 1–118.

[2] See Lauren Henry, "Information privacy and data security", *Cardozo Law Review de-novo*, 2015, pp. 107–118.

畴既有重叠也有区别，以《个人信息保护法》为例的人格权保护模式主要指向一种具体的安全（safe），而《数据安全法》主要指的是系统性的安全（security）。无论国内外，关于数据开放利用风险的立法与研究都较难追求统一的立法模式，而是分散在不同的法律和研究中。如何在没有既定法律、理论体系下，减少各类安全风险的发生，将是数据权利框架下的一大难点。

第二，各类数据安全防控措施并不能完全杜绝权利损害问题的发生，以数据泄漏通知防控措施为例，无论建立多么严格的数据泄漏防控体系，数据泄漏都是不可避免的[1]，数据泄漏通知措施就是为了在风险发生后，及时减少其造成的损害而形成的一种"保险阀"，通过及时通知相关方做出紧急应对，包括数据泄漏通知的条件、主体、对象、内容、责任等具体的问题，由此可知安全风险的不确定性改变了传统立法模式对权利损害事件"零容忍"的固定思维，转而以系统性防控措施应对各类可能发生的风险。

2. 反面不确定性的应对

风险在数据领域主要被归入"安全"的范畴中。公共数据的流通利用必须严格遵守有关数据安全、网络安全甚至国家安全相关的法律制度。2017年6月实施的《网络安全法》是我国第一部全面规范网络空间安全管理方面问题的基础性法律；2021年9月实施的《数据安全法》全面规定了数据安全保护的义务和相应法律责任，并专门对于政务数据安全与开放作出规定；2021年11月实施的《个人信息保护法》较为全面地规定了针对不同主体的个人信息处理规则。

在数据跨境方面，《网络安全法》规定：关键信息基础设施的运营者在中华人民共和国境内运营中收集和产生的个人信息和重要数据应当在境内存储。因业务需要，确需向境外提供的，应当按照国家网信部门会同国务院有关部门制定的办法进行安全评估；《个人信息保护法》同时规定了个人信息跨境提供的规则。

在政务数据方面，《数据安全法》规定：国家机关为履行法定职责需要收集、使用的数据，应当在其履行法定职责的范围内依照法律、行政法规规定的条件和程序进行；对在履行职责中知悉的个人隐私、个人信息、商业秘密、

---

〔1〕 See Schwartz, et al., "Notification of Data Security Breaches", *Michigan Law Review*, Vol. 105, No. 5., 2007, pp. 913-984.

保密商务信息等数据应当依法予以保密，不得泄露或者非法向他人提供。

在个人信息方面，《个人信息保护法》仿照 GDPR 以个人数据权利为轴心，明确了撤回权、拒绝权、删除权、查阅权等，并创设性地提出个人信息可携带权。对提供重要互联网平台服务、用户数量巨大、业务类型复杂的个人信息处理者的行为作出限制性规定。此外，还规定国家机关为履行法定职责处理个人信息，应当依照法律、行政法规规定的权限、程序进行，不得超出履行法定职责所必需的范围和限度。

面对数据安全风险的不确定性，国内外有关数据安全风险的专门性、多层级立法，也逐渐开始转向开放视野，有学者指出数据安全制度不再是以"全有或全无"方式适用的"确定性命令"，而是以领域化、场景化立法的技术指南、法律规范交融的体系化方式，考量其他对立面的价值诉求，追求目的与手段之间平衡的"合比例性要求"[1]，这种应对数据安全风险的规范范式转型也充分体现了数据权利程序规范的色彩。

（三）正、反不确定性的关联

数据权利不确定性中的两方面其实是相伴而生、不可分离的。原因在于，数据权利对应的是能够在市场中产生价值的"要素"级资源，以市场角度看待数据流通，市场主体所面临的不确定性在于"利润"与"风险"，而数据权利的不确定性也正是与之对应。而针对"利润"与"风险"之间的关系，经济学领域就有理论阐述其不可分割性。正如弗兰克·H. 奈特在《风险、不确定性与利润》一书中提到的那样，"如果（市场）变化的规律是众所周知的，就像在多数情况下那样，利润就不可能产生[2]"。换言之，市场中的经济行为（包括数据的流通和利用），其产生利益的动力来源就在于市场变化的不确定性。如果没有不确定性，每一件事物都以绝对始终如一的方式来运动，现在就可以完全预料到未来，则所有的价格和成本都相等，就不可能产生利润，相应的也就不会有风险。但是这样的局面将遏制要素级资源的流通。

法律在遭遇这种不确定性的难题时，会出现两种权利形成路径：

一种强调义务规则下的"行为规制论"立场。该立场认为数据在私法上

---

〔1〕 参见杨力：《论数据安全的等保合规范式转型》，载《法学》2022 年第 6 期。

〔2〕 参见［美］弗兰克·H. 奈特：《风险、不确定性与利润》，安佳译，商务印书馆 2010 年版，第 23 页。

确权面临理论和操作困难，而现有法律和技术条件下已形成的数据控制则足够支持利用和交易秩序，额外确认私权则不利于数据分享[1]。法律初步分配数据权利的配置安排（如欧盟 GDPR 以个人数据权利为中心的制度模式），虽然这个安排是有困难的，但是尝试用体系性的立法手段，不断细化维护权利的义务规则（基于义务规则对权利的重要性），并以重罚责的最终尝试构建数据权利下的"大而全"法律规则体系，在法律要求的高标准下形塑数据权利运行的逻辑。"行为规制论"立场通过义务规则不断寻找确定性，在逻辑上能够自洽，但是会不断积累义务合规成本，限制数据的流通。并且在行为规制论中，随着义务规则的不断细化，甚至有替代权利之趋势。也就是说，在行为规制论的视角下，一开始设置的权利地位并不那么重要，重要的是义务规则如何形塑权利更为细致的边界。从这个角度上来看，行为规制虽然能更加没有顾虑地细化其体系约束各式各样的行为，但是，正如季卫东教授早在1993 年的论著《法律程序的意义——对中国法制建设的另一种思考》以刑事法律规则细化的例子中提到的那样，规则的细化动机虽然可以同情，但是细则化的目的如果不在于完备适用要件，而在于否定裁量空间，那么它在限制恣意的同时也限制了选择，违背了程序的价值，将导致法律的僵化[2]，欧盟GDPR 面临的制度实施、合规成本趋高等困局便是这种路径的弊端之体现。

　　另一种则是强调权利本位的"赋权论"。该立场强调赋权对数据流通利用的必要性，坚持权利作为制度的逻辑起点，贯穿始终，适当容忍数据权利的不确定性，通过赋权模式先行促进数据权利的流通和增值，但是不对权利的义务规则作过多限制性规定。但是其缺点在于，赋权规则仅仅是数据权利的流通和增值的第一步，正如前述，数据权利的内容和实现具有很强的场景依赖性，对环境的需求更高，没有一系列环境的制度塑造，将会面临"徒法不能以自行"的困境。科斯在《社会成本问题》提出的权利分配与交易成本之间的关系，也证明赋权模式的特殊性与必要性。科斯认为理想状况下，市场可以自行协商达成资源的最优配置，但这需要具备一个关键的条件，即交易

---

〔1〕　参见梅夏英：《在分享和控制之间 数据保护的私法局限和公共秩序构建》，载《中外法学》2019 年第 4 期。

〔2〕　参见季卫东：《法律程序的意义——对中国法制建设的另一种思考》，载《中国社会科学》1993 年第 1 期。

成本为零；有学者将此理解为法律层面的界权并不是资源调控之必要[1]，但是本书不赞同这种观点。

本书的观点是，并不是界权没有必要，而是在数据领域相关方之间的交易成本太高，导致现实形成的权利、资源配置模式不一定是社会收益最大化的，或者就算是社会收益最大化，也不一定是符合某种法律或道德伦理的价值诉求。所以界定权利与降低交易成本对于数据权利问题来说同等重要，没有权利的边界（无论是法律规定的还是市场自发调节生成的）则不可能有要素的流通，没有降低交易成本的努力，则权利的边界设定也将没有意义（因为权利的界定将不是有利于市场资源配置的善法）。

"行为规制论"与"赋权论"两种理论视角各有优缺点，但是学界对此的研究一直处于较为割裂的局面，行为规制论认为义务规则形成数据权利运行的该标准模式，与权利内容的规定相比并不是必要的。而赋权模式则认为权利的配置将是数据权利运行的必要条件。本研究认为，行为规制论和赋权理论是殊途同归的。基于前文数据流通促进导向式立法的立场，赋权论的思路必然是权利运行的前置条件，而行为规制论不能将流通促进导向再次变为保守，围绕权利的规则应当更加着重塑造一种软硬结合的环境，环境的塑造，比直接规定数据主体各方的义务规则更为重要。因此赋权论与行为规制论殊途同归的交集点就是数权的"程序规范"。

第二节　数据权利程序规范的核心要素

一、数据主体资质完善——权利主体的意志、理性要素

针对数据权利主体资格，围绕权利主体的意志要素，为克服数据权利流通利用背景下的意志形成过程不清晰、权利意志表达困难，克服有限理性、减少沟通成本，需要对数据权利主体的资格进行审视和完善。

（一）数据权利意志要素的重要性和局限

拥有自由意志的主体才拥有权利。在民事法律领域中，拥有民事权利能

---

[1]　参见戴昕：《数据界权的关系进路》，载《中外法学》2021年第6期。

力的主体才可以具备权利，拥有行为能力的人可以为权利变动之行。其中都蕴含着一个认同权利的关键程序，那就是相关主体是否有足够的认知、行为能力，是否具备公众普遍认知下的理性，是否能够将自己的意志理智地表达出来。而在数字时代，意志能力的衡量标准不断接受着新的考验。现象学揭露了数字时代下认知、意识规律的主观间性[1]。其含义是，并不存在一个可以被所有人认识到的统一的客观世界，只有在主体的互动关系下，沟通投射出一个主观世界，这个世界会随着个体、集体的认识变化而发生变化。也就是说，重要的并不是既定的认知结果，人们能够寻找共识只是以何种方式去认知未知事物的"过程"。"过程"的公平性需要考量其中各方主体的资质、能力差异，而数字空间下意志能力的衡量标准不同于现实空间，现实空间的理性、意志衡量标准是基础性的，例如，经济学研究就常将"趋利避害"的理性程度作为研究的假设，再如民事法律领域行为能力与权利能力的认定等；但是，数字空间的秩序，不能只考虑基础、持平的理性意志能力，因为数字空间的理性程度、自由意志，都是基于数据的聚合能力，而数据的聚合能力又与现实空间中的财力、权力、算力直接相关。政府机构、企业基于履行职权、获取利益、扩大权力等目的，将不断投入大量成本用于平台搭建、数据集成、算力设施，形成具有支配地位的巨大"利维坦"。这些巨头数字平台的理性能力与信息视野，与分散在数字空间中的个人成了巨大的落差，个人的理性能力在现实世界与数字世界中并无明显差异。当下法律制度中已经形成应对这种落差的方法，例如，"知情同意"中的告知程序（嵌入 App 隐私政策中），个人信息保护的法治教育、宣传、培训等。虽然这些措施的目的是可以理解的，但是这无法弥补个人与组织在数据领域的理性、意志差距。显然，数据权利下的主体资格，应该关注组织本身的改造，或者组织体与个体之间的沟通渠道，而不应寄希望于短期内提高个体的理性能力。

　　虽然平台基于数据的集成，拥有更高的意志能力和理性程度，但是组织的缺点在于意志表达的清晰性、意志形成的中立性以及外部系统沟通的流畅性。正如马克斯·韦伯在《支配社会学》中提到的那样，"官僚组织稳固权力的方式更多强调组织整体的稳固和完整性，所以，官僚组织经常在行政、经济、外交、军事等领域以'保密'的手段来稳固自身地位，排斥公开性以隐

---

〔1〕　参见季卫东：《元宇宙的互动关系与法律》，载《东方法学》2022 年第 4 期。

匿其知识和行动，进而避免被批判。在这个特性下，官僚组织基于纯粹自身权力保全目的的秘密化远超其职务保密所需的程度，甚至连官僚组织自身也无法从职务上的理由解释保密的原因"[1]。这种科层组织的缺点在数据权利领域下也会更加凸显，因为组织、业务的数字化转型不够充分，数据业务难以从其他传统业务中独立出来，组织下各部门之间的利益争夺，不愿意进行数字化转型，或者独占数据孤立地开展数据业务，都将影响代表组织意志的表达、影响组织基于数据利用相关的意志形成。换言之，组织需要改造自身结构，作出体现组织意志的决策，决策的内容应当清晰，并且要为外部商谈建立空间。决策的过程要让外部知晓，或者能够清晰地表达基于组织角度的意志。再者，组织内部既然是一个科层结构，就要避免各科层之间的冲突。另外，基于数据业务的特殊性，将数据的业务链条独立出来，从组织上要有所体现，通过组织结构的调整，让有关数据的决策能够有效、中立、明晰。

（二）数据权利意志要素的改善方法

为克服以上问题，可以从非公共数据应用市场汲取经验，企业的做法：

第一，改造自身组织结构，使之内部决策流程清晰，设置对外沟通渠道：欧盟 GDPR 及其配套国际标准 ISO/IEC 27701 要求针对数据保护形成管理层、决策层、执行层的分工架构，包括由高管组成的合规决策层；专职性的数据保护专业工作团队来负责隐私保护培训、咨询、指导、审计；在不同的业务流程中培养的专业技术接口人，以高效解决隐私保护任务。另外，企业内部单独任命"数据保护官"（DPO），保证其所在组织对数据的处理符合法律的规定。为了确保"数据保护官"处理相应事务的能力，GDPR 要求"数据保护官"都应该具备以下能力：专业资格（Expertise level）、专业知识（比如数据保护法律和企业数据业务的专业知识和理解能力等）以及其他工作能力（比如沟通能力、职业伦理等）。

第二，诉诸隶属于政府、行业协会的监管者（Data Protection Authorities，DPA），形成组织决策的约束。监管者的适当介入是组织形成意志过程具有开放性的证明。监管机构的有效性与可信程度取决于其能够中立地行使监督职能，不被市场主体的利益所捕获。所以，针对数据领域中监管者的独立性，

---

[1] 参见［德］马克斯·韦伯：《支配社会学》，康乐、简惠美译，广西师范大学出版社2010年版，第36页。

就有美国学者 Flaherty 早在 1989 年进行过研究，其衡量监管者独立性的关键指标[1]放在如今依旧具有参考价值，包括：

1. 判断独立性的法律渊源具有多元性。可参考关于数据隐私保护的跨国协定，或者国际人权机构对于隐私保护的观点；执行这些标准的案例，或是对这些标准进行解释的司法解释；以及关于跨国数据隐私协定自身提出和执行的标准；数据保护机构的同行评估标准。

2. 监管者本身的联席委员会组织形式优于独任委员制。针对监督者的权利结构、决策模式应当授权予唯一专员还是多名专员组成的联合委员会的问题，需要从组织结构的决策特征来看。联合专业委员会能够有效抵御来自行政机构、利益团体的游说，在独立性方面有优势，而独任制监督员虽然有利于短期快速决策，但是在决策的中立性和专业性上存在局限。

3. 监管者可以是公权力，应尽可能保持监管的相对独立性。针对监管者应当是公权力组织还是民间组织的问题，二者的职权差异性其实并不大，公权力监管依旧是当下的主流。虽然政府作为公权力的持有者常受到质疑：当政府作为数据领域的监管者时，其掌控监视公民的数据将会对催生对这种监视权力的依赖或滥用，并且公权力还存在利用其职权反对外界对他们进行限制或调查的倾向。但是，本研究并不赞成早期激进地主张数据监管领域监管者必须从政府中独立出来的观点，因为这种激进做法既没有可操作性，更面临着政治结构变动的风险。所以监管者的相对独立性应当指其职权内容上的独立性，即监管者可以隶属于政府，但是其数据监管职能要与其他职能相区别。另外，公权力机关与行业组织、协会等主体的监管职权具有相似性，并且行业组织监管者也并非完美无缺，他们同样存在被市场利益捕获的风险，因此不应当断然否定政府自身作为数据领域监管者的正当性。

4. 数据监管者应当谨慎面对国际人权组织提出对国内的数据、隐私保护要求。从最理想的层面，数据保护和监管与国际组织提出人权保护存在一定交叉领域，但是国际人权保护标准与数据保护的结合欠缺实践经验。鉴于人权定义的不确定性，跨国的人权保护可能会与当地政策发生冲突，虽然数据权利探讨的也是数字社会下的个体法律定位正当性的再造，但是不能将高度

---

〔1〕　See David H. Flaherty, *Protecting privacy in surveillance societies*：*The Federal Republic of Germary*，*Sweden*，*France*，*Carda*，*and the United States*，University of North Carolina Press，1989，p. 37.

场景依赖性的数据权利保护问题委以更加复杂、抽象的人权问题来解决。

（三）公共数据下政府主体的权利意志要素完善

为了完善公共数据权利中的主体意志要素，应从掌握公共数据的公权力入手，实施管理再造、业务再造，形成能够借助科层制分工进行数据利用、保护监管，协同组织完善数据权利下的意志形成过程以及供需信息对接的准确度。具体体现：

一是管理再造。在政府内部进行管理结构再造和业务整体转型。建立"公共数据发展管理部门"。该部门职责是以更加科学的顶层规划和更加翔实的总体设计为指导，加强各类系统之间的内外部集成，充分运用基础、智慧城市大脑、业务数据中台、统一应用门户等，提供更多融合性数据应用服务。建立公共数据"首席数据官/员制度"，选拔具备清晰地沟通数字技术能力的管理业务骨干，引领所在部门的数字化规划、业务目标、场景布局、数字归集和治理，尤其是传达变革故事，培育和形成单位内生数字文化。这类管理再造后的组织可以帮助公权力机关更加准确地表达权利相关诉求。例如，在公共数据内外交互过程中，作为"首席数据官/员"的责任人员可以聚焦公共服务重难点，统筹组织编制场景业务清单。需求清单的制作需要"首席数据官/员"统筹组织内部的人员和信息，包含需求分析报告、数据设计方案、数据准备措施、数据研发计划、验收测试方法、线上交付模式等内容。针对社会主体提出的公共数据开发利用需求，应当要求提供统一格式的需求申请，包括需求数据使用频率、产生该需求的事项名称、事项材料名称、数据提供单位级别、数据提供单位、事项应用场景描述、数据来源依据、提供数据名称、数据需求单位、数据获取方式、提供数据字段等。公共数据权利主体的"首席数据官/员"将是权利价值诉求清晰表达、协同组织各部门、组织内外沟通的重要渠道。

二是业务再造。加强系统集成，形成数据统筹管理体制。全面推进城市数字化转型事关全局，需要系统性谋划。既要在城市数字化转型领导小组坚强领导下加强顶层设计，又要在"集约性"的大数据发展管理部门引领下，协同决策层、联系层、执行层聚焦重点难点、创新推进机制。培育各个部门的数字化转型适应性变革。技术虽然重要，但并不代表数字化转型一切。同样只有"集约性"的大数据发展管理部门，没有各个部门和人员的内生数字文化建设，转型仍会停滞不前，需要将新的数字方法和流程转换，并整合到现有工作方式中。

管理再造和业务再造已经在我国部分地区的公共数据领域有所体现，例如2021年7月，上海市政府举行信息化职能整合优化工作备忘录集中签署仪式。上海市大数据中心与市委军民融合办、市发展改革委、市退役军人局、市审计局、市体育局、市绿化市容局、市机管局等首批7个部门集中签署信息化职能整合优化工作交接备忘录，意味着7个部门的信息化技术实施职能将全面划转到大数据中心，实现系统统筹建设、服务统一购买、数据充分共享。[1]

（四）通过外部监督来完善意志要素的域外立法例

在具体规则层面，可以从数据监管者、数据主体、数据控制者三方关系，整理如下规则异同：

表5-1　数据保护及监管模式

	主要法案	管辖地区	保护数据模式	监管主体
美国	《数据保护法：综述》《消费者隐私权法案》等	本国领土	清单式列举	政府首席数据官/首席分析官办公室
欧盟	《通用数据保护条例》	不限于领土内（营业地或控制地原则）	清单式列举	欧盟委员会
俄罗斯	《个人数据保护法》《信息、信息技术和信息保护法》等	不限于领土内（营业地或控制地原则）	概括式定义	俄罗斯电信/信息技术和大众传媒联邦监管局
新加坡	《个人数据保护法》	不限于领土内（营业地或控制地原则）	概括式定义	个人数据保护委员会（PDPC）
澳大利亚	《隐私法》《数据泄露通报计划》等	本国领土	清单式列举	"数字信息和文件管理能力矩阵"数据管理结构
中国	《网络安全法》《电信和互联网用户个人信息保护规定》等	本国领土	清单式列举	行政部门及地方监管

---

〔1〕 参见薛宁薇：《上海实施信息化职能整合，首批7个部门信息化技术实施职能划转至市大数据中心》，载 https://j.eastday.com/p/162764620477018453.

第一，监管的辖区范围。监管辖区范围指法律法规里规定的所能管辖的数据涉及的领土范围，尤其是设立在境外的数据中心是否受到本国法律法规的监管，这也是目前业界关注的重点之一。不同国家和地区对此规定有一定的差异性。如美国、澳大利亚、中国目前的管辖范围是本国领土，也就是说，外国企业以及本国企业设在境外的数据中心，均不受本国法律法规约束。但欧盟、俄罗斯、新加坡等国家和地区则相对监管较严，如俄罗斯规定其数据保护法律法规不受领土管辖权的限制，适用于任何在俄罗斯发生的所有数据处理过程，包括所有对俄罗斯公民数据的收集和使用，而无论数据中心是否建立或位于俄罗斯境内。对于跨境的数据流，如果俄罗斯公民是对应的数据传输协定中的一方，那么该数据就属于俄罗斯的数据保护法律法规监管辖区范围。

第二，需保护的数据。一般说来，需要监管的数据可划分为两类：个人识别信息（Personal Identity Information，PII）和个人隐私/敏感数据。其中，PII 是指能直接根据该信息识别和定位到个人的信息，如姓名、身份证号码、银行卡号、家庭住址等；个人隐私/敏感数据是指虽不能直接能识别和定位到个人，但通过关联和综合分析，有可能定位到个人的信息，如健康信息、教育经历、征信记录等。各国对个人隐私/敏感数据的定义不同，其保护的数据范围也就各不相同，如中国在一些部门规章中划定了个人信息保护的具体范围，而俄罗斯、新加坡等国则规定凡是和个人相关的信息，均被认为是个人隐私/敏感数据，均在保护范围内。

此外，在这两类需要监管的数据中，也有因例外豁免条款成为不需监管的数据，如新加坡规定商务联系信息、已存在了 100 年的个人资料以及已经去世超过 10 年的个人数据等均不在保护范围内。

第三，监管对象。一般情况下，所有涉及数据收集、存储、处理、利用的数据控制者都是被监管的对象，但各国也根据自己国情划定了可免除监管的例外条例，如新加坡规定了公民个人行为、员工就业过程中的必要行为、政府、新闻、科研等公共机构的部分行为、某些获取了明确证明或书面合同的数据中介机构等，可免除数据保护法律法规的监管。

第四，需监管的行为。目前，美国、欧盟、中国、俄罗斯、新加坡等均提出应对数据的全生命周期进行监管，包括收集、记录、组织、积累、存储、变更（更新、修改）、检索、恢复、使用、转让（传播、提供接入等）、脱敏、删除、销毁等行为，但各国也根据自己国情划定了可免除监管的例外条例，如俄罗斯规定了专为个人和家庭需求处理个人数据（前提是不侵犯数据对象的权利）、处理国家保密数据、依照有关法院立法由主管当局向俄罗斯法院提供相关数据等情况，则属于相应的例外豁免情形。

第五，监管者权力。为保证数据安全法律法规的落实，监管部门需设立相应的机构和人员，配置相应的权利，如执法权、罚则等。俄罗斯数据保护最主要的监管部门是俄罗斯联邦电信、信息技术和大众传媒联邦监督局（Roskomnadzor）。此外俄罗斯政府、俄罗斯联邦技术和出口管制局（FSTEC）以及俄罗斯联邦安全局（FSS）等主管监管部门也制定一些对数据保护的特定条款。新加坡数据保护最主要的法律依据是《个人数据保护法》（PDPA），同时为了执行 PDPA，新加坡专门成立个人数据保护委员会（PDPC）来承担PDPA 的制定和实施工作。俄罗斯的 Roskomnadzor 和新加坡的 PDPC 均具有一定的执法权。

二、数据分级分类——权利对象的相对可指涉

（一）数据权利对象指涉的重要性和难题

数据权利的不确定性还来源于权利对象指涉的不明确。主要由于数据的场景依赖性，人们在指涉想要利用或者保护的数据时，难以通过传统的文字表达其边界。例如，前述公共数据的定义就存在边界的模糊地带，再比如针对"个人信息""个人数据"的定义，就有《民法典》《个人信息保护法》所主张的"识别说"定义和学理论述中常出现的"关联说"定义。数据权利对象的难以指涉，造成数据流通利用过程中的沟通难度大、成本高。因此需要一种治理手段——数据分级分类，将数据的指涉对象相对确定化，以便发掘数据价值、管控数据风险。同样的，数据分级分类也高度依赖场景，不能期望通过分级分类直接明确各类数据的静态权利，但是可以把风险、价值与数据对象关联起来，以减少信息沟通障碍，促成场景下的权利合理分配。数据分级分类可以实现组织管理方式和业务流程的优化，这些数据分级分类有利于打通数据互通性，使得业务部门之间、业务和技术之间、统计指标之间统一认识与口径，提升数据的可用性，帮助构建规范的物理数据模型，实现数据在跨系统间敏捷交互，减少数据清洗的工作量，便于数据融合分析。

　　数据分级分类已经成为我国数据法律制度中的重要环节，但是其对数据权利理论的意义还鲜有研究论述。我国《数据安全法》首次在立法层面明确了建立数据分类分级制度的要求。数据分类分级保护制度将成为我国进行数据安全保护的基本制度，而数据分类分级也将成为各企业和组织乃至政府主体进行数据治理的基本和核心工作。科学、规范的分级分类管理能够有效地平衡数据的安全要求与使用需求，实现数据的风险管理成本与利用效益的平衡，从而为数据产业的快速健康、可持续发展奠定坚实基础。但是在公共数据领域，贴合数据应用场景、融贯法律及业务需求的高质量分级分类尚需探索。

　　现有数据分级分类相关研究针对编制流程、技术工具的研究或阐述颇多。例如，2019 年数据资产管理大会中发布的《数据标准管理实践白皮书》，将数据分级分类标准的形成过程分为准备环节（包括调研行业需求、监管需求；需求专家评估；内部数据梳理整合）、编制阶段（资料收集；调研访谈；分析评估；校验发布）、实施阶段（定期成效评估；分级分类优化）三个关键环节。再如有研究以美国科学数据开放平台中的 Data tags 数据分级分类系统，尝试优化专家意见在分级中的作用，并借助人工智能知识图谱辅助数据标签的结构化、动态化等[1]。足见分级分类活动是一个集技术、管理、规范为一体的活动。

　　国内外数据分级分类标准的研究具有相似性，其一，强调以业务和角色进行数据分类，以数据应用范围为分级标准的模式，辅以数据加密传输、安全隔离、数据脱敏等技术手段完成数据管理，体现出提出以"开发者与管理者分离""数据所有权与使用权分离""对数据使用权分级分类""对数据分级分类量化责任"[2]等新型数据治理理念。其二，强调技术赋能，针对数据开放应用中的风险，尝试以隐私计算、加密共享等方法来提供技术支撑。其三，数据分级分类技术研究与相关的法律规范结合研究不足，欠缺理论融贯和可操作方案。国内外学术资源库有关数据分级分类的文献数量有限，进一步检索分级分类方法的研究更是寥寥，主要集中在宏观政策、分级策略和数据脱敏技术研究方面，对数据共享中的不同数据类型识别和评价标准的研究很少，缺乏能够促进数据分级分类活动持续性进行的可操作、可落地的方法。

―――――――――――――

　　〔1〕　参见杜宇骁等：《哈佛大学 Datatags 数据分级系统研究及启示》，载《图书馆杂志》2019 年第 8 期。

　　〔2〕　参见高潮：《大数据时代用户消费型数据的分级分类隐私保护策略研究》，载《广东通信技术》2016 年第 9 期。

（二）分级分类的基本模式及完善

当前对数据分级分类已有一定探索经验。分别体现为以下两种趋向：

1. 地方政府层面——数据资源打通、逐步开放应用

贵州省于 2016 年 9 月 28 日发布了地方标准 DB52/T 1123-2016《政府数据　数据分类分级指南》，对政务数据分类和分级的目的和方法进行了明确的定义，开启了地方进行数据分类分级标准的先河。贵州省政务数据分类分级指南给出定义，政府数据分类是通过多维数据特征准确描述政府基础数据类型，以对政府数据实施有效管理，有利于按类别正确开放利用政府数据，实现政府数据价值的最大挖掘利用；北京市经济和信息化局于 2020 年 9 月发布了《政务数据分级与安全保护规范（试行）》，给出了北京市政务数据分级的原则、方法、流程，以及与共享开放和安全保护之间的关系，并规范了第一级到第四级数据的安全保护通用要求、技术要求和管理要求，用于指导北京市政务数据的采集、汇聚、传输、存储、加工、共享、开放、使用、销毁等数据全生命周期的分等级的安全防护和监督管理。该规范有两方面的创新：一是从定性（数据类型）与定量（数据量）两个维度进行数据分级的判定，并给出了明确的定性和定量的标准；二是将数据分级与数据保护进行了对应，并给出了明确的措施和要求。这两方面的创新使得数据分类分级的操作性和落地性都有了较大的提升。浙江省于 2020 年发布了《浙江省公共数据分类分级指南（试行）》，明确规定数据的分级方法（除涉密数据），共分为 4 级，敏感程度由高至低分别为敏感数据（L4 级）、较敏感数据（L3 级）、低敏感数据（L2 级）、不敏感数据（L1 级）。其中，对于政府、法人、个人已经公示的不敏感数据，政府内外都可以直接在浙江数据开放官方网站直接查询调用，比如企业信用评价信息，许可、处罚等数据；对于低敏感的数据和较敏感的数据，由数据主管部门审批和信息主体授权后，在安全合规的数据开放域系统内经过数据脱敏受限开放，比如企业年报、停车位信息、社会福利机构信息等数据。2019 年《上海市公共数据开放分级分类指南（试行）》更加注重分级分类对数据开放应用的价值，从公共数据安全要求、个人信息保护要求和应用要求等因素，将公共数据分为不同级别的管理方式。公共数据开放分类是指在公共数据开放过程中，将公共数据分为无条件开放、有条件开放、非开放三种开放类别的管理方式。公共数据的开放级别按照公共数据描

述的对象，从个人、组织、客体三个维度分别展开。个人指自然人；组织指本市政府部门、企事业单位以及其他法人、非法人组织和团体；客体指本市非个人或组织的客观实体，如道路、建筑等。

以数据专题库分类的方式以上海市公共数据平台为例，将公共数据的领域划分了13个大类，35个市政府部门是这些公共数据的数据提供者。根据统计可知，着力于经济建设的政府部门是市发展改革委、市经济信息化委、市商务委、市财政局、市审计局、市地方金融监管局、市国资委、市统计局、市税务局、市政府交流合作办和市政府办公厅；着力于城市建设的政府部门是市规划资源局、市住房城乡建设管理委和市绿化市容局；着力于民生服务的政府部门是市民族宗教局、市民政局、市司法局和市农业农村委；着力于资源环境的政府部门是市生态环境局和市水务局；着力于公共安全的政府部门是市公安局、市应急局和市民防办；着力于卫生健康的政府部门是市卫生健康委和市医保局；着力于教育科技的政府部门是市教委和市科委；着力于文化休闲的政府部门是市文化旅游局、市体育局和市机管局；着力于道路交通的政府部门是市交通委；着力于社会发展的政府部门是市人力资源和社会保障局；机构团体一般为相关领域的注册单位与人员名单，很多政府部门均有所涉及。横向来看，市市场监管局作为监管市场经济最主要的部门，市信访局作为与群众联系最密切的部门，他们提供的公共数据的涵盖面较广，涉及较多的数据领域。

由于政府职能所涉公共数据门类复杂、体量巨大、存储分散，所以政府层面的数据分级分类致力于打通部门间数据共享，注重数据资源的整体摸排和安全管控，但是对数据的开放应用水平有限，大量基于数据分级分类的数据开放平台数据质量欠佳、可用性不强，造成分级分类标准的外部激励、精确度、迭代优化不足（上海市公共数据开放平台的用户反馈中，五星级满意评价仅占11%，而84%的开放数据条目处于0次下载、无人访问、评价的尴尬境地〔1〕）。

2. 行业层面——场景驱动、业务导向

在特定行业领域，以金融行业为例，证监会于2018年9月27日发布了行

---

〔1〕 参见上海市公共数据开放平台，载 https://data.sh.gov.cn/view/data-resource/index.html，最后访问日期：2022年12月21日。

业标准 JR/T 0158-2018《证券期货业数据分类分级指引》，为证券期货行业的数据分类分级工作提供了指导性原则，并以证券期货行业的业务条线划分为基础，结合行业特点提出了一种从业务到数据逐级划分的数据分类分级方法，同时也为证券期货行业的数据分类分级管理提供了参考建议。另外，中国人民银行于 2020 年 9 月 23 日发布了行业标准 JR/T 0197-2020《金融数据安全 数据安全分级指南》，给出了金融数据安全分级的目标、原则和范围，以及数据安全定级的要素、规则和定级过程，适用于金融业机构开展电子数据安全分级工作，并为第三方评估机构等单位开展数据安全检查与评估工作提供参考。在工业领域，工业和信息化部办公厅于 2020 年发布了《工业数据分类分级指南（试行）》，提出了工业数据分类分级应该以提升企业数据管理能力为目标，坚持问题导向、目标导向和结果导向相结合，企业主体、行业指导和属地监管相结合，分类标识、逐类定级和分级管理相结合。除了发布工业数据分类分级指南以外，工信部组织了多次不同地区和行业的工业数据分类分级试点，为工业数据的分类分级积累了丰富的经验。

行业数据分级分类经验的优势在于紧紧围绕业务需求，分级分类的有效性可以通过业务绩效的增益来衡量，所以行业数据分级分类标准拥有外在的激励，促进数据平台不断优化分级分类方法，能不断提升数据的可用度。行业数据涉及商业秘密，其开放利用的可能性较低，但公共数据领域的分级分类可以借鉴行业数据分级分类的方法，以场景业务为导向，进一步融合业务需求和法律的规定，形成安全、高质量、细颗粒、可优化迭代的数据分级分类。基于数据权利的场景依赖性，越贴合业务场景的数据分级分类，就越有利于数据权利对象的指涉。结合上述分级分类经验的总结，结合数据权利的动态关系性和场景依赖性，所以数据分级分类在为数据投入开放流通中使用时，才能更好地发挥其对数据对象的指涉作用。

3. 国际经验层面——数据对象指涉的 FAIR 原则

FAIR 原则草案于 2014 年荷兰莱顿"Jointly designing a Data FAIRPORT"会议上被提出[1]，2016 年，Wilkinson 教授在 *Scientific Data* 期刊发表论文，明确了数据管理、分级分类的 FAIR 原则。在当年杭州举办的 G20 峰会上，习

---

〔1〕 参见李春秋等：《医学科学数据开放平台 FAIR 原则的应用评估与调查分析》，载《图书情报工作》2022 年第 3 期。

近平总书记等 20 国集团领导人发表声明，赞同 FAIR 原则用于数据管理和分享。FAIR 原则作为一种技术标准，为公共数据的质控提供了方向性的指引。这是一个以元数据为基础的数据质控标准。元数据是数据治理子系统建设的基础，一个定义良好、可扩展的元数据库，相当于公共数据资产的配置管理数据库，能为公共数据资源共享及开发利用提供各种基础支撑服务。内容包括：第一，可发现（Findable）。即数据有全局唯一不变的标识符，数据可在搜索资源中注册索引。第二，可访问（Accessible）。数据标识用标准通信协议检索。第三，可互操作（Interoperable）。数据以正式、可访问的语言表达，数据含对其他数据的限定引用。第四，可复用（Reusable）。数据具有多个准确且相关属性，数据以可访问使用许可证发布，数据关联出处，数据符合领域业务需求。该原则以数据分级分类为底层逻辑，注重为数据分配持久标识符和丰富元数据、形成可控有效的数据指涉、强调可读数据格式、增强不同类别数据的语义关联、明确数据重用协议与溯源信息。

三、动态影响评估——权利如何容纳风险

（一）权利为何、如何容纳风险

既然在数据权利研究中提出了风险，就必须回答以下问题：风险如何进入数据权利，风险又是如何在权利实现的过程中得到管控的，权利的存在形式又会受到风险概念的何种影响，再者风险如何衔接至技术标准。风险是数字时代下的不确定性，技术标准是寻找确定性的努力，这种努力既有程序性的，也有实体法领域的。

前文所述数据权利的动态性和价值聚合必然面临风险，但是问题在于数据权利与风险的理论关系、制度设计并不明确。传统民事权利研究鲜有将风险纳入制度考量范围，当下我国数据权利制度与风险理论关联尚不明晰，针对数据权利制度如何解释、解决风险问题，现有研究呈现出几种趋向：

第一种观点是，风险问题并不是数据权利（甚至是法律制度）需要解决的问题，而是一个纯粹技术问题。所以应当将风险问题完全交予技术手段解决，例如，个人信息保护的匿名化技术、区块链数据流通利用的保密技术、算法的设计等，这种观点的优势在于意识到技术对数据流通应用的实质影响，

但这种观点的缺陷也很明显：技术手段在解决权利认同问题时，必然牵涉权利认定中的价值判断，一些衍生于技术语言的概念也难以被法律明确定义，因此在认定过程中难以做到绝对中立。例如，针对数据的匿名化定义，根据英国匿名化网络（UK Anonymisation Network）的匿名化决策框架（Anonymisation Decision-Making Framework），匿名化标准的判断反而基于四个环境要素[1]，分别为：（1）排除其他数据，以确保数据不能被逆向识别；（2）重要角色分析：厘清数据活动中人员分工角色，根据人员行为模式与互动，预判数据匿名化过程中的泄露风险；（3）数据流程明细：记录数据是如何被管理和访问的，以及这些行为的目的；（4）基础设施与治理协同，包括数据操作结构及安全硬、软件系统情况等。该框架提出匿名化标准的判断不止限于数据本身，还有与数据活动相关的流程与环境，是一种通过程序寻找相对共识的思路，而非直接规定匿名化唯一标准的绝对共识。

再者，基于成本投入、设计方式的不同，技术可以应用的场景将受到各种限制。区块链技术的加密对存储设施的要求颇高，并且其机制要求算力均衡分布，而在公共数据开放流通领域显然难以保证有如此理想的算力均衡网络实现区块链的技术优势，所以区块链常应用于金融领域，或者针对性地应用于交易存证等场景，在公共数据开放应用场景下的探讨扩展性较弱。遂本书虽然赞同技术的张力必定影响法律研究的思维范式，但反对将数据权利及其风险内容一揽子交予技术解决的观点，数据权利及其所蕴含的风险问题终归是一个主体之间针对数据相互认同的问题。

第二种观点认为风险是法律制度应当解决的问题，但不应该诉诸数据权利的理论框架。所交予公法或侵权责任的义务规则约束。这种观点进步性在于认识到风险法律规制的重要性，但是并没有意识到风险与数据权利的逻辑关联。这样的理论断层，将造成风险规制走向前述"行为规制论"，数据领域的法律体系将会充满无穷无尽的义务规则，伴随着义务规则背后的法律强制效力，数据法治领域将造成极高的制度成本，或逐渐遏制数据开放流通的动力。虽然"行为规制论"有其短期内的实用性，但是本书同样不赞同其

---

[1]　See Mourby Miranda, et al. , "Are 'pseudonymised' data always personal data? Implications of the GDPR for administrative data research in the UK", *Computer Law & Security Review*, Vol. 34, No. 2. , 2018, pp. 222-223.

观点。

第三种观点不仅认为风险是法律制度问题，还认为应对风险是数据权利的应有之义。这种观点主要体现在欧盟 GDPR 的数据影响评估制度中，其制度将个人数据权利与风险管控合一。风险以可接受的方式呈现在数据流通应用过程中，减少了沟通成本，同时又将风险防控的自主权更多交予数据权利主体。风险与权利的一体化视角，意味着注重数据权利流通性、开放性。结合本文第四章阐述的公共数据的"发展导向"性，风险与权利统一的规范模式将具有更强的场景适应能力。

（二）权利与风险的结合——数据影响评估

欧盟 GDPR 以个人数据为核心的立法模式现虽然面临诸多实施困难，但其制度中对权利与风险如何结合的探索是值得数据权利研究借鉴的。

1. 风险概念的演化

从常识角度上来看，风险指一种未来、可能发生的危险。从技术角度上来看，风险除了不确定的危险这一含义，人们对风险的行为包括两种要素，即预测未来、作出决策。因此，根据国际标准化组织（ISO）在《风险管理指南》（ISO 31000：2018 Risk management-Guidelines 以及 ISO 31000：2009 Risk management-Principles and guidelines 等，以下统称"风险管理指南"）[1] 系列标准中的定义，风险是"不确定性对目标的影响"，需要"描述事件及其后果的情境，根据严重程度和发生概率进行评估"。

从法律制度层面看，风险与权利制度契合点是从隐私权内容的不断扩充，以及风险从技术领域的规范性延伸过程中出现的。欧盟认识到其制度的权利核心——"隐私"概念的多元性，立法解释和司法案例、学界观点将隐私划分为诸多类型（个人信息的隐私、个人的隐私、个人行为的隐私、个人通信的隐私，甚至是思想和感受的隐私等），基于如此丰富的权利内涵，提炼出具有共同性的风险评估程序，使隐私的范畴不至于太宽泛以制约数据市场的发展。随后在 GDPR 第 35 条，风险被正式纳入数据权利制度中，数据保护影响

---

〔1〕 ISO 31000：2009 Risk management-Principles and guidelines，载 https：//www. iso. org/standard/43170. html.

评估制度的确立意味着权利与风险的结合[1]。

2. 风险的对策

根据 ISO《风险管理指南》的内容，风险的对策分为风险评估和风险管理两个步骤。风险评估是衡量风险的可能性与严重程度，风险管理是决定是否承担风险，如何承担风险等。风险管理的目的是将风险调整至可接受的水平（可以称为风险降低、风险控制、风险反应、风险缓解）。该指南中在整个风险对策的过程都体现着"与风险共舞"的思维，即风险是不可能被绝对避免的。

其中风险评估的流程被分为四部：第一步为风险的界定（Criterion）：确定一个事件是否被视为风险，即某个事件是否重要到需要被称作风险的程度，以使得人们必须去计算它造成的损失并进行相应的防控，衡量的内容包括对谁的危害、如何划分危害的等级或程度、危害如何被识别、风险中的各要素等；第二步为风险的识别（Identification）：与上一步骤紧密相连，是发现、识别并描述风险的过程，它包括将相关事件的特征与风险标准中规定的特征进行比较，并将确定该事件是否有足够的风险，足以被视为一种风险；第三步为风险的评估（Assessment），如果一个事件被认作风险，那么有必要评估它造成的损害以及可能发生的概率；第四步为风险管理（Management），在评估后对数据进行评估，对风险的存在的成本收益进行判断，并决定是否采取风险管控措施。

3. 风险的内在要素

根据 GDPR 及其数据保护影响评估的配套指南来看，将风险拆解为事因（Event）与后果（Consequence）两个要素。这种要素划分方式与 ISO《风险管理指南》的方式一致，认为风险的要素之一是"一套特定情况的发生或变化"，既有可能发生，亦有可能不发生，并伴随着积极或不良的后果；要素之二是事件的结果（Outcome），积极时被称为利益，消极时被称为损害；要素之三是风险的因素（Factors/Elements），决定风险是否发生、如何发生以及发生后产生的危害。

---

〔1〕　See Raphaël Gellert，"Understanding the notion of risk in the General Data Protection Regulation"，*Computer Law & Security Review*，Vol. 34，No. 2.，2018，pp. 279-288.

4. 风险与数据权利法律制度的契合逻辑

从 GDPR 的法条释义来看，理解风险的视角是数据合规（对数据保护义务的遵守），其中缺乏合规行为是起因事件，而数据主体的权利与自由受到的损害是对应的风险后果，也就说合规行为的履行水平与对数据主体权利受损呈反比相关关系。GDPR 的配套法规《数据保护影响评估指南》中对此的进一步释义：针对风险的后果，指南的立场是损害的权利应该不局限于个人隐私，而包括其他的基本权利，包括言论自由、思想自由、行动自由、不被歧视、民主权利、宗教权等。根据指南所示内容，"权利和自由的高风险""保护个人数据"将是危险的"事件"。换句话说，个人数据没有得到充分保护，指的就是数据保护条款和义务条款没有得到遵守，此时权利中的义务履行就与风险规制联系起来，义务履行的差异性就会催生出风险。"事件"可能导致数据主体尚未的权利遭到侵犯，权利的范畴因风险的不确定性和义务的差异性而更加复杂。所以对数据权利主体提供风险相关的建议（Propose）是风险纳入权利信息范畴的主要方法[1]。

针对风险与权利保护从分离走向合一的路径，本书结合欧盟的立法和配套政策来分析。与主张履行合规与风险相分离的观点不同，一般的企业合规做法是对风险的评估仅关注未遵守的合规义务，也就是说其中的合规义务是一种非此即彼的判断，采用的是越界即违法的逻辑。GDPR 通过立法将风险评估这一行为列入法定义务当中，意味着遵守合规本身是一个风险问题，因为合规义务中包含了风险控制的目标与手段。GDPR 立法配套文件《基于风险的方法在数据保护法律框架中的应用》（2014 Art. 29，以下简称"29 号文"）[2]体现出义务规则履行存在差异性，可能对数据主体产生不同的损害，也有学者早已在 2009 年的欧盟数据保护法规评论中就已经留意到这点[3]。风险评估正逐渐取代那些试图完整且一劳永逸保护权利的思路。GDPR 的数据影响评估制度将风险与合规义务合一，具体体现在 GDPR 序言第 78

---

[1] See Dijk Niels Van, et al., "A risk to a right? Beyond data protection risk assessments", *Computer Law & Security Review*, Vol. 32, No. 2., 2016, p. 286-306.

[2] Article 29 Data Protection Working Party Statement on the role of a risk-based approach in data protection legal frameworks, 2014.

[3] See Robinson Neil, et al., "Review of the European Data Protection Directive", *Rand corporation*, 2009.

条，"为了保护自然人的权利和自由，应当采取技术和组织措施已确保本条例的执行"。该条款意味着没有绝对的履行义务可以避免风险的道路，义务将与风险共存。往后的 CNIL（法国国家数据保护局，其地位类似于我国《数据安全法》中的国家网信部门）细化了一些数据风险的事件情形，包括"非法获取数据""不必要的数据篡改""数据的丢失毁损"，也有学者提出了数据保护的具体目标，包括"不可关联性""透明性""可携性"〔1〕。因此可以认为，传统的合规理解是要么遵守 GDPR 的规则，要么就是不遵守。而风险治理的逻辑并非如此，风险评估的逻辑更加细致。影响评估的目的是对风险进行管理，换言之，风险治理并不解决"是与否"问题，而是"多与少"的问题。因此可以围绕风险建立一套可以不断拓展并细化其颗粒度的体系。该体系以可扩充的原则为核心，以场景规则为落脚点。可扩充性结构的依据在于数据权利当中的义务规则存在可以提升或改善的空间。欧盟立法文件 29 号文中提到，适用于数据控制者的基本原则（如比例原则、避风港原则、红旗原则、合法性原则、数据最小化原则等，这些概念都是程度化的）内容是可以不断填充、扩张的，笔者此前就关注过比例原则的数据影响评估策略〔2〕。正是风险与原则之间的张力塑造了权利保护的新形式，即让数据控制者的遵守义务行为获得更大的优化空间。所以合规与风险并不是两个完全区分的问题，在数据领域应当整合思考，数据主体权利的受侵害程度与风险的管控之间的对比关系就可以形成。综上，风险评估不再是一个直接定性的问题，更是一个通过合理程序寻找共识的过程，该过程与本章节所提出数据权利的程序性不谋而合。

5. 欧盟 GDPR 风险影响评估的启示

GDPR 风险影响评估制度的理论贡献在于提供了一套权利与风险合一的制度逻辑。其关键意义如下：

第一，强调了数据权利的核心地位（虽然 GDPR 指涉的是个人数据，但是其逻辑应用到本研究的数据权利中亦可行），这意味着注重数据权利的价值实现与流转应用，而非"行为规制"理论视角下的义务规则，风险评估

---

〔1〕　CNIL, Privacy Impact Assessment（PIA）: Methodology（how to carry out a PIA）. 2015. 载 https://www.cnil.fr/sites/default/files/typo/document/CNIL-PIA-1-Methodology.pdf.

〔2〕　参见鲍坤：《健康码数据常态化应用的比例原则限制》，载《电子政务》2021 年第 1 期。

需要侧重服务于数据权利的价值实现，而非严苛的义务管制（这也就是比例原则、红旗原则、避风港原则等原则在数据风险影响评估中占据重要位置的原因）。

第二，建立在权利核心地位上的风险评估更加适应数据的流通应用。权利本位的风险评估方法与"行为规制论"的义务规则逻辑有关键不同，"行为规制论"明确义务规则就是数据权利的边界，违反义务则意味着侵犯权利，所以数据权利主体在进行风险评估时，必须梳理罗列庞杂冗长的合规义务，形成极为高昂的交易成本，稍有不慎就将面临处罚。而权利核心下的风险评估更注重场景下数据利益相关方的风险接受程度，这体现在制定风险评估标准的方法，并不是生硬地按照义务规则的文义，"自上而下"地完全遵守法律规定的风险防控标准（这种模式倾向于穷尽风险事因（Event）的所有情形），而是从风险的影响（Consequence）角度"自下而上"搭建风险的容纳体系，例如，GDPR 就是从特定场景下发生的某一事件（Event），根据其对场景下的权利侵害的影响（Consequence），来逆向判断风险的重要程度，进而决定风险的防控手段。这种逻辑不仅能够在 GDPR 中适用，在其他国家的数据风险评估制度中也逐渐有所体现，以国家数据安全为例，美国 NIST 800-59《国家安全系统识别指南》并没有从立法层面对国家安全的概念进行细致分类，而是从其可能产生的影响角度描述其重要特征。且为了便于操作，其采取了在业务场景下的相关主体收集问答的方式，来判断某一数据及其所在系统的安全风险级别是否属于国家数据安全等级，这一思路也为我国数据安全领域中《重要数据识别指南》的制定提供了很好的借鉴思路。美国《国家安全系统识别指南》的问题方式：

其一，必要问题集。在指定一个系统属于国家安全系统时，下述问题中至少要有一个必须得到肯定回答，并且有一个问题回答为"是"时，就判定该数据及所在系统属于国家数据安全级别，包括：

表 5-2　问答式风险评估的例子（以美国 NIST 800-59《国家安全系统识别指南》为例）

系统标识：	
回答各问题，在右边列出答案，回答"是"或"否"	
1. 系统的功能、运行或使用是否涉及情报活动？	

续表

2. 系统的功能、运行或使用是否涉及与国家安全相关的密码活动？	
3. 系统的功能、运行或使用是否涉及军队的指挥和控制？	
4. 系统的功能、运行或使用是否涉及武器或武器系统中密不可分的设备？	
5. 系统对于军事或情报使命的直接完成是否至关重要？	
6. 系统是否存储、处理或传输了涉密的信息？	
如果任何一个回答为是，则意味着属于国家安全级别	
系统是国家安全级别吗？	

负责机构：	地址：	电话：
负责人：	负责人签名：	日期：

其二，可选问题集。这些问题可以进一步澄清、强化该数据及所在系统所述的安全级别，包括"系统处理、存储或传输军事计划吗？系统处理、存储或传输武器系统信息吗？系统处理、存储或传输军事作战信息吗？系统处理、存储或传输有关情报活动、情报源或情报方法的信息吗？系统涉及与国家安全有关的密码活动吗？系统处理、存储或传输的信息与外交或外事活动有关吗？系统处理、存储或传输的信息涉及与国家安全有关（包括防范跨国恐怖主义）的科学、技术或经济事项吗？"等。

6. 待完善的问题

GDPR 风险评估制度也尚存改善的巨大空间。首先，GDPR 基于其成文立法的属性，有关风险评估的具体指标和方法其实并不十分细致，而是采取框架式规定的方式。其内容主要有以下条款：GDPR 序言 75 条（其中明确了风险中"后果"要素的标准，指的是"可能导致身体上、物质上或非物质上损害的数据处理"。这些重大和道德上的损害包括歧视、身份盗窃或欺诈、经济损失、名誉损害、保密损失、未经授权的假名撤销，或任何其他重大的经济或社会劣势；同时还提供了计算与处理数据类型相关的风险因素的风险标准、与数据主体类型相关的风险因素标准，数据体量与数据主体数量相关的与处理操作规模相关的风险因素的风险标准）；序言 89 条（重申新型技术作为风险管控的标准）；序言 90 条（描述风险的来源）；正文 35 条以及 29 号文的立法内容和解释补充，罗列出可能对个人权利和自由形成损害的情形（关键要素在于数据处理的性质、后果、范围、环境、目的），涉及评估的成本问题，这些法定要求评估情形，保留了数据处理者的裁量空间（29 号文对裁量权进行了严格解释，即在难以判别数据处理行为是否属于法定应当评估的情形时，应当进行评估）。这些情形中，风险往往都与数据的操作行为有关，都体现了合规与风险在权利制度中的合一。

另外，GDPR 数据保护风险评估中缺少一些风险评估的关键要素。首先是没有将风险发生的概率纳入评价标准中，只注重合规履行的效果和对权利的损害；其次是对权利的损害程度难以明确计算，GDPR 与 DPIA（数据保护影响评估）皆为数据控制者保留了权利损失程度计算的自由裁量权，虽然GDPR 序言 90 条提出了评估需要"客观方法"，但是依旧没有在正文中细致规定。这意味着，从实质定义的角度，基于风险评估方法和权利保护水平的风险定义者并不是 GDPR 立法者，而是实际进行评估的数据控制者，数据控制者的风险评估是相对独立于 GDPR 的，这也就为数据要素市场主体之间如何形成成文法之外的风险防控策略容留了探索空间。

（三）国内外数据风险分级标准制订情况及趋势

数据安全标准在保障公共数据安全、推动行业健康有序发展中发挥着引领和支撑作用，完善的数据安全标准能够有效提升数据安全保护能力，助力数字经济高质量发展。针对敏感数据泄漏、访问权限混乱、隐私信息滥用等现实性数据问题，应加强数据防护措施，为此，国内外相关标准化组织均制定了数据标准，规范大数据应用，切实保障数据安全。

纵观世界范围内多个标准化组织正在实施大数据安全的数据标准化，主要有国际标准化组织/国际电工委员会的第一联合技术委员会（ISO/IEC JTC1）下属的大数据工作组（WG9）和安全技术分委员会（SC27）、国际电信联盟电信标准化部门（ITU-T）、美国国家标准与技术研究院（NIST）等。

表 5-3　国际上大数据安全标准简介

组织名称	标准名称	标准简介
ISO/IEC JTC1—WG9	ISO/IEC 20546《信息技术大数据概述和词汇》	统一产业和用户对大数据的认识、一致化技术和标准词汇。

续表

组织名称	标准名称	标准简介
ISO/IEC JTC1—SC27	ISO/IEC 20547-4《信息技术大数据参考架构第4部分：安全与隐私保护》	分析了大数据面临的安全与隐私保护问题和相关风险，提出了大数据安全与隐私保护参考架构。
	ISO/IEC 27040：2015《信息技术-安全技术-存储安全》	控制数据存储的安全风险，提供规划、设计、记录和实现安全存储的方法。
ITU-T	X.1147《移动互联网服务中大数据分析的安全要求和框架》	定义移动互联网服务领域的大数据分析安全，包括风险分析、安全要求及安全技术框架。
	X.GSBDaaS《大数据服务安全指南》	分析大数据平台的数据存储、分析、计算等面临的安全挑战，提供大数据平台服务的安全角色和责任，以及大数据平台的组件化安全技术框架，规范大数据平台建设、运营过程中需要满足的安全要求。
	X.sgBDIP《大数据基础设施和平台安全指南》	规范通用大数据基础架构和平台安全要求，通过风险评估与分析，提出安全指南要求。
	X.sgtBD《电信大数据生命周期管理的安全指南》	定义电信大数据生命周期管理的安全准则，介绍相关应用案例，分析电信大数据生命周期管理中的安全风险，制定安全准则。
NIST	SP1500-4《第4册：安全与隐私保护》	提出、分析和解决大数据特有的安全与隐私保护问题，提供安全和隐私相关的参考框架。
	SP1800-11《数据完整性：从勒索软件和其他破坏性事件中恢复》	用于指导机构在遭受数据破坏事件后迅速恢复数据，同时确保所恢复数据的准确性和精确性。
	SP800-171《非联邦信息系统和组织的受控非机密信息的保护》	为联邦机构提供一套建议性的安全要求，以保护受控非机密信息，在非联邦系统和组织的受控非机密系统和机构中的机密性。
	SP800-171A《受控非保密信息的安全要求评估》	与SP800-171配套，安全评估程序和方法可根据需要评估的机构和人员进行定制，采用自我评估、独立第三方评估或政府支

续表

组织名称	标准名称	标准简介
NIST		持评估等方式进行，并且可以根据客户定义的覆盖范围、属性等进行不同严格程度的评估。
	SP800-154《以数据为中心的系统威胁建模指南》	讨论以数据为中心的系统威胁建模。此类威胁建模的侧重点是保护系统中特定类型的数据可以作为机构风险管理过程的一部分纳入整体的风险管理过程。
	SP800-188《政府数据集去标识化》	用于指导政府部门使用去标识化技术，以减少收集、处理、存档、分发或公开政府数据时相关的隐私安全风险。政府部门为有效使用去标识化技术，应评估去标识化的目标和潜在风险，使用特定的去标识化模型，建立审查委员会，采用适当的技术标准。

为了加快推动我国大数据安全标准化工作，全国信息安全标准化委员会在 2016 年 4 月成立大数据安全标准特别工作组，主要负责制定和完善我国大数据安全领域标准体系，组织开展大数据安全相关技术和标准研究，目前已有多项建成和在报批阶段的标准。

表 5-4　我国大数据安全标准

序号	时间	标准号	标准名称	研制工作组
1	2017	GB/T 35274—2017	《信息安全技术 大数据服务安全能力要求》	SWG-BDS[1]
2	2019	GB/T 37932—2019	《信息安全技术 数据交易服务安全要求》	SWG-BDS
3	2019	GB/T 37973—2019	《信息安全技术 大数据安全管理指南》	SWG-BDS
4	2019	GB/T 37988—2019	《信息安全技术 数据安全能力成熟度模型》	SWG-BDS

---

〔1〕 SWG-BDS，大数据安全标准特别工作组。

续表

序号	时间	标准号	标准名称	研制工作组
5	2020	/	《信息安全技术 数据出境安全评估指南》	SWG-BDS
6	2020	GB/T 39477—2020	《信息安全技术 政务信息共享 数据安全技术要求》	SWG-BDS
7	2020	GB/T 39725—2020	《信息安全技术 健康医疗数据安全指南》	SWG-BDS
8	2020	/	《信息安全技术 数据安全管理认证规范》	WG7〔1〕
9	2020	/	《信息安全技术 电信领域大数据安全防护实现指南》	SWG-BDS

　　随着大数据应用场景愈来愈丰富，大数据安全问题愈发显得至关重要。科学、有序应用大数据并切实保障数据安全，制度与技术作为大数据应用的双轮驱动核心，二者互为依托，大数据安全标准是技术层面的重要组成部分，亦是制度的有力支撑，在大数据整体市场中承担着规范各方行为主体的技术行为的职责要求，并且大数据安全与数据确权、隐私保护和开发共享密切相关，因此大数据安全标准的制定和规范应及时有效地跟上大数据应用发展的步伐。

　　从上述国内外相关标准化组织制定或拟制定的大数据安全标准来看，虽然我国在大数据安全标准起步较晚，但积极主动参与国际通用标准化建设，如 ISO/IEC 20547-4《信息技术大数据参考架构第 4 部分：安全与隐私保护》以及两项研究项目《大数据安全能力成熟度模型》《大数据安全实施指南》，均由我国专家主导。以信息技术为核心的全面布局表明以美国为代表的发达国家在大数据研发和应用的基础数据标准上具备深厚的"沉淀池"，很早注意到政府公共部门、企业独立主体、行业领域专题、个人隐私保护等多方面数据安全保护和共享的差异性和衔接性。诸如 WG9（大数据工作组）在研的大数据术语和参考架构等国际标准和相关技术报告对我国的大数据标准有重要的指导和借鉴意义。作为后起之秀，我国相比国际建立更为深入和广泛的大数据安全标准体系，包含大数据基础概念、数据共享交换、全周期技术管理、

---

〔1〕　WG7，信息安全管理工作组。

平台和工具、运维和评估、隐私安全、行业应用等 7 项要素。通过与国际上其他标准化组织合作，快速介入国际标准化建设轨道，融合大数据应用产业的国际生态圈，推动我国大数据多领域多行业安全高效发展。

四、数据价值评估——权利价值的显现

（一）数据资产评估对数据权利的意义

数据价值评估是将数据引入要素市场的关键环节，其直接影响数据的要素化，直接关乎数据权利的价值实现。数据的要素化流通意味着将数据作为一种资产来对待，《资产评估专家指引第 9 号——数据资产评估》将数据资产定义为由特定主体合法拥有或者控制，能够持续发挥作用并且能够带来直接或者间接经济利益的数据资源。但是，鉴于资产评估的专业性、数据资产的动态性和场景依赖性，以及其中涉及的跨领域知识整合，外加数据流通交易的实践经验匮乏，致使数据价值评估相关的立法探索和学术研究都难以实质推进。由于价值不确定，造成了数据交易只能局限在有限范围内，以利益集团的内部垄断流通为主要形式；在公共数据领域，数据价值评估除了面临技术和制度缺位的困难，还需基于公共数据的特殊属性，须在合法性和效益性角度回答公共数据价值化流通的正当理由。

（二）公共数据的三种价值形成模式及其瓶颈

根据对当前国内外公共数据开放的收费模式的收集整理，总结出目前公共数据价值形成的三种主要模式：免费开放模式、成本收费定价模式、"成本+利润"收费模式。

1. 免费开放模式

免费开放模式坚持公共数据的开放利用是政府信息公开职权的应有之义，不能将公共数据资产用于要素流通。由公共财政负担全部成本、政府免费开放公共数据的模式一直被理所当然地认为是政府数据开放的自然选择。基于政府收取税金为公民提供公共服务属性角度来看，数据开放作为改善政府治理、提高公共福利的手段应当使用免费模式，政府应当将数据免费提供给社会，由社会共享并进行价值增值。免费开放模式为不少国家和地区所采用。根据 2017 年《开放数据晴雨表》中开放水平前 10 名的国家排名，列出这 10

个国家的政府数据的免费开放状况如表 5-5：

表 5-5　开放数据晴雨表得分前 10 名国家数据免费公开情况

排名	国别	地图数据	土地所有权数据	人口普查数据	政府预算数据	政府支出数据	公司注册数据	立法数据	公共交通时刻表	国际贸易数据	卫生部门业绩	中小教育数据	犯罪统计	国家环境统计	全国政治选举数据	公共协议合同
1	加拿大	√	√	√	√	√	√	√	√	√	√	√	√	√	√	√
2	英国	√		√	√			√	√	√	√	√	√	√	√	√
3	澳大利亚	√	√	√	√			√	√	√	√	√	√	√	√	√
4	法国	√		√	√			√	√	√	√	√	√	√	√	√
5	韩国	√		√	√			√	√	√	√	√	√	√	√	√
6	墨西哥	√		√	√	√		√	√	√	√	√	√	√	√	√
7	日本	√		√	√		√	√	√	√	√	√	√	√	√	√
8	新西兰	√	√	√	√			√	√	√	√	√	√	√	√	√
9	美国	√		√	√			√	√	√	√	√	√	√	√	√
10	德国	√		√	√		√	√	√	√	√	√	√	√	√	√

由该表格看出，基于政府公共职能中涉及的数据内容分类，各国基本采取"原则免费，例外收费"的方式。其中，土地所有权数据、政府财政支出数据、公司注册数据的公开在多个国家采取收费获取制。而地图数据、人口普查数据、政府预算数据、立法数据、公共交通时刻表、国际贸易数据、卫生部门业绩、中小教育数据、犯罪统计数据、国家环境统计数据、国家政治选举数据、公共合同数据的在这 10 个开放领先国家中基本可以免费获得。而我国在 2017 年《开放数据晴雨表》中体现出的数据免费获取种类包括人口普查、政府预算、立法数据、公共交通时刻表、国际贸易数据、卫生部门业绩、中小教育数据、犯罪统计数据、国家环境统计数据、公共合同数据〔1〕。

数据的免费获取固然是传统政府信息公开的主要渠道，开放数据晴雨表关注的也正是这些政府行使公共职权、履行公共义务的基本的数据公开项目。但是，数据的免费获取并不能解决当下所有的公共数据要素及流通需求，政

〔1〕 例如，北京市政务数据资源网、上海市公共数据开放平台、广州市政府数据统一开放平台、深圳市政府数据开放平台、武汉市政务公开数据服务网等公共数据公开平台都是免费获取数据。但也存在部分地方平台在服务协议中提到"现阶段免费"，但设置有模糊的期限或限制，如"保留收费权利"等表述。信息来源：复旦大学《中国地方政府数据开放平台报告（2018）》

府有时面临一些需要对数据深度挖掘分析才能够提供的公共服务（如金融、公共卫生、公共安全等领域），必将产生较大的信息处理成本。数据的免费模式并不能为这些公共服务提供长远的激励，同时如前文所述，免费开放数据在质量优化、实时更新、获取反馈等方面存在短板。

2. 成本收费定价模式

成本收费定价模式考虑到政府收集数据、整理数据和存储数据需要大量的人力和财力，其中包括实施成本费用和运营成本费用。政府前期要投入资金以购入存储设备，建设相应的营运机构，并配备专业人员和相应的工作人员，后期维护和管理。因此，以各种方式计算公共数据开放的成本量作为收费的依据。例如，欧盟 2003 年的《公共部门信息再利用指令》规定，数据利用的收费原则上应仅限于个人利用请求的边际成本（复制、提供和传播成本）；收费不得超过生产和传播数据的成本，同时考虑合理的投资回报，鼓励政府机构降低收费或者不收费；当收到数据利用请求时，应让申请人知晓收费的计算方式；应提前制定并公布收费标准和数据利用的条件，如果拒绝某项数据利用的请求，必须解释原因并提供帮助信息；如果政府部门利用其持有的信息提供增值信息服务，并与私营部门数据利用者进行竞争，那么政府部门也应付费。

成本定价模式主要的困难来自成本计算本身的困难，公共数据的控制者、处理者很难获知数据的全部成本，也不可能获知未来公共数据资源的使用者数量，平均成本法或边际成本法可能造成收支失衡的局面，缺少市场对公共数据价值的发掘和刺激，一旦长期入不敷出，将存在抑制公共数据长期要素流通的可能性。所以，成本收费模式也难称为理想的价值形成模式。

3. "成本+利润"收费模式

"成本+利润"收费模式是在前一模式基础上，按数据的成本加上一定的利润幅度定价收取费用。对于公共数据需求方而言，如果定价收取费用的数据在未来有较大的价值提升空间，则这种预期收益将驱使购买者愿意付费获取公共数据的某种权利（如使用权、收益权甚至是占有、所有权等）。因此，可以借鉴公共资源领域"受益者负担原则"[1]，特定公共资源的使用如果使

---

[1] 参见胡业飞、田时雨：《政府数据开放的有偿模式辨析：合法性根基与执行路径选择》，载《中国行政管理》2019 年第 1 期。

某一方产生了明显的获益，那么将由获利者支付费用（而不是公众税金），以此支撑公共资源的有偿利用。

国际上实施数据"成本+利润"模式的探索都较为谨慎，鲜有将公共数据完全市场化流通的实例。例如，欧盟议会在 2003 年也颁布《公共部门信息再利用指令》，指出公共数据资源的开发再利用是以收回成本为目的，只是在成本的含义中添加了"合理的投资回报率"的计算指标，在小范围内容许公共数据资源的价值与市场投资规律挂钩。但是理论上公共数据价值超过成本的溢价部分，基于其公共资源属性的方式以利润补贴其他亏损的公共服务项目是可行的。

"成本+利润"收费模式的特点在于将公共数据置于要素市场的视野下进行评估，其优点在于释放公共数据的市场价值，但是其困难也十分明显，那就是将公共数据的价值评估规范的缺失。由于价值评估活动是建立在供需双方（甚至是多方）之间的预期利益和价值互动基础上的，并且要保证公共数据价值评估过程合法、公开、可监督，在此过程中需要借助会计领域的专业知识，而国内外相关的探索皆有限。因此，接下来的部分将从一般资产评估的法治逻辑，逐渐深入到数据领域的资产评估，探索公共数据的价值评估以及权利的价值实现路径，形成公共数据资产评估的法治保障。

综合上述价值化过程中的困难，本书认为数据资产评估的法律保障应当将数据资产评估活动流程化，梳理关键节点，从程序保障数据权利价值的实现。这也就是本部分属于数据权利的程序规范范畴的原因。

（三）从一般资产评估到数据资产评估

本书认为无论是一般资产评估还是数据资产评估都是程序性的。因为从信息经济学的理论认为，价格是在搜寻中获得的，是以付出成本为代价的。因而，与交易相关的信息总是不完全的。这就决定了决策个体之间存在直接的相互作用和影响，每一个个体的信息都发挥着重要作用。在信息不完全和非对称条件下，资产评估过程中的完全理性假设应当转化为有限理性。这意味着个体虽然按照最大化利益的原则进行决策，但是其并不具备实质做出最优决策的能力。个人的有限理性选择尚且可能导致非理性的结果，那么放入整个环境下的集体则更难以追求利益最大化的结果。所以，各个决策主体之间的相互作用和影响成为价值评估的重要节点，个体所得出的静态价格并不能反映市场的真实信息。因此，市场价格制度就将不再是激励约束的全部内容和手段，"非价格"机制将成为市场的核心激励机制，信息经济学就是通过设计"非价格"机制以解决价格与价值之间的落差问题的。所以，本部分通过厘清资产评估的关键节点，梳理特定相关方的信息交流责任来形成数据资产评估的法律制度要求、保障。

1. 基本概念的选择

在会计领域中，某种资产的价格来源有两种评估模式，分别是：

概念一，估值。该方式强调估值委托方对自己的资产进行内部、意定的评估，不对外。其评估可参照或不参照"资产评估准则"，评估与核查方式较为灵活，核查验证程序主要依照委托方的意愿决定是否出具估值意见书，并在估值意见中明确得出估值结论执行的评估程序、程序受限制情形及其对估值结论可靠性的影响。由于是较内部的活动，所涉及的法律责任主要是在雇主和评估方之间，评估方的估值活动对委托方负责，受估值相关的服务协议条款的约束。估值的结果除了对标企业基本价值判断外，还对企业的各种战略选择、交易方案等多方面加以综合分析，出具的是较为定制化、个性化的专门意见。由于是一个对内参考意见，估值的结果不对外，所以对外没有明确的有效期限制。说明资产评估本身也是一个注重动态性、业务性的多要素综合评价过程。

概念二，资产评估。该方式强调对将要进行交易的财产进行专业评估，由于评估后的价值要面向公开市场，因此对外具有效力，流程的要求标准更高。首先，资产评估有明确的法律依据，需遵循《中华人民共和国资产评估法》（以下简称《资产评估法》）《中国资产评估准则》的规定，有明确的行业、流程、职业标准。为了保证资产评估价格的可靠性，要求资产评估原则上应采取两种及以上不同方法进行评估。核查验证的程序也比较严格，要求对评估对象进行必要调查，核实评估对象的真实完整性，以确信所获得的相关信息能够支撑评估结果。在法律责任层面，资产评估的责任来源不仅有委托协议，更多来源于国家、行业层面的法律规范，如果资产评估人员出具的报告出现了重大失误或者差错，除了承担协议层面的民事责任，还可能面临行政责任甚至刑事责任。评估的成果需要实际反映交易双方资产公允价值的参考依据，尤其在国有产权流转配置中，评估成果将成为国有资产的流转定价的关键依据。在评估结果的使用期间上，由于资产评估的结果将作为资产交易实践的重要依据，所以评估根据当前的市场状况，有效期只有评估基准日后的 1 年以内，保证评估行为与经济行为的实现日是接近的。

综上看来，估值活动往往是市场主体委托评估机构的协议行为，而资产评估强调法律、行业规定对定价流程、结果的约束，以保障交易价格更加可信，使具有公共属性的财产能够被谨慎处理，防止不公平定价对公共利益的损害。在这点上，资产评估的思路更适合公共数据领域的价值评估，同样是具有公共利益属性的资产，同样是对评估流程的把控。但是在评估的方法上可以借鉴具有市场性的估值活动。

2. 法律准则和监管体系

资产价值评估的活动受到法律和相关市场监管者的监督。根据中国资产评估网发布的规则体系，资产评估的准则可以分为两个维度，三个层次。

两个维度以规范角度区分为资产评估的程序规范和实体规范。程序规范规定资产评估的关键流程，包括资产评估方法、资产评估程序、资产评估报告、资产评估档案、专家工作报告。实体规范则根据不同评估对象（如企业价值、无形资产、不动产、机器设备、森林资源、珠宝首饰等）来规定不同的评估方法。

三个层次以评估从普遍性到特殊性的深入程度区分为准则、指南、指导意见。准则包含评估师执行各种资产类型、各种评估类型的基本规范以及具体的程序、实体规则；评估指南指的是对特定评估目的、评估业务以及某些重要事项所作规范（包括企业国有资产评估、财报目的评估、知识产权评估、质量控制评估）；资产评估指导意见则针对评估业务当中更为具体的事项，例如，评估相关的法律权利认定、专利资产、著作、商标、金融不良资产、投资性房地产、实物期权、文化企业无形资产等。指导意见还会针对领域化的特定业务形成专家指引和操作指引，例如，在企业并购领域中的上市企业重大资产重组评估、金融企业资产评估中应该注意的金融监管指标以及尚处于探索阶段的数据资产评估等。

以上规则体系的效力来源于多元多层的监管格局，包括 2016 年《中华人民共和国资产评估法》在法律层面上的规定；国家税务总局从税收层面对资产评估的约束；国务院国有资产监督管理委员会为监督国有资产流动情况而制定的评估报告标准、立项、核查标准；中国资产评估协会的《中国资产评估准则》以及相关的行业抽检、监督机制。

3. 价值评估的通用流程

按照《资产评估法》的规定，资产评估的基本流程包括明确业务基本事项（评估的目的、业务性质、价值类型、评估范围和对象、评估基准日）、订立业务委托合同、编制资产评估计划、评估现场调查、收集整理评估资料、形成估算结论、编制出具评估报告、整理归集评估档案。其核心逻辑有三环：明确评估目标——核查验证对象——出具评估报告。其中核查验证对象将实际触及资产，其中就包含证明资产所有正当性的权属证明（《资产评估法》第13条、《资产评估专家指引第8号》第2条）。

评估对象：同一资产，多种评估维度。根据评估活动的流程和性质可以看出，资产评估活动是从多方面、多维度对资产进行评定的过程，甚至不同的评估目的、评估角度都会直接影响评估的结果，这说明资产的价值并非绝对统一的。所以，从权利的角度对数据进行资产评估，权利束的概念比较符合资产评估的多维度、多角度性，因为权利束将产权视为各项独特的、可分割的单项权利，如对使用权、租赁权、赠与权等权利，都可以在同一份资产上出现，而不同的评估目的，将针对其中的某一项权利进行评估，更能有利于精准估价，也与前述数据权利的场景性十分契合。

评估价值：同一资产，多方价值。投资价值针对特定投资者价值，往往针对1个价值衡量者；公平价值针对特定双方认可的价值，针对2个价值衡量者；市场价值则为众多市场参与者认可的价值，针对存在于市场中的若干个价值衡量者。清算价值则指清算时资产按件出售时的基础价格。

4. 价值评估的方法

资产评估有三种基础方法。第一种是市场法。通过交易案例比较，使用涉及与标的资产相同或类似的资产交易来获得指示性信息；或利用标的资产相同或者类似的公开交易的可比信息。优点在于能够反映市场状况，更具备实际的指引效果。但是缺点在于数据这类新兴资产领域交易不活跃的情形下，难以找到相似案例；第二种是收益法。就是资产将直接或间接带来的经济收益。收益的范围可以很广，既可以是现有资产的价值直接实现，也可以是拥有该资产后能够避免支出的成本（许可费减免、多期超额收益、增量收益）。某项资产产生的现金流入流出、发生的成本投入、收益预测涵盖时间。包括现金流入的价值驱动因素（单价、数量、峰值），增长前景（竞争优势、增长率、利润率），合理性（历史、行业情况、竞争情况）、未来与当下资本市场的对比度；以及现金流出的成本费用、资本支出以及营运投资成本等。预测期的年限是难点，难以评估长时间有效的收益价格；第三种是成本法。成本估算法的难点在于，难以将数据投入成本与企业、机构内部建设数据以外的其他成本剥离开来，如果成本定价过高则会制约数据流通发展。三种不同的评估方法各有长短，这意味着评估的方法要根据数据市场的发展阶段来做出适当调整，并没有某种方法是一劳永逸的。

前述数据资产评估的法律保障应当明确数据资产评估的逻辑和流程，那么就需要区分不同评估方法应用的情形。不同的方法在特定场合下既有可能形成公共数据开放流通的助力，也有可能成为阻力。尤其在公共数据开放流通场景中，仅使用成本定价法，将面临两难困境，第一，成本的计算如何剥离其他与数据向关联连带的业务成本（该问题可以诉诸本章节的主体资格部门提到的公共数据组织内部的管理再造、业务再造来解决）；第二，公共数据的成本计算可能阻碍数据开放流通，若掌控公共数据的组织没有完善前述的管理、业务再造，没有形成相对独立的数据业务链条，则有高估业务成本之虞，高定价将抑制数据流通。反之若低估了成本，低售价将降低公共数据开放的动机和质量。所以现阶段虽然公共数据仅从资源化迈向资产化，但是不应该只着眼其成本定价，应当适当地考虑公共数据的未来价值，精准评估、定向评估某种用途、某个领域的数据定价，增设贴合业务场景的专家评估、场景对比流程，增加价值的可议论、可探讨性，促使公共数据根据市场需求形成多层次的用途。

在公共数据发展的其他环节，例如，当大量公共数据皆处于原始数据阶段时，首要目标是把无序的数据整理成有序、有价值的数据资源，也就是数据的资源化，此阶段对应本章节所述数据分级分类部分。此时数据准确性、完整性、唯一性、及时性、时效性将成为衡量数据资源化的关键指标。此时多采取多因子修正成本模型下相对保守的成本估价，为数据未来投入利用后的升值留下空间。因为数据未来的利用方向尚不明确，存在诸多可能性，不宜将成本计算的过高以制约数据的开放利用。

在数据完成了资源向资产的转化时，为既定应用场景及商业目的进行加工、开发，形成可供企业业务部门应用或交易的数据产品。当数据通过交换传递价值后，即实现了数据价值的过程。由于数据已经基本完成资产化，有待交易产生价值，所以评估活动在该阶段更加注重数据的稀缺性、场景经济性、场景多样性，因此，在此阶段收益评估法更加能够契合交易市场主体的需求，我国的数据市场发展阶段尚处于这个时期。

当数据市场交易进一步发展成熟，数据的开放流通水平提高，交易的频率和种类都非常可观时，数据已经实现货币化、证券化时，市场评估法将能够起到提升评估准确、效率的作用。综上，公共数据流通资产评估需要做好数据资源向资产的转化、松绑数据流通，并辅以制度保障。

5. 影响价值评估的数据资产特殊性

数据资产的以下特征将影响其价值评估方式：第一，非实体性。不具备实物形态，依托实物载体存在，不因使用发生磨损、消耗，存续期间可无限使用。这意味着使用次数的增加不仅不会降低数据资产价值，反而有可能使其更有可用性；第二，依托性。数据需存储在一定的介质里，这意味着数据的成本扣除基础性的存储设备成本后，其数据量的增加不会导致存储成本的线性上升；第三，表现形式多样性。数据的融合形态多样，使用方式不特定，既可加工，也可以被维护、更新、补充、增加、删除、合并、归集、清洗、分析、提炼、挖掘等，这意味着同一数据以不同的手段处理，将迎来完全不同的可预期价值，所以必须将这些处理方式以及处理后的表现形式纳入价值评估的考量范围；第四，价值易变性。数据资产的最终价值受多种内外因素影响，其中经受数据的处理者的技术、价值密度、商业模式，都有可能改变数据的价值。这意味着要实际衡量数据处理者的技术水平、行业资质等要素，才能更精准衡量数据的价值。

这些特殊属性体现出数据权利价值的显现也高度依赖场景，与数据权利的理论定性相契合。数据的价格评估离不开其所处的企业、机构内部需求和环境。基于数据对企业的作用，可以分为直接作用和间接作用。直接作用将围绕数据生态场景、数据交易模式、创新数据产品、隐私保护等领域，通过数据多元共享，迭代数据利用的创新模式，为企业或机构的服务带来可短期内实现的直接效益。间接作用将作用于企业或者机构的系统性转型，通过数据驱动业务、技术、管理、商业模式创新等角度，为企业或机构带来长期的获益、成长空间。

6. 数权的权能——数据资产评估中的重要对象

基于上述数据资产特殊性，可以看出同一数据资产可能产生不同评估角度，同样地，基于同一数据客体，可能承载不同的权利，这种关系属性下的结构被有些学者称为数据权利束，本书认为基于数据权利的概念下，各个权利束可以称为数据权利的权能。欧盟 GDPR 以个人数据为轴心的法律构造，提出了个人数据权利可以涵盖知情权能、撤回权能、访问权能、纠正和删除权能、拒绝和自主决定权能。而本书在数据要素化流通前提下假设有以下权能：管理权能——决定怎样和由谁来使用数据的权利；可携带权能——数据主体有权以结构化、常用和机器可读的格式获得其提供给控制者的个人数据；转让权能——将自己的原始数据的合理利益或权利让给他人的权利；控制权能——可以根据自己的意志实施对数据未被法律或其他合约所明确约束的权利；安全权能——免予被剥夺的权利，是数据不被他人非法侵扰、知悉搜集、利用和公开等的一种权利；修改更正权能——数据主体有权要求数据控制者或管理者对其错误的、过时的个人数据进行更正和补充；收益权能——通过其生产的数据获得经济利益的权利；使用权能——有权对数据通过算法等处理手段处理或使用。评估的过程中，厘清究竟是数据的什么权能进入流转交易程序，将是价值评估的关键。

7. 影响数据资产价值的其他因素

除了上述内容外，还有诸多影响数据资产价值的指标，如风险指标，包括法律风险（安全与合规）、道德风险等。主要判断依据来源于我国形成了以《网络安全法》《个人信息保护法》《数据安全法》为代表的数据安全及隐私保护顶层监管框架，衡量风险的方法在本章前述部分已有描述。数据阶段指标，不同生命阶段的数据价值完全不同，包括原始数据、粗加工后、精加工后、初探应用场景、进一步开发，经济效益初现、已实现商业化等阶段。数据质量指标，包括数据准确性、完整性、唯一性、及时性、时效性等，数据质量的高低直接决定了数据使用的效率和最终成果的质量，对数据资产的价值有重要影响。数据场景指标，包括数据未来的应用场景范围、场景多维性、场景兼容性，场景指标可以从用户点击量、用户分布程度、用户类型数量等数值判断。指标当中涉及定性指标，或难以获取客观数据证明价值的，应按照专家打分形成相应权重，专家队伍中应当包含首席数据官、数据开发人员、数据架构人员、数据治理人员、中台搭建人员，会计专业人员、数据交易所专家等。

五、技术标准——权利的规范载体

(一) 技术标准的法律含义

本章上述部分设计了解决数据权利不确定性的各种程序性安排，但是这些程序性安排还缺失一个至关重要的环节，那就是它们的规范效力如何体现。正如前述四个部分中提到的那样，无论是权利主体意志要素的完善、数据权利对象的相对指涉、数据权利风险的动态评估、数据权利价值的显现，这些要素并非单独依靠《数据安全法》《个人信息保护法》等成文法律，而偏向依靠于数据所处的特定场景下的领域性规范，包括但不限于组织内部管理政策、数据分级分类标准、数据影响评估标准、数据资产价值评估工作流程等。当下，这些具备领域性、场景性、技术性、标准性，且与作为硬法的成文法律有着潜在关联的规范，本研究称之为"技术标准"。最早的技术标准可以追溯到二战时期，由于柏林航空运输的后勤工作极度复杂，地勤人员必须检查来自不同地区飞机的冗长且语言、形式不一的货物清单，造成卸货工作缓慢、交通效率降低。为解决这个问题，航运公司创建了一个标准的代码系统，要求在飞机着陆前以统一格式用电子信息系统报告运输情况[1]。而如今，"标准"一词的含义也没有实质改变，根据英国标准协会（BSI）对"标准"一词的定义："标准本质上是既定的做事方式""标准具有特定领域的专业知识，并能够其代表需求的人及组织的智慧结晶，这些组织包括制造商、买卖方、客户、行业协会、用户及监管者等"[2]，标准的定义注重现实指引性，使得某个业务领域下的行为或客体更加细致、统一、高效、规范。这些标准以其领域适应性灵活打通场景间的信息渠道，以"自下而上"的形成机制塑造数据权利的共通商谈空间，形成了数据权利程序规范的关键落脚点，更成了数据权利重要的规范载体。

基于数据权利程序规范的研究角度，技术标准无疑属于法律的范畴。只不过其并不是传统意义上由立法机关制定由国家强制力实施作为保障的成文

---

[1] See Michal S. Gal, Daniel L. Rubinfeld, "Data Standardization", *New York University Law Review*, Vol. 94, No. 4. , 2019, pp. 737-770.

[2] "什么是标准?"，载 ISO 官网 https://www.bsigroup.com/zh-CN/standards/，最后访问日期：2023 年 10 月 1 日。

"硬法"，而是属于基于各利益相关方利益一致所自发达成的约束性规范，即"软法"。近年来，法学界已经逐渐意识到技术标准作为一种软法将对传统法律体系造成的重要影响，是现代社会关系和事物多样性、复杂性、变动性与国家立法者认识能力的有限性的矛盾使然[1]。从广义的角度理解法的约束力，只要是建立在趋利避害的理性人假设之上的，利益导向机制的体系也是可以具备与法律平行的约束力的，所以软法与硬法应皆为现代法的基本表现形式[2]。

技术标准的介入，是数据权利开始从法律话语体系融合技术话语体系的表现。基于第三章论述的数据权利关系本质和场景依赖性，权利的内容面临诸多不确定性。技术标准对于数据权利来说是衡量决策与价值表达的工具，观察并推断数据对人们造成的影响[3]。在公共数据领域，权利的认定、实现、流转技术门槛高、专业性强，亟需借助"技术标准"对数据活动进行精细化规定。凭借技术标准，让公共数据应用形成高弹性、低耦合、模型化的自适应体系，有利于集中统一管理全方面、多层次的海量公共数据，拓展数据增值空间，实现规模运行的集约经济效应。

但是当前针对技术标准的研究视野较局限，体现为以下两点：第一，数据法的概念定性研究多、技术标准专项研究少。公共数据治理的讨论仍主要围绕数据权利、个信保护、数据安全、知情同意、更改删除等概念的辨析，对于深度推进数字化转型，更大程度实现公共数据权益的落地实施方案，缺乏进一步精细化的量化讨论。现有研究没有充分意识到数据标准对相关法律的"技术解释"作用，尤其在数据的基础性、通用性规则，以及公共数据资源平台、公共数据目录、公共数据的归集和存储、共享数据的使用、授权运营规则、数据资产评估等领域的不可或缺价值。第二，数据法在技术标准制定的利益冲突、监管俘获讨论少。对技术标准的重视不足，对于技术标准具体条款的合理性和合法性，以及背后的价值取向缺乏批判性分析。因此，公共数据技术标准法治体系的研究仍存在上升空间。

---

[1]　参见姜明安：《软法的兴起与软法之治》，载《中国法学》2006 年第 2 期。

[2]　参见罗豪才、周强：《软法研究的多维思考》，载《中国法学》2013 年第 5 期。

[3]　Hildebrandt M, Tielemans L, "Data protection by design and technology neutral law", *Computer law & security Review*, Vol. 29, No. 5., 2013, pp. 509-521.

（二）　技术标准的效力优势——以 ISO/IEC 27701 为例

1. 填充上位法内容

以衡量个人数据应用资质的技术标准 ISO/IEC 27701 为例，该标准的"上位法"是欧盟 GDPR。该法案虽然在实施的过程中存在诸多困难，且欧盟也正在进行补充立法以适应数据市场需求，但 GDPR 作为以个人数据权利为核心的典型立法，以其前瞻性的立法问题意识、完备的义务规则体系、丰富的数据领域知识融合，在欧洲各国乃至全世界仍拥有着深远的影响，并且其严格的个人数据保护罚则体系，成为部分国家防御中、美等数据强国"数据殖民"的壁垒。对 GDPR 法律及其相关技术标准的互动观察，是我国公共数据技术标准体系的批判性参考样本。GDPR 法案诉诸 ISO/IEC 27701 系列标准的原因在于其"重罚则"义务规则体系下的规则范畴冲突、立法技术限制、治理边际成本趋高等难解之困〔1〕。而 27701 号标准以个人数据的管理、使用资质衡量为切口，进一步以组织结构和数据流通应用为场景，细化了环境（Context）要素、主体资质要素、利用个人数据的前置准备要素、个人权益诉求反馈要素、隐私设计要素（Privacy by design）要素等指引。相比 GDPR 的数据处理者义务、数据主体权利等相对抽象的法律概念，27701 号标准的内容更具实际操作性，更是成为某些国家或地区判断某一组织能否拥有个人数据处理资格的标准。

2. 衔接上位法效力

27701 号标准将个人数据保护从信息安全、数据安全、系统安全等 ISO 系列其他技术标准中单列出来，创新性地将逐条有关个人数据保护的技术标准映射到 GDPR 的具体条文中（原文附录 D），并且该映射关系由 GDPR 的立法委员会成员参与制作，为数据保护研究跨域"技术"与"法律"两个话语体系的互动提供了具有立法权威性的实例。例如，环境要素映射到 GDPR 中数据控制者、处理者义务、行为准则的效力以及数据监管者相关条款；主体资质与能力要素映射到数据处理"完整性、保密性原则"以及数据保护专员职责与地位相关条款；行为准备要素映射到数据收集处理的合法性依据、数据影响评估、事先咨询制度、组织内部问责制度等条款等。借由这种衔接关系，

---

〔1〕　参见鲍坤：《数据平台下个人数据保护规则形态的优化——从软法对硬法的嵌入谈起》，载《中国科技论坛》2022 年第 3 期。

使 27701 号标准虽不是由官方立法机构制订发布，但是受到 GDPR 硬法效力的前置影响，也具备广泛的影响力和约束力，甚至在跨国行业协会中得到广泛认可，以至于我国本土企业为了取得市场和消费者对其个人数据保护资质的信任，也需要取得该标准的认证资格[1]。

3. 缓解"上位法"制度边际成本递增效应

从法经济学的角度来看，保护权利的成文法在细化义务规则时，虽然会逐渐明确权利的边界，但会不断增加数据处理者的合规成本。再者，波斯纳提出衡量义务履行的经济效益不应仅着眼治理总成本与总收益之比，更应当考虑随着治理水平提升过程中的边际成本增量（marginal or incremantal costs）[2]。因此随着合规的体系愈加庞大，进一步完善个人数据保护策略的难度愈加增大，其治理的边际成本会递增，换言之，无论数据合规义务如何进一步细化，围绕数据生产要素的治理体系都将提升社会总成本，而防止侵犯数据权利的收益在逐渐下降，因此进入社会整体效益的低谷，耗损社会整体资源。此时，27701 号这样的国际标准为特定组织提供认证的同时，可以为组织带来商誉或者更多的市场合作契机，这使得保护权利的"罚责"义务规则成为"获益"义务规则，使得边际成本上升的速率降低，提升数据权利保护制度的整体社会效益，使其制度更具有长远的生命力。

综上，技术标准的优势在于贴合场景和自下而上生成逻辑形成的利益导向性。这种优势在前述数据权利程序规范的四个方面皆能够发挥作用，无论是数据权利主体意志的完善、数据权利对象的指涉、数据权利风险的评估，还是数据权利价值的显现，一旦促成了数据的进一步流通，并且由上位法律形成合法性保障，那么就将形成对场景利益相关方的利益导向，进而优化数据权利的法治环境，形成更好的数据权利法治生态。

（三）需避免的技术标准误区

由上述论述可知，技术标准的生命力在于利益导向机制。也就是说，标准的使用需要强大的供给侧与需求侧驱动，同样有研究证明了标准与生产力

---

〔1〕《华为浏览器获 BSI 权威认证，多举措保护用户信息和隐私安全》，载 https://www.thepaper.cn/newsDetail_ forward_ 10359076，最后访问日期：2022 年 12 月 21 日。

〔2〕 See Richand A. Posner, Willram M. Landes, "The Positive Economic Theory of Tort Law", *Georgia law review*, Vol. 15, No. 4., 1980, pp. 851-924.

增长和整体经济增长间存在联系，也就是说它们和法律一样，都是利益博弈的产物[1]。所以，技术标准和法律一样存在被利益捕获，从而破坏数据流通秩序、损害数据权利的实质公平性的可能。其中以数据的标准化为例，合理的标准化可以促成数据的流通，而非公平博弈下的数据标准可能促成垄断、隐私威胁、网络安全威胁，违背数据权利的流通性和公平性。

这是因为数据标准化对数据要素市场的影响会因标准化的用途和数据的类型和内容的不同而发生变化，某些数据的标准化反而是隐私、安全数据泄露或过度传输的诱因，因为数据标准化导致了数据流通的可能性和范围加大。再者，数据标准也有可能成为数据市场垄断的工具，某些已经聚集大量数据的企业或组织，为了使其他市场主体难以触及，就拒绝制定这类数据的标准，抑或反其道而行之，制定过高的数据标准，目的皆是防止其他主体享受数据带来的价值。所以标准在制定过程中将面临多元利益的冲突与博弈，存在诸多影响标准实施成效的因素（包括沉没成本、标准对竞争对手的压力和标准对现有财产利益的影响和改变），即使是微妙的变化都有可能影响市场参与者对数据标准化的认同、应用和参与[2]。

因此，标准的制定过程中发生以下情形，将影响标准的实施与成效：第一种情形是商议过程的滞后性问题。在标准投入市场运作之前没有充分的商议过程，各利益相关方不能保证其他人会信任、遵守标准，也许率先遵循标准的人反而会减少利益，因此标准将具有难以协调的不确定性；第二种情形是利益导向受阻。数据处理者在不了解数据未来可能产生的价值和用户群体，无法估量成本收益时，将会拒绝更高要求的数据标准，因为这只会徒增前期成本。再者，如果数据市场主体认为某个数据标准有垄断嫌疑，那么也会拒绝接受该标准；再者，就算标准符合特定市场的利益导向，形成了实质约束力，也不能保证该标准必然带来社会总体福利的最优状态，因为标准制定者难以掌握所有的标准收益情况和外部性问题；更关键的问题在于数据获益时间差：消费者个体感受到获益的时间点与数据处理者投入成本的时间不一致。

---

〔1〕 See Knut Blind, Andre Jungmttag, "The impact of patents and standards on macroeconomic growth: a panel approach covering four countries and 12 sectors", *Journal of Productivity Analysis*, Vol. 29, No. 1., 2008, pp. 51-60.

〔2〕 See Stanley M. Besen, Joseph Farrell, "Choosing How to Compete: Strategies and Tactics in Standardization", *Journal of Economic Perspectives*, Vol. 8, No. 2., 1994, pp. 117-131.

第三种情形是市场主体自身的原因。就算标准是实质上有效的，也有可能受到市场主体自身资质、短视战略行为或路径依赖等有限理性行为的干扰。激励结果生效原因：即使标准真的生效，也不能保证社会福利最优。因此，这些因素都极大增加了数据标准利益平衡的成本收益计算、决策难度。

以上种种市场化主导标准形成的困局，可以称为市场化标准的失灵现象。这就是政府介入下的数据标准具有重要性的原因。具体而言就是标准向上位法的反馈，即软法的硬化，需要由政府介入利益导向机制的计划与引导。因此，标准化的过程就是监管的过程，因为它将公共政策考虑纳入"技术标准"中。但是，政府对标准的介入也应当适度。政府过度强硬地介入，抑或直接成为标准的制定者等方式都是不理智的，因为这会扼杀市场创造规则的动力。反之，政府应当作为标准的间接影响者并发挥以下作用：

第一，评估标准是否带来社会福利。包括市场的选择与业务的选择，即观察数据市场动态及特征，确定数据标准在哪些行业领域可以带来显著收益。此过程需要进行对成本的考虑，跨领域、跨行业性分析（包括数据的协同增值空间和外部性因素）；基于数据市场的结构复杂性，改变既成标准的代价十分高昂，因此前置性的数据供需审查显得非常重要。另外，需要对适用技术标准进行必要性调查，如果当下已有可替代解决标准化问题的手段，那么完全没有必要耗费资源重新拟定标准。政府能够进行上述研究和审查的要件有两个，其一是政府具有能够理解标准对行业影响的专业资质和管理结构（本章节提到的数据权利主体的意志要素），其二是通过协商程序获取来自市场参与者的意见和知识。

第二，促进标准实质效力的形成。由数据专家组成的行业组织比政府更具备制定标准的知识与能力。而政府的专长在于阻止失灵市场下的标准对社会整体福利的减损，所以政府的角色应当是非公平标准的叫停者、监管者，而行业组织是优化者和创新者。政府促成标准的生效的手段可以包括强制采用、软激励采用。例如，对接受新型标准的市场主体提供财政优惠，这种软措施同样能够形成标准的利益导向；再如2018年微软、谷歌、脸书和推特发起的数据可携权（Data Portability）标准化项目，其起因是社会公众要求政府限制这些巨头数据公司对数据的垄断。

（四）技术标准的完善路径

技术标准的软法治理并非万能，正如有学者提出在国家数据规制领域，法律的格局是一种"硬法中心–软法外围"的格局，软法虽具备一定的灵活性与适应性，但是会造成数据治理的碎片化，不利于整体治理的确定性与可预见性，当治理存在严重的利益分配冲突与偏好异质性时，硬法的整体规范作用就会显现出来[1]。所以在秩序探索阶段考究软法的内容及要素，在数据市场差异化逐渐拉大、利益分配冲突愈见尖锐时，需要将软法中的有利要素纳入硬法中，实现治理规则的整体一致，这就是不同阶段数据法律需要在软法与硬法之间来回自我完善的重要理由。

所以，需要以数据权利"技术标准"为切入点，探索和寻找数据流通和安全等多方利益的协同和最大公约数，根据科学、技术和经验的累积成果，借助于"标准"这一可以重复、迭代和普遍应用，且被公认机构批准的文件，充分释放和发挥"标准"的高认知度的敏捷性、迭代改进的灵活性、探索试点的前导性、自适应执行的流畅性、软法意义的规制性等许多不可取代的独特功能。另一方面，在国家和地方立法基础上，构建数据技术标准的"法治体系"，不仅能够在提升数据开放质量、防止安全风险方面起到领头雁的作用，而且对于数字中国建设、数据驱动决策、数字化管理转型具有极为重要的先导性意义。简言之，围绕数据技术标准的法治保障，逐步建立推动数据流通利用又兼及安全隐私的"最佳秩序"。

同时，推动数据标准转化为立法。尤其是涉及数据收集权益、数据使用和加工权益、知情和同意、更正和删除、突发事件中的数据收集、系统或行业公共数据目录、分类管理规则和标准、基础和主题数据库建设规范、数据资产评估、数据要素统计核算、数字产业化、包容审慎监管、区域性数据共享、数据认证、数据分级保护制度等一系列"精细化"技术标准的协同配套。应当进一步释放技术标准的"软法"效力的空间，推动《中华人民共和国标准化法》的实施和地方相关立法的修订，以及直接推动数据技术标准向立法的转化。

第三节　数据权利程序诸要素的内在联系

数据权利程序的诸要素存在内在的逻辑联系，其理论意义在于将体系庞

---

[1] 参见谢卓君、杨署东：《全球治理中的跨境数据流动规制与中国参与——基于 WTO、CPTPP 和 RCEP 的比较分析》，载《国际观察》2021 年第 5 期。

杂、要素零散的数据治理策略贯穿起来，并且程序要素之间能够互补增益，形成围绕数据权利正当性的法治生态。

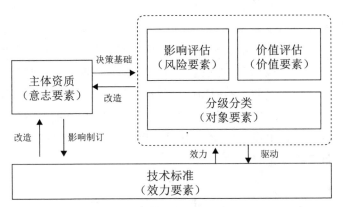

图 5-1　数据权利的程序要素关系图

如图 5-1 所示，主体资质是数据权利的意志要素，能够证明数据权利主体拥有足够的理性和清晰的表达能力以享有数据权利或做出改变数据权利的行为，只有具备合格主体意志要素的权利主体，其做出的决策才能够引起他人对权利的重视，并且相信其决策的形成过程是理性、中立的（这里的中立并非指价值中立，而指的是决策形成过程按照客观流程做出，尤其在组织环境内没有受到部门或者个人的利益捕获）。同时，主体资质是形成数据分级分类、影响评估、价值评估的决策基础，因为针对数据的对象指涉、风险防控、价值评估等事项，均需要具备熟知业务流程、法律规范、技术知识的决策队伍作为保障。主体的意志表达会影响到技术标准或上位法的制订（因为技术标准和上位法是主体参与利益博弈的产物）。相反，主体的意志要素会受到对象要素、风险要素、价值要素、效力要素的反向改造，主体通过不断适应，甚至自愿受到它们的约束，才能在流通、发展为导向的数据要素市场中获取竞争优势，同时公民通过选择公共数据产品和服务的过程，完成对自身利益的表达。

另外，技术标准作为强调商谈空间和利益导向的"自生自发秩序[1]"，

────────

〔1〕　参见［英］冯·哈耶克：《哈耶克论文集》，邓正来选编译，首都经济贸易出版社 2001 年版，第 365 页。

对数据客体范畴下对象要素、风险要素、价值要素的作用在于提供成文法难以涉足的灵活性、领域性、场景性、专业性规范。同时，技术标准的自身效力极大程度上来源于对象要素、风险要素、价值要素的有效性，这种有效性取决于它们是否与场景紧密贴合，并且能够融贯法律规范对其的要求，所以对象要素、风险要素、价值要素能够反向驱动技术标准的效力形成，二者形成一种"自审视、自改造"的规范结构。值得注意的是，数据权利程序的诸要素，是基于权利理论的观察视角结合数据市场生态的"法律+事实"双重观察得出的。由于程序具备技术上的复杂性[1]和数据权利的开放性，不排除未来随着市场变化和技术发展产生新类型的程序要素，因此本书没有限定数据权利程序的框架必须是封闭的。

本章小结

本章提出"发展导向"的数权立法必将面临权利的动态性和不确定性，因此诉诸数据权利的程序规范，以疏解价值冲突、打通信息沟通渠道。根据当前的数据治理的实践以及与法律的契合点，将数据权利程序规范分为五个要素：主体的意志要素通过数据主体的管理再造、业务再造，使得数据权利主体能够理智、中立地作出数据权利相关的决策或改变数据权利的行为；对象要素通过数据分级分类使边界模糊、范畴不确定的数据对象能够相对可指涉；风险要素通过影响评估机制使权利能够容纳风险；价值要素通过数据资产评估使数据权利的价值得以表现，构成数据要素级流通的关键环节；效力要素通过技术标准这种具有专业领域性、场景性、利益导向型的"软法"机制，使数据权利程序诸要素能够约束、引导数据流通利用，成为数据权利认同机制的规范效力基础。

---

〔1〕 参见季卫东：《法律程序的意义——对中国法制建设的另一种思考》，载《中国社会科学》1993 年第 1 期。

数据权利的实体规范

——以公共数据为例

第一节　建立在程序规范之上的权利实体规范

一、数据权利程序与实体规范的关系

上文已经完成了数据权利发展的知识图谱、数据权利概念的选择、权利场景框定和数据权利的程序规范构建，在认同数据权利存在必要性的前提下构建了权利赖以生存的生态。做好了上述理论准备，本章将开始描述更细致的公共数据场景下的权利设置。需要明确的是，权利的设置固然重要，但是只有基于程序规范构建下的权利，才是能够实现的。反之，数据权利程序规范做的所有准备，都在等待实体权利配置的"牵一发动全身"。数据权利程序规范基于的是数据要素的流通性，所以实体权利的设置也以数据的流通性为倾向。

二、占有状态对数据权利的影响

以往的资源配置状态会影响新产生的权利制度[1]。公共数据在实践中多为公权力机关实际占有、控制（即便正在向非公共数据融合的公共数据，其展现出公共利益价值时已经受到公权力机关的干预或控制）。所以，当讨论公

---

〔1〕　参见［美］加里·D.利贝卡普：《产权的缔约分析》，陈宇东等译，中国社会科学出版社2001年版，第9页。

共数据的权利配置时，必须考虑公权力机关对数据占有或控制的事实。鉴于此就必须考虑科斯的经典论著《社会成本问题》中提出的观点，当交易成本为零时，无论权利的分配如何，市场总会达成资源的最佳配置状态（社会总成本最低的状态）[1]；反之，当市场存在交易成本时，市场就难以通过自发协商形成资源最佳配置状态，此时法律通过分配权利的方式可以一定程度减少这种市场失灵的困境，促成资源配置的优化。但是在此过程中，如果法律配置权利的方法与现有市场状况相差甚远，那么权利实施的制度成本也会升高，社会总成本也会随之升高。因此，法律以权利配置方式调节资源配置时，采取彻底变革资源配置的法律制度是不可行的。反之，避免公共数据被单方面垄断使用，尝试开放其面向市场化的路径，通过多方利用形成利益表达的渠道。这些因素都应当被纳入公共数据权利实体规范的考虑范畴。

三、"权利束" 形式的数权实体规范

针对数据权利的实体规范形式，抛弃数据权利一元结构论的观点逐渐成为学界所共识。原因在于，数据面临的复杂场景和多方主体异质性，导致权利仅归属于某一主体的一元权利构架并不利于数据的流通与增值。例如，基于公共数据的实际占有者往往就是公权力机关，制度成本最低的安排理应是占有者享有支配权，因为这样法律不必改变现有资源配置。但是基于数据的多方合作增值模式，占有数据的主体，并不一定是最有利于发挥数据创新价值的主体。基于市场的竞争原理，数据占有者的创新驱动力并不比其他市场参与者更高，甚至有可能基于垄断利益遏制创新，排除其他参与者的加入[2]。同样，公共数据如果单一由政府支配，不仅降低了发展效率、创新进度，甚至有可能封闭来自公众的价值诉求，侵犯公民整体利益（参照第四章的健康码案例）。所以，要将公共数据的权利划分为多个层次，充分激励各方主体参与到公共数据发展、增值的商谈议论中，数据的"权利束"结构将十分贴合这种需求结构，因为它可以在同一数据上设置多种"权能"并分别配置给不同的

---

〔1〕 See R. H. Coase, "The Problem of Social Cost", *Journal of Law and Economics*, Vol. 3, 1960, pp. 1-44.

〔2〕 See Lina M. Khan, "Amazon's Antitrust Paradox", *The Yale Law Journal*, Vol. 126, No. 3., 2017, pp. 710-805.

主体。这种实体权利的结构也与数据程序规范中，将数据对象以分级分类方式特定化、精细评估某项数据权能价值、风险的诸多程序要素相契合。并且，权利束结构并非在数据领域独有，我国土地以所有权、使用权、经营权"三权分置"激发土地的开发利用价值，也体现着这种权利结构的可行性。申卫星教授充分论述了"所有权-用益权"分离的二元结构，成为数据权利内容层次分离的典型结构，意味着权利束结构在数据领域的可行性[1]。

虽然有研究质疑权利束应用的合理性，认为数据权利束可以采用无穷无尽的形式，每一个权利束还可以不断分解，这使得权利束将个人、国家、企业的人格权、财产权囊括无遗[2]，其不断产生新内容的特性不利于数据权利制度的稳定性。但是本书经过数据权利的知识谱系分析、概念厘定，得出数据权利具有场景依赖性的论点，同时数据权利程序规范的要素为场景下各方的价值诉求提供了商谈空间，只要能够通过程序诸要素协商达成一致，那么即使产生新的权利束也未尝不可。基于本书的数据权利理论框架，权利束框架并不会成为影响法律制度稳定性的结构，反而在程序规范的帮助下成为数据权利开放性的体现。

四、公共数据场景下的权利制度特殊性

（一）特殊公共服务属性

将公共数据开放视为一种公共服务是免费原则论的基本逻辑，但是公共数据开放属于一种较为特殊的公共服务。一般的公共服务，政府提供具体服务，而民众直接享受该服务，民众是以消费者的身份出现。而公共数据属于一种生产要素，它并非一种可以直接使用的商品或服务，而必须通过加工才能够使用。在这种情况下，公共数据更类似于土地，有学者将数据与土地进行类比就有相同的逻辑。

因此从政府中获取公共数据的部门，它们是生产者的身份而非消费者的身份。这种差异在于消费者对公共服务的评价是不一样的，但是不一样的原因基于偏好的差异，而偏好本身是平等的。如果一般性公共服务因为偏好的

---

〔1〕　参见申卫星：《论数据用益权》，载《中国社会科学》2020 年第 11 期。
〔2〕　参见许可：《数据权利：范式统合与规范分殊》，载《政法论坛》2021 年第 4 期。

不同对某些消费者进行排他或者收费，那显然是不公平的行为。但是生产者对于公共数据的评价取决于成本效益，那么高效率企业与低效率企业、高社会收益项目与低社会收益项目，垄断部门与竞争部门同等获取公共数据是否就是公平，这就需要进一步论述。王翔（2018）在对交通运输部"出行云"平台的案例研究中，恰恰也发现企业认为"认为互联网企业从数据开放中获益较多，而交通运输企业获益较少"。因此就交通运输企业而言，难以体会到数据开放给企业带来的经济收益。可见，公共数据免费开放是一种平等，但并非公平。

（二）蕴含社会公平收益

从政府的角度，追求的是更为广泛的公平，即社会公平。在公共数据开放中，社会部门获取公共数据的公平自然是其中一部分，但政府更关心的是公共数据被使用后的公平，实现这种公平有两个主要的途径，一是公共数据使用后增加的社会效益，二是政府通过税收收入进行的二次分配。

免费原则论的支持者只着眼于公共数据的获取公平，但并未关注公共数据的收益公平。对于收益公平而言，免费往往是导致事实不公平的结果。一是免费原则导致对社会收益缺乏激励，即使社会部门免费获取数据，但并没有动力去增加项目的社会收益，特别是存在增加社会收益会降低私人收益的情况，因此并不能够提高社会的收益公平。二是免费导致政府失去相应的收入，因而也降低了进行二次分配的能力。

（三）以效率是实现公平

公共数据开放的最大公平是社会从开放中获得的收益公平，而实现这个公平，就需要获得公共数据的社会部门能够最大效率地利用公共数据。因而效率才是实现公平的最大保障。

而现实和理论分析都恰恰表明，一味追求开放形式的公平才会导致社会收益的不公平。谢波峰（2023）认为免费开放公共数据导致两个结果，首先是政府如果无法从公共数据开放中受益，因而缺乏公共数据开放的动力。其次公共数据的获取是存在较高成本的，将数据开放纳入公共财政范围，恐怕难以为继。胡业飞（2019）也认为免费向社会供给，造成政府成本无法被补足的同时，还侵占了政府部门其他项目的原始预算份额。因此，各个行政部门缺乏向社会供给公共数据的动力，公共数据的供给效率严重低下。

政府众多 PPP（Public-Private Partnership）项目就是这种逻辑，表面上公众付费获得了本该免费的公共服务，但是通过 PPP 项目可以让社会收益整体上升，无疑是带来了更大的社会公平。同样对于某些行政部门缺乏开放动力方面，固然可以指责这种行为可能是不恰当的，事实上免费开放往往会造成一种懒政的行为，因为与其他服务不同，其他服务可以通过设立标准来保证服务的水准。但公共数据的价值在于应用，对于公共数据开放只能设置技术性标准，如数据的及时性、准确性、完备性等。但是技术标准对于公共数据成功应用而言，只是必要条件而非充分条件。免费的结果往往是行政部门将数据按照技术要求上传开放平台了事，而缺乏足够的效率机制和动力对公共数据的应用进行引导、管理。正如《我国数据开放共享报告 2021》中指出：建立公共数据开放平台只是刚起步，后续如何开放更多、更有价值的数据，让公共数据活起来、用起来才是重中之重。

（四）市场机制是数据要素流通决策的重要依据

数据的不确定性包含数据具有事前不确定性、协调性、自生性和网络外部性几个特征，事前不确定性指购买者在获得数据之前，很难确定数据的价值。协调性指不同数据可以通过组合，协调形成新的价值。自生性指同一组织或个人拥有的数据资产组合越多时，这些数据资产彼此之间越可能相互结合而产生新的数据集，创造更多的价值。网络外部性指的是数据产品的使用者越多，其价值越高。

数据的不确定性进一步强化了数据被广泛传播的社会价值，因为更多人获得公共数据，还会增加数据的价值，这种不确定性就很容易产生一种逻辑，即让更多的人获得公共数据总是好的，而免费则是最直接的方式。OECD（经济合作与发展组织）对于免费开放的支持就基于这种逻辑。当然这种免费观点基于是效率原则而非公平原则。

的确，公共数据在应用方面是存在不确定性的，但是因为这个属性而决定免费则过于武断，恰恰因为存在不确定性，更说明了市场化配置中价格机制的重要性。因为恰恰只有价格最能反映公共数据应用的信息，如使用者发现公共数据未达到预期的目标，自然会降低对公共数据的报价。因此市场机制有助于政府及时调整公共数据开放的相关决策。

第二节 公共数据授权运营的权利制度构建

国家针对新型要素资源不是简单通过赋予财产权的方式，而是主要通过政府干预或直接参与供给的方式，形成新的资源权利配给机制，比如专营权、牌照、执业许可、职业许可、商业补助、授权免费或优惠使用公共资源、社会保险、政府合同、购买服务、救济金等方式，来进行特殊的制度安排[1]。

在 2021 年发布的"十四五"规划中，国家首次提出"开展政府数据授权运营试点，鼓励第三方深化对公共数据的挖掘利用"，这标志着国家对公共数据的治理，从数据汇聚与内部共享迈向价值深度挖掘的新阶段，它对于实现数据资源的高效合理配置，推动数字经济发展具有重大意义。公共数据授权运营的概念应拆解成两部分来看，首先是"公共数据运营"，指的是社会主体根据市场需求以合规形式对公共数据进行开放利用，并形成数据产品和服务供市场主体使用的过程，强调公共数据的要素化流动；其次才是"公共数据授权运营"，指的是公权力机关或其相应部门通过合同约定、合作开发、行政许可等形式，授权社会主体（以下称"被授权运营主体"）在特定条件下开展公共数据运营活动，强调的是公权力机关对公共数据开放利用的调控、对被授权主体的筛选与管理，以此保障公共数据利用的质量与安全。授权运营场景是公共数据权利分层配置的典型场景，注重公共数据的公益价值实现，谨慎有效地释放公共数据价值，对公共数据的要素化流通具有非常重要的地位。本书从其中的相关主体出发，结合上一章数据权利的程序要素，描述场景的业务逻辑和权利配置的方案。

一、公权力主体——代理公民行使所有权

基于公共数据的公共资源属性，公权力主体（包括政府及其部门）虽然实际占有公共数据资源，但其并不理应享有公共数据所有权，而应当参照国家公共资源领域（石油、矿产、林地、交通道路等）采取"国家所有，全民所有"的模式，强调公权力机关代理公民行使公共数据所有权，并通过数据权利的程序要素形成对公权力和公民之间对话博弈的渠道。这种所有权及特

---

[1] See Charles A. Reich, "The new property", *The Yale Law Journal*, Vol. 73, No. 5. , 1964, pp. 733-787.

殊的代理行使关系并不是"信托"，因为信托建立在所有权隔离的基础上，公共数据关系中政府与公民都无法主张数据所有权的完全隔离。以本书第四章所述健康码数据为例，健康码数据中包含《民法典》和《个人信息保护法》所定义的个人信息，但随着健康码数据不可逆地嵌入常态化政务服务系统中，公民却不可能对健康码数据主张排除公权力的所有权，但从另一个角度来说，当健康码数据常态化应用形成公民 ID 公共数据体系之前，零散的个人信息并不具备可观的利用价值。同样的，公权力主体也不能因占有数据而排除他人的开发利用，所以应当明确以为公众提供更加优质、低廉、可靠的公共数据产品为目标，推动公共数据向社会主体的流通，避免公共数据资源处于闲置、浪费的状态。因此，公权力机关基于代理公民行使并维护公共利益的职能，应发挥其专业优势、算力优势、组织优势，对授权运营活动的顶层规划和全局进行把控。所以公权力主体对于公共数据授权运营至少应当具备以下职能：

1. 授权运营流程的顶层管理与设计：应当由公权力机关或其部门负责制定授权运营相关政策和管理制度机制，综合协调、指导监督公共数据授权运营管理工作；需要制订公共数据授权运营的长期规划计划、工作体系，明确公共数据运营总体目标、应用场景规划、数据资源规划、安全体系建设、成效考核评价方式等，以此作为授权运营工作的依据；为了提升授权流程的便捷性，在业务场景较为简单、不涉及公民个人信息、存在已通过评审的同类型数据产品和服务方案时，可以精简授权审核流程；针对被授权主体的管理，应当提出取得公共数据运营资格的社会主体基本条件，制定授权准入原则、机制，评估、管理被授权主体需要考虑的因素包括但不限于公司治理架构、信用状况、相关领域经验成果以及持续盈利、风险控制、数据开发、安全管理能力等方面；明确授权活动的工作流程，包括被授权主体的招标流程、竞争性谈判以及授权协议应当包含的形式要素（包括授权运营的目的、期限、被授予的权利、被授权主体的义务、监督职权、协议的变更和终止、争议的解决等）；同时应当明确终止授权的内容，包括发生严重违约，不可抗力，被授权主体违法转让或泄露数据，严重危害国家、社会、公民利益的情形等。另外，为了强调公共数据授权运营的公益性，应当积极推进公共价值高、市场需求大的公共数据优先授权运营，率先应用于金融、交通、教育、医疗、物流、文化、旅游等行业领域的市场主体，持续赋能公共社会化服务。

2. 数据产品服务的评审和安全管理：由于授权运营数据与公共利益紧密

相关，需要对涉及公民个人信息、隐私以及国家、社会公共安全的重点数据产品和服务进行评审，对被授权运营主体在公共数据运营活动中提交的重点数据产品和服务方案进行合规性评审，评审标准应当参照有关行业标准、国际标准，并鼓励形成贴合授权场景的细致标准，公权力机关在此过程中需适当把控新设标准的合法性和质量。重点数据产品和服务主要包括涉及对个人信息处理，或者应用数据中涉及的重要数据。重点数据产品和服务评审，由公权力机关中的决策层、技术层、执行层、安全管理层等多级部门联合，围绕必要性、安全性、公共数据可供性等方面开展。包含个人信息的具体公共数据，应当结合具体应用场景，进行脱敏处理，或者在取得数据主体的可信授权后使用。评审未通过的，被授权运营主体不得进行产品和服务的开发。

二、授权运营平台的建设主体——代为管理数据资源

《上海市公共数据和一网通办管理办法》第13条规定：行政机关应当依托市大数据资源平台和区大数据资源分平台，实现公共数据整合、共享、开放等环节的统一管理，原则上不得新建跨部门、跨层级的数据资源平台。区大数据资源分平台应当与市大数据资源平台对接，接受公共数据资源的统一管理。由此可知，公共数据的维护与管理主要基于市大数据资源平台。公共数据运营平台指的是依托公权力机关及其技术部门（也可以通过社会化投资竞选产生市场主体建设方，但该建设方不能成为被授权主体）建立的统一数据资源平台。平台搭建方对数据并不享有权利，但是能够通过以技术手段管理、整合数据而向被授权主体收取服务费用。

平台应当负责授权运营平台的搭建与维护，并对授权运营过程进行日常监督管理，满足各利用方对数据的指涉、利用需求，保障公共数据可以灵活、安全地进入被授权主体的业务范畴内，平台授权运营的数据范围不能涉及国家秘密、商业秘密和个人隐私以及法律、法规规定不得由社会主体开发利用的公共数据，非涉密且敏感数据进行脱敏加工后可以纳入数据供给范围。平台应具备集公共数据可信访问、开发测试、上线流通、安全监管等功能于一体的开发环境和管理系统，尤其应当满足授权运营数据不离场的要求，被授权运营主体向建设方提交的授权申请应当有流程、时限、范围的限制，以配合授权运营有限市场化的需求。平台还应当采用技术手段，为被授权运营主

体提供独立的租户空间和开发环境，避免数据交叉访问。公共数据运营平台应当提供数据开发利用的安全可信环境和持续稳定的服务，确保各运营环节的稳定性和可靠性。在数据的流通应用层面，平台建设应形成数据分级分类标准以及帮助数据对象可指涉的 FAIR 原则功能，形成可授权数据的供给目录；在数据管理或规制层面，提供全流程日志记录、审计追踪、统计分析等管理监督功能，以及数据开发、任务调度、批量处理等数据开发功能。授权运营平台的建设主体如果有社会化投资方参与的，可以向被授权主体收取平台服务费用。收费标准应参照现有的政务信息服务、政务云、政务外网、数据治理运营服务等价格标准，收费标准应当受到公权力主体的监督。平台建设主体应当发挥其市场信息统筹的优势，如果存在市场申请授权重复开发的数据产品服务，可以由平台方建议将该数据上升形成公益性质的数据产品服务，既能避免数据的重复开发，又能发挥公共数据的公益价值。

三、被授权运营主体——不可转移的用益权

被授权主体是公共数据创新的市场推动力，所以需要给予其充分的权利激励，被授权主体应当在获得授权后对数据进行开发利用时取得数据用益权。授权行为的性质参照国家自然资源特许制度，即行政机关依法许可申请人有权开发利用有限自然资源、获得公共资源配置和准入直接关系公共利益的特定行业的行政许可决定。被特许开发利用的自然资源、公共资源属于国家所有，申请人经行政机关特许后利用之，可以从中获得较高的利益，同样，特定行业具有垄断性，申请人经行政机关特许获得市场准入后，也往往可以凭借其垄断地位获得较高利益。如供水、供热、供气和城市出租车经营等，这些行业因具有自然垄断性或者基于公共利益考虑，行政机关不可能向所有人开放。所以，为了公正分配社会财富，申请人从事这类经营活动，除了依法纳税之外，行政机关还根据法律、行政法规的规定向申请人收取特许费。因此，数据用益权主要由代理所有权方的公权力机关授权后，被授权主体基于对数据采集、加工等事实行为取得。数据用益权的具体内容，包括控制、开发、许可、转让的积极权能和相应的消极防御权能，在公平、合理、非歧视原则下行使各项权能[1]。另外，针对同一数据对象，用益权可以多个并行，

---

[1] 参见申卫星：《论数据用益权》，载《中国社会科学》2020 年第 11 期。

且用益权内容可以不同（传统民事用益物权就是所有权人和用益权人基于信任关系缔结的，可以根据协商内容决定用益的内容）。而在数据权利领域，用益权人有可能根据不同业务类型向所有权人协商，这意味着在不冲突的前提下，不同的用益权人可以并行开发利用数据。基于数据权利的程序要素，具有流转属性的用益权可以通过其用益内容、所涵盖的业务场景进行价值评估、风险评估，并且由公权力机关在平台方的辅助下进行后续监督，避免用益权的滥用。

用益权从所有权中分离出来，在公共数据授权运营平台中以不离场方式进行市场化交易，虽然强调公共利益的实现，但无疑会弱化所有权，需要重新审视所有权的地位。在民事法律领域，解决所有权和用益权冲突与弱化，往往是对"用益权"采取限制，限制的标准在罗马法是"保持物的本质"，在我国《民法典》则是"维持原来的经济问题""依据适当的经营原则"，可见《民法典》的限制标准并没有否认用益权对所有权物的增值变化，这更加符合公共数据的价值聚合以及流通利用增值特征，表明数据权利中所有权的弱化并不违反《民法典》对用益物权的规定。正如农村土地三权分置的所有权弱化一样，是为了激活公共资源做出的权利安排，资源的所有者也会从这种安排中获取资源价值的增益，所以在数字时代，所有权的定义也会逐渐发生改变，正如有学者提到的那样"No one owns data"[1]，在公共数据中保有所有权的目的是保持公共数据资源与公众之间的联系，这种联系也不同于传统所有权的绝对支配。

同时，被授权主体的定位应当是市场化优势的激发者，需要充分了解市场应用主体关于公共数据的使用需求，结合公权力及平台的公共数据供给情况，设计应用场景解决方案，挖掘公共数据价值，为市场应用主体提供个性化、定制化的数据产品和服务。被授权运营主体欲使用公共数据运营平台，应当向市大数据中心提出平台功能使用申请和数据授权申请。平台方应当在满足被授权运营主体进行公共数据开发利用基本需求的基础上，根据最小必要原则，向被授权运营主体配置访问和操作权限。

被授权运营主体所开发的数据产品和服务内容应当具备公共价值，并且有相应市场需求，申请授权时应明确制定标准的产品服务方案（包括应用场景需求、应用数据需求、开发环境需求、安全合规保障等）。数据产品和服务

---

[1] See Lothar Determann, "No One Owns Data", *Hastings Law Journal*, Vol. 70, No. 1., 2018, pp. 1-44.

内容的开发应当遵循相应领域的技术标准和管理规定，依托公共数据运营平台或合规公共数据运营环境，按照通过审核的数据产品和服务方案，借助大数据、人工智能、云计算等先进技术，进行公共数据的高质量开发利用。由于被授权主体是数据的直接处理者，所以应当对数据的质量和安全负直接责任，并应当开放个人与市场对数据利用的反馈、异议申诉渠道等。

探索数据所有权与用益权的二元权利结构，对数据所有权问题"搁置争议"，探索公共数据资源的有序利用的可持续发展模式，实现开发利用和安全保护的双重目标。公共数据授权运营的基础是对数据财产权的精准界定，它是进一步讨论的前提。当然，公共数据授权运营应当可持续发展，可以借鉴"自物权—他物权"和"著作权—邻接权"等权利分割模式，以数据的用益权为基础。

四、公共数据授权运营的权利保障制度

（一）公共数据授权运营管理办法

根据《上海市数据条例》规定，应当制定公共数据授权运营管理办法，明确具体的授权标准、条件和授权具体程序要求，建立授权运营评价和被授权主体的退出机制，规定大数据中心等机构的职责边界。《上海市数据条例》中虽然已初步构建起授权运营的机制框架，如授权运营主体的确认、平台使用费、个人信息，但是诸多制度内容有待细化，例如，公共数据运营平台的设计、数据调取规则、授权运营主体的权利边界等。此外，按次付费、按量付费、成本弥补付费等多元化定价机制，也有待进一步探索。

借鉴成都市公共数据授权运营经验，2020年10月，成都市率先出台国内首个数据运营政策——《成都市公共数据运营服务管理办法》，成都市坚持公共数据开放性使用、市场化运营，建立可追溯的全过程管理机制。此外，《成都市科技数据管理实施办法》规定，科技数据运营服务按公共数据运营服务有关规定实施。

（二）可交易公共数据范围清单

关于公共数据的交易，制度方面仅作出了引导性的规定，即探索建立国有企事业单位数据产品进场交易机制，《上海市数据条例》删除了草案中关于浦东新区政府部门和国有企业数据进场交易的规定。且实践中公共数据并不

主动进场交易。目前较为流行的看法仍认为：政府掌握的数据不能用于政府收益用途。以国有企事业单位为突破口，探索其公共数据的交易机制，目前仍处于制度探索阶段，尚无规范细则，诸如协调机制、数据产品供给方式等。上海市已建立公共数据开放清单，以及各部门的"三清单"（数据清单、行为清单、应用清单）目录，但是对于可进行市场化配置的公共数据范围界定并无明确规定。

可参照《广东省公共数据管理办法》的规定，赋予行业主管部门或者市场主体在满足一定条件之下获取数据分析模型和算法的权利，以按照统一标准对外输出数据产品或者提供数据服务，满足公共数据开发利用的需求。同时明确了公共数据的两类提供主体：行政机关、具有公共事务管理和公共服务职能的组织，同时把电力、水务、燃气、通信、公共交通以及城市基础设施服务等公共企业、事业单位和社会团体，实施公共服务以外采集的数据，排除在办法的管理范围外。办法同时推动落实"一数一源"，针对公共管理和服务机构采集、核准、提供的数据及负责主体，做出列举式规定，如表6-1。

表6-1　《广东省公共数据管理办法》的相关规定

类别	数据内容
自然人基础数据	（一）户籍登记数据，由公安机关负责； （二）流动人口居住登记、居住变更登记和居住证办理数据，由流动人口服务管理部门、受公安机关委托的乡镇人民政府或者街道办事处流动人口服务管理机构负责； （三）内地居民婚姻登记和收养登记数据，由民政部门、乡镇人民政府负责； （四）出生和死亡登记数据，由卫生健康主管部门、公安机关负责； （五）卫生健康数据，由卫生健康主管部门、乡镇人民政府、街道办事处负责； （六）社会保障数据和最低生活保障数据，由税务部门、人力资源社会保障部门、民政部门负责； （七）教育数据，由教育主管部门、人力资源社会保障部门、高等学校、科学研究机构负责； （八）残疾人登记数据，由残疾人工作主管部门负责； （九）住房公积金登记数据，由住房公积金主管部门负责； （十）指定监护数据，由民政部门、乡镇人民政府、街道办事处负责； （十一）有关资格证书和执业证书数据，由颁发该职业资格证书和执业证书的单位负责。

续表

类别	数据内容
法人和非法人基础数据	（一）企业和个体工商户登记数据，由市场监督管理部门负责； （二）民办非企业单位、社会团体、基金会等非营利组织登记数据，由社会组织管理部门负责； （三）事业单位登记数据，由事业单位登记管理机关负责； （四）法人和非法人组织统一社会信用代码数据，由市场监督管理部门、社会组织管理部门、事业单位登记管理机关等登记管理部门负责。
自然资源和空间地理基础数据	自然资源、水利、农业农村、林业、气象等主管部门和从事相关研究的事业单位，根据法定职权采集、核准与提供国土空间用途、土地、矿产、森林、草地、湿地、水、海洋、渔业、野生动物、气候、气象等自然资源和空间地理基础数据。

（三）行业数据场景化授权运营规范

《上海市数据条例》中提出市政府办公厅应当会同市网信等相关部门和数据专家委员会，对被授权运营主体规划的应用场景进行合规性和安全风险等评估。在由被授权运营主体规划应用场景之前，政府部门牵头首批数据授权运营场景，则会更具有引导性和实施力度。

根据《2021年上海市公共数据治理与应用重点工作计划》的规定，关于行业数据的归集，目前正在着力推动交通、医疗、金融、教育、水电气公共事业等行业数据，且明确规定相对应领域的牵头单位为市交通委、市卫生健康委、市地方金融监管局、市教委、城投集团、市电力公司、申能集团等。对于该类与人民生活密切相关的领域，也理应成为公共数据授权运营的重点领域。长久来看，可以探索建立在电力、电信、汽车等行业数据资源自治开放的市场机制，让企业在其中寻找商机，自主投入，促进公共数据资源开放利用产业的发展。

借鉴北京市公共数据授权运营的经验，2020年，北京市大数据工作推进小组办公室印发《关于推进北京市金融公共数据专区建设的意见》，引导在金融领域开展实施公共数据授权运营。之后，北京市经信局与北京金融控股集团（也即被授权运营单位）签署了《北京市金融公共数据专区授权运营管理协议》《北京通 APP 授权运营管理协议》，正式开始金融公共数据专区建设。

（四）社会数据采购管理办法

社会数据具有较高的商业价值，且当前实践中，各政务部门均根据各自需要独立采购相关社会数据。《2021年上海市公共数据治理与应用重点工作计划》明确提出，探索政府统一购买社会数据的模式，采购一批具有高频共性需求的社会数据，促进公共数据和社会数据融合治理、融合运用。

借鉴北京市社会数据采购的政策，2018年北京市经济和信息化委员会委托北京市信息资源管理中心，面向全社会征集社会数据采购解决方案，意向单位可以提出一个完整的社会数据目录，包括社会数据的分类、内容及来源。在此基础上，2019年，北京市大数据工作推进小组发布《北京市社会数据采购和使用管理暂行办法》，确定了社会数据采购"统采共用""分采统用"的两种办法，并规定了社会数据的接入和使用、安全和考核相关内容。

（五）数据资产登记管理制度

数据因其可复制性、虚拟性等特点，进行市场化配置必须进行可追踪的统一登记机制，资产凭证作为数据流通的标志因素，应当被纳入制度设计中。《上海市数据条例》中指出：开展数据资产凭证试点，反映数据要素的资产价值。但对于具体制度的设计，还未进行细化规定。

借鉴广东省经验，2021年10月，广东开出全国首张公共数据资产凭证，该张凭证上，广东电网有限责任公司是数据提供单位，中国农业银行股份有限公司广东省分行是数据需求单位，申请信贷的佛山市和禧金属制品有限公司是数据主体。空白凭证由省数据局监制，数据供方凭供需双方的协议申领空白凭证，数据主体授权需方使用其数据，而后数据需方基于授权向数据供方申请数据资产凭证，并加盖有效力的电子签章，形成实体公共数据资产凭证。此外，山东省数据交易平台专门建设数据产品登记平台。

此外，深圳市在数据交易落实前，以南山区为试点详细排摸数据资产情况。2021年，为测度南山区数据生产要素形成的GDP规模、速度、结构以及对经济增长的贡献，深圳市开展数据生产要素统计核算南山区试点工作。数据生产要素统计调查工作执行数据生产要素统计报表制度，调查对象为南山区内企业（单位）研发活动调查单位（工业、建筑业、服务业、医疗及教育单位等）和商业、金融业、房地产业等行业调查单位。调查问卷涉及如下五个方面：数据支出和数据库建设情况、数据治理的制度建设和战略部署情况、

数据治理的制度建设和战略部署情况、数据交互流通、数据方面的法律法规诉求。

（六）公共数据流通安全保护制度

《上海市数据条例》对数据权益作出规定，明确自然人对其个人信息享有的人格权益，明确数据处理活动中的财产权益，明确可以合法方式收集、加工、交易数据。但是并未规定具体权益的保护机制及配套机制，从而导致这些权益形式化。建议完善数据侵权救济制度，即被侵权人可以采取何种途径获得救济，具体的救济类型，侵权主体又将会接受何种处罚，并且确定具体的负责部门。

目前，基于公共数据开放发展的任务，政府部门一直都注重人才保障和教育培训，但是实践中频繁出现机关工作人员私自销售数据等违法违规行为。建议各部门在教育培训的同时能够加强遵纪守法等警示教育。对于工作人员违法违规销售数据，一方面，可以依据《中华人民共和国公务员法》等相关规定予以处分；另一方面，情节严重的，根据数据类型、盈利性质等可判断触犯刑法，涉及故意泄露国家秘密罪、受贿罪、滥用职权罪。

（七）公共数据流通利益反哺制度

不论是针对国有企事业单位还是政府部门本身，内部的数据治理激励机制仍存在缺失，部分国有企事业单位的数据产品已经自行组织市场化配置，同时相关政府部门没有动力拿出数据进行市场化配置，甚至没有动力对数据进行初加工，以保证数据的高质量供应。此外，由于政府机构的人员调整、收集渠道不一等原因，也很容易存在无法对数据内容做出明确解释的问题。针对这些问题，均需要内部激励机制的设计进行引导。

借鉴成都市公共数据授权运营的经验，其产生的经济收益以国有资产运营收入的方式进入地方财政，提供数据的各个部门不直接从数据运营的收益中"分成"。作为数据供给的利益补偿和激励，政府数据运营服务单位通过引导外部数据和技术流入，为政府部门提供数据和技术来反哺服务，助力政府部门的智慧治理能力提升和公共服务水平提高。具体方式包括：（1）数据质量反馈；（2）从外部获取治理创新所需要的社会数据；（3）分析数据的应用场景，并鼓励和引导相关企业提供服务；（4）政府数据授权运营的年度分析报告与部门信息化资金挂钩。

（八）公共数据价格评估导则

基于传统市场化理论中，公共数据市场化讨论等同于公共数据收费，尽管本研究并不主张公共数据开放的免费原则，但同时本研究也不主张全面收费。当将公共数据市场化讨论等同于是否应该收费的时候，就会出现一些问题：

首先，将研究对象局限于公共部门，而忽略了市场整体与社会收益。在一般的市场化研究中，基本的前提在于市场的参与者是独立决策的，他们的决策点就在于自身利益的最大化。但是公共数据开放的主体是公共部门，而公共部门特别是行政机关，往往是一个多角色、多目标的主体，因此就出现了矛盾。即使作为公共数据收费的支持者，对于公共数据收费的盈利也是相当谨慎的。胡业飞（2019）将政府对于公共数据的收费由三部分构成，"平均固定成本+边际成本+结余"，同时对于结余部分，他认为不应该以政府利润最大化为原则，且应该"在补偿数据开放成本的同时，将可能存在的收入结余用于补偿其他公共服务事项所耗费的成本"。可以看出几点，一是他试图强调结余的合理性，因为他也必须面对政府还具备管理者的身份，二是他也认为政府定价不应该利润最大化，说明他对政府的市场角色是有所保留的，但他无法提出更合适的结余标准。究其原因，在于当将政府公共数据开放的焦点集中于政府是否应该收费的时候，就无意中割裂了需求者和社会收益的关系。但政府的管理者角色必然要求政府更多地关注社会收益，而收费讨论则侧重于收多少，怎么收的问题，因此将收费作为讨论的焦点与政府职能和目标出现了不匹配的矛盾。

其次，公共数据收费忽略了公共数据免费提供的合理性。将收费作为公共数据开放的诉求，必然就与公共数据免费提供相对立。本研究认可姜东旭（2021）、胡业飞（2019）关于"特定受益人"的论述，但这种论述只能得出公共数据免费原则存在问题，并不能得出公共数据开放就不能进行免费。举个例子，上海市政府定期会将有餐饮资质的企业信息发送给外卖平台，帮助外卖平台剔除不具备合法资质的餐饮企业。按照"特定受益人"的逻辑，外卖平台属于典型的双寡头垄断，但这类数据如果进行收费，无论标准、方式如何，从行政伦理上都是不恰当的。不少支持公共数据开放应当收费的学者，他们并不支持全面性的收费制度，均主张大部分公共数据应当免费开放，只有少数数据才需要收费。尽管他们对于哪些应该收费的数据提出了一些建议，但是都缺乏一个系统性的论述，更多地是从主观上给出了结论。公共数据的市场化配置与传统的市场化存在差异，这是数字经济下政府行政的一个新课题，必须建立一套新的针对公共数据的市场化配置模型和理论，否则公共数据市场化会变成免费与收费之争。而无论免费论和收费论都将视角限定在公共数据部门，而忽略了公共部门开放公共数据的本来目的。之所以公共数据市场化并不能简单视为公共数据收费，在于公共数据市场化配置是一个特殊的单边市场化配置。

《上海市数据条例》规定，市政府办公厅应当组织数据专家委员会编制数据产品和服务的价格评估导则，被授权运营主体应当根据价格评估导则，合理确定数据产品和服务的价格。普华永道《开放数据资产估值白皮书》提出："EP＝m＊g＊h"，即"公共数据资产价值＝公共数据开发价值＊潜在社会价值呈现因子＊潜在经济价值呈现因子"。

五、公共数据授权运营制度未来的两种趋势

公共数据授权运营的"所有权–用益权"分离模式虽然突破性地实现了公共数据的市场化，但授权运营模式是我国公共数据开放流通处于探索初期的时代背景产物。基于公共数据具有广阔的发展前景，本研究将基于授权运营模式的现状及数据市场发展不断聚合发展的规律，尝试预测授权运营引导下的公共数据发展的两种面向——公共数据的市场化交易以及公共数据的义务开放。

产生这两种发展面向的原因从授权运营的核心权利——用益权的属性说起。用益权的优势在于从所有权中能够有序分离并带动公共数据市场化，基础是数据交易不离场以及公权力对数据公共利益属性的把控，体现在授权运营"一场景一申请""一需求一审核""一模型一审定""一场景一授权"的业务模式。这种可控范围下的公共数据流通，其实契合了用益权在民事法律领域的性质，罗马法《学说编纂》第7卷中描述的用益物权，往往是基于所有权人对用益权人的信任而形成的一种意定物权，为的是不让自己的所有物因他人的使用而受损，强调所有权人和用益权人间特殊的信任关系。因此传统民法领域中的用益物权是不能二次转移、交易的。但是，用益权的流转在数据权利视域内则是可以商榷的，数据权利下的用益权并不排斥流动，数据

不会因为更频繁的使用而产生价值减损，甚至可能因数据的聚合提升其价值，其次流转过程中经过数据权利程序要素中的对象指涉、风险评估、价值评估过程，就能够动态性地融入更多样化的价值诉求，从这个角度上来看，用益物权所指涉的数据具有进一步开放流通的潜质，如果打开用益物权二次流通的渠道，那么数据流通的主导权将移向用益物权人与其他市场主体之间的交易关系，这意味着公共数据将进一步脱离公权力主体的管控，公共数据将面向更加开放的市场化"点对点"交易。可以预见的是，公共数据市场化交易将面临更严格的脱敏匿名化和安全处理标准，但是随着数据的价值聚合趋势，授权运营制度下的公共数据交易将更加活跃。

第三节　公共数据市场化交易的权利制度架构

一、公共数据市场化交易的元问题

在 2021 发布的"十四五"规划中，国家首次提出建立健全数据产权交易和行业自律机制，培育规范的数据交易平台和市场主体，发展数据资产评估、登记结算、交易撮合、争议仲裁等市场运营体系。数据交易已成为国家信息化发展战略、大数据战略、经济新常态发展等战略方向的落地支撑，是我国数字经济健康发展的重要节点性探索，也是释放数据要素新动能的关键环节。当可交易的公共数据规模达到一定量级，数据交易双方谈判和磋商成本增大，配套机制的缺乏则会使数据定价和数据安全问题凸显，导致数据交易成本高、效率低，不利于公共数据的价值得到充分开发和利用。随着交易平台、规则的逐渐完善，可以将公共数据引入数据交易所进行交易。借助于已有的上海数据交易所完善的信任机制、交易机制、治理机制和监管机制，进行公共数据的交易，能够有效维护交易秩序，保证交易顺利进行，促进公共数据的流通和利用。

区别于一般的数据开放共享，上海等地率先试点的数据交易牵涉问题复杂，对公共数据进行市场化交易的尝试则更需要谨慎。加之数据市场化交易的行为模式多样化，培育涵盖数据交易所、数据经纪人、数据服务商及第三方专业服务机构等主体的多元化数据流通生态。其中，以什么立场、原则、方式设立和实施数据交易的规范和标准，已成为各方关注的最大难点。其中公共数据要真正走向市场化交易，存在两点困难，其一，公共数据在何种范围内可以进入市场交易；其二，如何形成有公信力的第三方交易平台。所以，面向市场的数据交易中心就成为公共数据走向市场化的关键环节。国内针对"点对点"数据交易已设有诸多数据交易中心，因此应当参照数据交易所的业务模式尝试推动具有潜在经济价值的公共数据入市。这一问题在国内甚至国际范围内尚无成熟解决方案，亦无可供遵循的制度范例，加之国内前期实践还处于探索和初创阶段，使得该领域制度化构建的难度较大。

从数据权利的视域下来看，当前公共数据市场化交易制度化构建主要面临的问题包括：其一，公共数据市场化交易数据交易的权利基础；其二，公共数据交易的标准化模式，包括交易的范围、机制、方式、结构的技术标准规范；其三，公共数据市场化交易需要符合法定要求的数据交易环境标准，比如，相应的数据承载条件、数据不离场环境、数据分布程序性的技术标准等；其四，公共数据交易形成的数据产品和服务，基于数据资产评估标准，怎么进行交易撮合、签订合同、业务结算等；其五，数据交易的真实性、合规性、安全性的保障。其中第一个问题关系公共数据市场化交易的可持续发展模式和权利制度基础；第二个、第三个问题指向的是公共数据市场化交易的开发利用技术标准和规范；第四个问题解决的是公共数据产品和服务的标准化供应方式；第五个问题是公共数据市场化交易过程中的技术标准和法律规则的"兜底保障"。

因此，解决公共数据市场化交易的权利制度构建问题，一是需要进行数据交易的权利基础论证，二是关于数据交易价值释放结构的研究，旨在寻找数据价值流通的共性规律。三是数据要素市场的驱动模式。尽管本书强调以促进数据要素流通为主要导向，但不代表"规制"可被忽略，故第四、第五个问题分别针对公共数据市场化交易的合规附条件责任豁免机制和数据交易的技术标准规范。

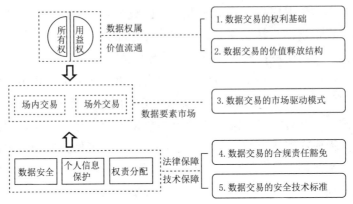

图 6-1　数据交易的模式和实体制度

二、公共数据市场化交易的权利基础

数据权属问题是数据利用与流通的逻辑起点，权属及其分配规则不清，已成为数字经济发展的最大制度障碍。随着大数据的兴起，数据成为一种不可或缺的资源。数据被与信息区别而纳入财产权，敲定数据加工者的财产权益，加强数据交易上的"行为控制"，无疑会对促进数据的流通利用产生"引擎效应"。数据的法律属性是数据作为客体予以财产赋权的前提，《民法典》《个人信息保护法》上对数据与个人信息的区隔，以及国内外大数据交易的现状，充分诠释了数据的财产属性。传统的单边保护信息主体的财产权理论框架，与现有数据自由的价值理念，以及数据经济发展的现实需求产生抵牾。在此基础上，更深层问题是数据加工者能够实际享有的数据用益权，实际上更多取决于其与数据所有者之间的协议内容，以及法律对数据所有权的保护程度。

推进新型权利配置模式下的数据交易市场，以市场化方式激活数据要素的核心在于，发展以权属分割为基础的"用益权"制度。以"促进"为原点的倾斜性表现在数据权属认定上，关键是打破数据所有权的一元结构困境，在数据生成、加工者之间建立恰当的权利分配模式。数据用益权，既可基于数据所有权人授权和数据采集、加工等事实行为取得，也可以通过共享、交易等方式继受取得。数据用益权的具体内容，包括控制、开发、许可、转让的积极权能和相应的消极防御权能，在公平、合理、非歧视原则下行使各项权能，可以平衡数据财产权保护与数据充分利用两种价值，推动数据要素市场快速健康发展。

公共数据市场化交易的权利基础依然是用益权。因为当前数据交易市场并不以整体迁移数据存储作为主要交易方式，仍是根据场景对数据进行挂牌交易。探索数据所有权与用益权的二元权利结构，对数据所有权问题"搁置争议"，探索公共数据资源的有序利用的可持续发展模式，实现开发利用和安全保护的双重目标。数据交易的基础是对数据财产权的精准界定，它是进一步讨论的前提。当然，数据交易应当可持续发展，可以借鉴"自物权—他物权"和"著作权—邻接权"等权利分割模式，以数据的用益权为基础。

三、公共数据交易的市场化建设基础

我国数据交易市场的基础框架，是伴随着数据资源开发利用工作的稳步推进而逐渐成型的。2014 年之前，我国国家信息资源开发利用工作已进行整整十年，信息资源的价值已经得到初步的重视和挖掘。2015 年，随着大数据战略正式上升为国家战略，我国正式确立了以数据为核心内容的开发利用路径，数据价值得到更为广泛的共识，数据的行业赋能效应逐渐显著。2017 年，"数字经济"首次出现在《政府工作报告》当中，数据进一步成为推动经济转型发展的新动力。2020 年，数据正式被列为五大生产要素之一，培育数据要素市场已经成为国家高度的全面共识，市场化配置成为数据流通领域的重点方向。数据交易是国家信息化发展战略、大数据战略、经济新常态发展等战略方向的落地支撑，是我国数字经济健康发展的重要节点性探索，也是释放数据要素新动能的关键环节。

（一）发展阶段

2014 年开始，我国数据交易市场踏上行政化、规范化运营的道路。自此至今，我国数据交易中心/所的发展已经历三个阶段的发展：

第一阶段，井喷期（2014～2016 年）：2014 年一年，共有三家具有代表性的数据交易平台成立，分别是由中关村管委会主导的"中关村数海大数据交易平台"、北京市经信局主导的"北京大数据交易服务平台"、香港长城共同基金主导的"香港大数据交易所"，分别代表了行业方、政府方、资本方三方力量的共同聚焦，拉开了我国数据交易市场全面发展的序幕。在此之后，全国各地数据交易中心/所的筹建进程提档加速，2015 年、2016 年两年间共宣告成立数据交易中心/所共 16 家，呈现井喷态势。

第二阶段，冷静期（2017~2019年）：2017年开始，全国数据交易所/中心的设立数量锐减，实际仅成立一家数据交易中心（青岛大数据交易中心），政府部门基本不再主动牵头设立数据交易平台，前一阶段设立的数据交易场所运行成效并不乐观，例如，首批设立的贵阳数据交易所自2018年开始就不再公布交易额。究其原因有三：（1）《中华人民共和国网络安全法》于2017年正式开始实施，明确规定不得非法获取、提供、出售个人信息，数据的合法来源限制了数据交易的无序扩张。（2）无先行经验：学术上数据交易理论尚处于探索阶段，没有成熟的理论体系可供依赖；管理上围绕数据交易的各方面制度尚不完善，没有统一的制度体系可供支撑；实践中尚无成功的数据交易中心经验，各自为战，无法形成标杆效应。（3）进行加工清洗、分析计算、隐私保护的数据服务市场还未成型，数据质量尚无法得到保障，尚无法形成权威、安全、高质量的数据供应渠道。

第三阶段，重启期（2020年至今）：2020年3月发布《中共中央 国务院关于构建更加完善的要素市场化配置体制机制的意见》，其中明确提出引导培育大数据交易市场，依法合规开展数据交易。以此为旗号，全国各地开启了新一轮的数据交易市场的探索和建设。虽然仍未形成统一的市场规则，但在该阶段各地纷纷加快探索的步伐，涌现更多更为成熟的数据交易模式和探索成果。山西数据交易平台主打AI采集、标注、交易一体化交易模式、北京开启开展金融公共数据授权运营专区、山东的数据交易平台采取先登记前置的交易模式，并为数据产品颁发数据产品证书、深圳开启数据要素统计核算试点，此外，湖北、湖南、天津、深圳等地都积极提出数据交易中心的建设规划。

（二）市场划分

一方面，根据数据交易的平台功能不同，按平台功能的丰富度排序，可以分为分散数据交易行为（非平台）、撮合交易平台、自营交易平台（自采自销型）、自营交易平台（产销一体型）四类。具体而言：（1）分散数据交易行为，是指不在指定平台进行，由数据交易双方自行达成交易意向，就交易方式、标的、金额等达成共识，并进行交易的行为，广泛存在于个人之间、法人之间、个人与法人之间，同时，政府部门的单一采购数据行为、有偿或无偿的数据征集行为也归于此类。由于方式较为灵活，至今仍是数据交易体量最大的交易方式，但同时也存在着灰市/黑市交易的现象。（2）撮合交易平台，该平台数据来源为第三方外部数据，也即供方提供的数据，平台进行供需双方的信息匹配，并达成交易，如上海数据交易中心、山东数据交易平台、京东万象、数据宝等。（3）自采自销型自营交易平台，该平台数据来源为平台方的采集数据，是指通过外部数据采集，加工分析计算形成平台方自营数据产品，如浙江大数据交易中心、企查查、聚合数据等。（4）产销一体型自营交易平台，该平台数据来源为平台方的自有数据，平台方基本为数据密集型企业，通过业务积累形成大量数据，如中国银联、中国电信、南方电网、山西数据交易平台（自营 AI 标注产品）等。

另一方面，根据数据交易平台的主导因素，可分为行政主导和商业主导，分别代表着在运营过程中主要的推动因素是由政府推动还是由商业企业推动。同时也存在一种情况，部分最开始经行政宣告成立的数据交易中心/所，往往在实际运营中由商业企业进行主导，如华东江苏大数据交易中心（数据宝）、中原大数据交易中心（浪潮）、贵阳大数据交易所（九次方）、京津冀大数据交易中心（数海科技）、长江大数据交易中心（亚信）。

（三）发展特点

运行情况层面，2014 年 2022 年间，由政府部门已设立/计划设立的数据交易所或中心共有 42 家。（1）从地域范围来看，省级范围数据交易中心/所的筹建响应率达到 70%。在全国 34 个省级地区的范围内，已经有 25 个省级地区筹建过或正在筹建数据交易中心/所，还有云南、福建、辽宁、青海、宁夏等 9 个地区从未设立过、也未有公开的设立数据交易中心/所的计划。（2）从运行成效来看，70% 的数据交易所/中心在设立过程中或搁置，或停运，或无实际业务。截至 2021 年 10 月底，25 个数据交易中心/所中，网站还能正常登录的还在运行中的数据交易中心/所仅剩 9 家，其中还有两家网站仅做展示使用，并无实际业务平台。（3）从成立形式上看，行政化数据交易市场通常由政府部门通过组织牵头、批准批复、指导设立、揭牌挂牌等形式成立。例如，上海数据交易中心由市政府批准，市经信委、商务委联合批复成立，浙江大数据交易中心由省委宣传部和省人民政府办公厅批复同意，贵阳大数据交易所、西咸新区大数据交易所、平原大数据交易中心均由政府领导揭牌。同时，数据交易中心/所的启动前期通常以先行设立的数据交易联盟为基础，形成首批交易会员，启动首笔数据交易，并在后期逐渐扩充会员单位，如大数据交易商（贵阳）联盟、北京国际数据交易联盟、华东数据联盟、全国数据交易联盟等。

在交易对象层面，数据交易平台上可供交易的数据涉及的领域较为分散，商业数据最主要集中在运营商数据、银行卡验证数据、企业工商数据、行业资讯数据等，基本没有政务数据主动参与交易。此外关于禁止交易的数据类型，大部分交易平台均通过负面清单的形式进行列举，均为涉及严重违法违纪的数据类别。此外，上海在此基础上，还将涉及具体个人权益、企业权益的部分数据进行列举，列入禁止清单。山西数据交易平台进一步将存在风险隐患的数据类型分为个人身份信息、个人隐私、涉黄、涉暴涉恐、政治敏感、生物特征信息等 13 个类型，对该 13 类数据按级别进行流通。从数据形式来看，平台所提供的数据产品以数据集、API 接口形式为主，其次为解决方案、数据报告、验证结果。随着信息技术的进步，以及数据安全保护方式的多样性，数据交易产品的类型从最初的单一交易数据处理结果，到数据集、数据接口、数据报告等，再到北数所开始探索采用隐私计算、区块链等手段分离数据所有权、使用权、隐私权。数据产品的表现形式更加多样，划分标准更加安全。此外，在运行中的数据交易平台全部提供数据增值服务，如加工、清洗、计算等，数据增值服务的方式伴随着数据交易模式的逐渐成熟，正在向数据全生命周期展开服务，并将作为数据要素市场化配置生态体系中的重要环节。以上海数据交易中心为例，主要数据供应源为三大运营商、互联网企业等，提供的数据类型主要为标签类数据产品。

四、公共数据市场化交易的标的划分

从公共数据市场化交易的模式来看，进入交易流程的数据对象在实践中往往以不同的样态存在，所以需要从市场交易对象的层面，将交易的数据形态进行分类，以此对市场中的数据进行分类管理。公共数据市场化交易的中间媒介和服务商可以根据交易对象存在形式的不同，来决定其是否进行预处理，或者对其价值进行初步评估，甚至对接到需求方，以减少沟通成本。

第一种为数据资源型对象。数据资源承载着全面、完整的信息，但是这类对象一般而言是数据的原始状态，可读性、结构性较差，往往没有做过安全化处理，流通的风险和不可控属性较高。所以其往往是要素化、产品化的原材料。数据资源型对象的价值实现取决于其转向数据要素、数据产品后的流通程度。这类对象也存在交易的情形，只是多存在于较为封闭的行业领域。

第二种为数据产品型对象。一般而言是由数据要素或者数据资源为基础加工生产而成，一般而言，数据要素是在数据交易市场中的状态，数据资源往往是存储在数据处理者本地的状态。数据产品使信息呈现出使用价值的状态，其面向场景，价值聚焦性、可理解性较强，并且经过了安全合规化处理，或者评估。数据产品的价值多受外部因素的影响，主要包括市场规模、场景价值、商业模式等影响，同时数据产品实现程度会加速数据资源的价值增速。

第三种是数据要素型对象。数据要素形态为数据交易对象的中间形态，它可以向数据资源，也可以向数据产品形态转化。以数据资源为基础加工生产，也可以从数据产品中形成。一般以对信息进行过统计、抽象，具有较好的可读性和结构性，并且已经进行过数据安全、可流通合规评估，是数据市场流通中的半成品。数据要素资产的初始价值受数据资源成本和加工技术的影响，市场价值受自身的稀缺程度以及产品使用的广度、频次等因素的影响。

针对以上三种交易对象的不同特征，分别定制市场的入市服务、估值服务。

五、公共数据市场化交易的资产评估

如何形成数据交易中的动态资产评估机制，已成为制约数据要素价值实现的关键堵点。资产评估有三类基础方法。第一种是市场法，是一种通过现有交易案例的比较，使用涉及与标的资产相同或类似的资产交易来获得指示性信息，或利用标的资产相同或者类似的公开交易的可比信息进行评估的方法。优点在于能够反映市场状况，更具备实际的指引效果。缺点在于数据这类新兴资产领域交易不活跃的情形下，难以找到相似案例。第二种是收益法，就是计算资产将直接或间接带来的经济收益。收益的范围可以很广，既可以是现有资产的价值直接实现，也可以是拥有该资产后能够避免支出的成本（许可费减免、多期超额收益、增量收益）。某项资产产生的现金流入流出、发生的成本投入、收益预测涵盖时间。包括现金流入的价值驱动因素（单价、数量、峰值），增长前景（竞争优势、增长率、利润率），合理性（历史、行业情况、竞争情况）、未来与当下资本市场的对比度，以及现金流出的成本费用、资本支出以及营运投资成本等。预测期的年限是难点，难以评估长时间有效的收益价格。第三种是成本法，按照数据投入成本估算其价值。成本估

算法的难点在于，难以将数据投入成本与企业、机构内部建设数据以外的其他成本剥离开，如果成本定价过高则会制约数据流通发展。

以上三种不同的评估方法各有长短，不同的方法在特定场合下既有可能形成数据交易的助力，也有可能成为阻力。例如，单一使用成本定价法将面临两难困境，第一，成本的计算如何剥离其他与数据向关联连带的业务成本，第二，数据的成本计算可能阻碍数据开放流通，若掌控数据的市场主体形成成熟的数据业务管理链条，则有高估业务成本之虞，高定价将抑制数据流通。反之若低估了成本，低售价将降低数据要素流通的内驱动力。所以现阶段虽然公共数据仅从资源化迈向资产化，但是不应该只着眼其成本定价，应当适当地考虑数据的未来价值，精准评估、定向评估某种用途、某个领域的数据定价，增设贴合业务场景的专家评估、场景对比流程，增加价值的可议论、可探讨性，促使数据根据市场需求形成多层次的用途。这意味着评估的方法要根据数据市场的发展阶段做出适当调整，并没有一种评估方法是可以一劳永逸的。

六、公共数据市场化交易的价值释放结构

数据要素的价值释放是探索数据交易机制的核心，从"技术标准"和"业务规则"两个维度梳理数据的要素释放结构，科学合理设计数据市场化运行。不可否认，数据在交易、开放、共享等方面的具体业务规则显然会有所差异，但不同的数据流通类型在制度设计和技术实施层面上亦存在明显的共性特征，具有相似的多层级数据价值释放结构。为避免"制度规则"和"行业标准"陷入碎片化、冗繁重复的困境，寻找一般性的数据价值释放结构便显得至关重要。

对数据要素价值释放结构的研究，应当覆盖主要的数据流通类型。在标准化基础上，注重对精细化业务场景的适配性。国内外在数据价值释放方面的探索主要集中于五个领域，即数据货币化、数据交易市场、产业数据平台、技术服务者以及数据开放策略，集中体现了数据流通的资产性、技术性和公益性。前述内容可进一步被总结、归并为数据授权运营、数据交易、数据开放和数据共享这四种基本的数据流通类型。在数据价值释放结构中，外部流通的数据在经过存储、处理、加工等操作之后，又可以进一步经由数据获取环节成为新的数据源，形成了数据价值不断增值和提升的闭环。

数据流通不是单纯的数据交换的互动性行为，而是蕴含分级分类、定价

评估交易和数据开放价值的复杂性数据活动。数据相关主体可通过自主平台、系统应用和网站，以及数据传感器等硬件收集数据，也可通过与其他外部主体平台或应用采集数据。基于数据流通理论，数据价值实现可被划分为"内部使用"和"外部使用"，内部使用并未产生数据流通，向他方提供的外部行为会促使数据流通；流通数据相关主体角度可分"单向许可"和"互为许可"。构建数据交易的价值释放正向闭环，关键问题不在于数据所有权的直接让渡，抑或将数据置于特定主体的排他控制之下。更具有现实意义目标是，借助规则、标准和技术对权利义务的边界予以厘定，并提供可追溯、可解释、可问责的全过程保障。

七、公共数据市场化交易的驱动模式

近年来，我国在数据交易市场的建设初见成果。在中央的顶层设计的层面，中国在数字经济、数据要素市场和大数据中心布局等方面进行了战略部署，为数据产权制度建设奠定了基础，数据要素市场的快速发展推动了数据产权发展新模式，大数据交易类企业数量逐渐增加，大企业引领中小企业协同发展。在地方立法与实践探索层面，各地陆续制定数据政策，推动数据要素市场的发展，并建立数据交易所和平台。

（一）政府主导模式

政府主导模式的典型代表为贵州大数据交易所，其在早先树立了建设国家级数据交易所的目标，在政府的顶层设计和积极主导下，曾尝试对接全国人大、国家发改委、财政部、国家信息中心、中国气象局等，探索数据要素市场的构建。不仅在政府的主导下建立数据专区运营模式，尝试建立全国乃至国际通用的 OID 标识体系（Object Identifier，即对象标识符，其作为 ISO/IEC 和 ITU 国际三大权威标准机构联合推动的全球化标识体系，为网络世界中各类应用对象、通信设备对象提供全球"唯一身份证"），主动探索数据交易的定价机制和行业主体管理机制。

（二）业务场景助推模式

业务场景助推模式的典型代表为上海数据交易所，秉承"不合规不挂牌，无场景不交易"的原则，以应用场景带动数据要素流通合规、高质量进行。基于此，上海数据交易所确定了"1+4+4"业务体系，即紧扣建设国家级数据交易所"一个定位"；突出准公共服务、全数字化交易、全链生态构建、制度规则创新"四个功能"；体现规范确权、统一登记、集中清算、灵活交付"四个特征"。

（三）跨地区标准协同模式

跨地区标准协同模式的典型代表为海南数据交易所，基于其所处的国际数据贸易示范区地利优势，探索跨地区"数据产品"标准化的"数据产品超市"。"数据产品超市"建设目的是将具有高利用价值的数据产品标准化，其中既包含数据产品本身的标准化建设，也包含数据运营平台的标准化建设，以规则一体化建设保障数据交易市场的安全性。注重政府与市场手段的协同，共同搭建运营平台，构建"跨境产业垂直搜索引擎+跨境 B2B 电商+集中贸易采购市场的数字化安排"的外贸新业态新模式，积极引进不同地区数据交易中心的数据产品和数据交易标准，配合自发形成的互联网消费数据产品标准。

八、公共数据市场化交易的合规范式及责任豁免

建立"合规附条件的责任豁免机制"的意义是在保障数据安全的"规制"框架内，为形成数据要素市场提供激励机制。为了实现数据在流通利用中的安全，各个国家和地区都在加紧推进个人数据保护、数据本土化与跨境传输、执法数据的跨境调取、内容监管等多个层面的立法。

数据交易中关于数据安全规制的倾斜性，可以从"合规的附条件责任豁免"视角加以考量。（1）在个人数据保护上，以平衡保护与利用为宗旨。以合规附条件不起诉改革为契机，重点强化数据控制者的安全责任，明确数据加工、处理或控制者是数据安全责任主体。（2）在数据本地化，以及试点探索跨境传输上，以加强安全保障为要点。中国立法可以规定数据处理者报告数据库所在地义务、国际合作不签订欧美式"安全港协议"等。（3）在数据内容监管上，以提升透明度为导向。明确要求数据交易在平台积极检测、有效移除在线非法内容，并采取措施预防非法内容的再现，同时还可以开始强调提升数据收集利用及算法的透明度等。

根据合规附条件责任豁免的原则，数据交易的安全工具，除了借助国家或政府的权威及强制力，需适当引导在政府有一定程度参与，把行为的风险控制方式更多留给市场、社会组织等，甚至在政府不参与或不主动介入情况

下，让其他主体更主动在源头预防风险、自主处理数据安全问题。以声誉共享机制、物质报偿机制建立数据交易的安全信赖利益，以订立惩戒契约、数据评级制度、数据安全机制等构建风险背信，以此构成以政府主导、责任主体负责的数据安全协调治理体系。

开展数据交易市场搭建，需要一套集数据登记、评估、应用、服务、交易于一体的数据流通机制。国内已有贵阳、武汉、北京设立"数据交易所"，但平台定位模糊、规则过于笼统、技术保障措施不足，且多数还会事先作出监管责任豁免声明，远未实现预期的数据要素流通目标。因此，它们在运行机制上主张只要交易双方是在籍会员，即可互订协议，至于数据隐私，乃至更为复杂的保护善意第三方的交易权利问题，交易机构实际难以规范和管制。

缺乏精细化、可实施的技术标准，正成为制约数据汇聚和融合利用的关键性短板。因此，制定业务规则之外，建设支持区块链、边缘计算等服务技术，建设高性能公共算力中心势在必行。数据交易"兜底保障"所依赖的安全隐私保护体系不够健全。数据交易平台一般应明确交易的数据必须是经过清洗与分析的结果，且明令禁止涉密数据被当成产品交易。但国内数据治理的短板在于，缺少实际且共通的数据分类分级标准，数据交易之前的脱敏、清洗等环节缺乏技术有效监管，数据交易之后的问责纠错机制缺乏保障。

建设数据交易的"安全"技术标准，需要进一步研究：（1）数据安全隐私保护。以平衡保护与利用为宗旨。重点强化数据控制者的安全责任，明确数据加工、处理或控制者是数据安全责任主体，需要进一步建立技术标准来明确数据安全管理制度、开展数据安全教育培训、采取安全防护措施和安全处置措施、数据安全事件报告等方面的要求，以及重要数据处理者对数据处理活动开展风险评估的规范。（2）数据本地化与跨境传输。以加强安全保障为要点。数据离境给国家安全、社会稳定带来的潜在威胁，激发了各国深刻反思本国的数据本地化与跨境传输立法和标准制定。同时，从技术标准层面对数据本地化和跨境传输进行规定，也是中国对数据国际技术标准生态产生影响的重要渠道。（3）以技术标准推动"法律可责性"。数据交易要以提升"透明度"为导向。技术标准制定上可以明确要求在线平台积极检测、有效移除在线非法内容，并采取措施预防非法内容的再现。还可以提升数据的收集利用及算法透明度。通过技术标准加强对运营监管，数据交易行为全程记录，以便事前预防和事后追查。当发生泄漏数据及损害第三方合法权益情况，能明确责任承担主体从而避免纠纷。

九、公共数据市场化交易的制度现状

关于公共数据的交易，我国各地区有关公共数据开放流通的条例均对数据交易做出明确、积极的表态：支持培育数据要素交易市场，鼓励和引导数据交易，支持数据交易平台建设，规范交易行为。但是数据条例之间，针对交易范围、交易主体、交易中介、交易原则、交易规则、交易安全六大方面内容有不同侧重点，相关方面的规定详略程度也有所不同。

表6-2　部公共数据条例中涉及数据交易相关内容

	规定内容	条例名称
交易范围	依法获取的各类数据经过处理无法识别特定个人且不能复原的，或者经过特定数据提供者明确授权的，可以交易、交换或者以其他方式开发利用。	《安徽省大数据发展条例》《海南省大数据开发应用条例》《山西省大数据发展应用促进条例》
	依法获取的各类数据经处理无法识别特定数据提供者且不能复原的，可以交易、交换或者以其他方式开发利用。	《天津市促进大数据发展应用条例》
	利用合法获取的数据资源开发的数据产品和服务可以交易，相关财产权益依法受保护。	《山东省大数据发展促进条例》
	鼓励政务数据和社会数据在数据流转交易平台上进行流转交易。	《陕西省大数据发展应用条例（征求意见稿）》
	有下列情形之一的数据，不得交易： （一）涉及国家安全、公共安全、个人隐私的数据； （二）未经合法权利人授权同意，涉及其商业秘密的数据； （三）未经本人或其监护人明示同意交易的个人数据； （四）以欺诈、诱骗、误导等方式或从非法、违规渠道获取的数据； （五）其他法律、法规或合同约定明确禁止交易的数据。 市场主体合法处理数据形成的数据产品和服务，	《重庆市大数据发展管理条例（征求意见稿）》

续表

规定内容		条例名称
	可以依法交易，但是具有下列情形之一的除外： （一）交易的数据产品和服务包含个人数据未依法获得授权的； （二）交易的数据产品或服务包含未经依法开放的公共数据的； （三）法律、法规规定禁止交易的其他情形。	《深圳经济特区数据条例》
交易主体	鼓励和引导数据交易当事人/主体在依法设立的大数据交易服务机构进行数据交易。	《安徽省大数据发展条例》《贵州省大数据发展应用促进条例》《山东省大数据发展促进条例（草案）》《山西省大数据发展应用促进条例》《天津市促进大数据发展应用条例》《重庆市大数据发展管理条例（征求意见稿）》
	支持大数据中心、云计算中心、超算中心、灾备中心等单位和大数据企业参与电力直接交易，降低用电成本。	《安徽省大数据发展条例》
	支持数据中心全电量优先参加电力直接交易，鼓励开展风力、光伏等新能源电力交易，降低用电成本。	《山西省大数据发展应用促进条例》
	数据供方应确保交易数据获取渠道合法、权利清晰无争议，能够向数据交易服务机构提供拥有交易数据完整相关权益、数据真实性的承诺声明及交易数据收集渠道、个人数据保护政策、用户授权等证明材料。 数据需方应当对通过交易获得的数据进行安全保护，并按照与数据供方约定访问、查询、复制、使用数据。未经数据供方同意，数据需方无权将通过交易获得的数据转让给第三方。数据需方以依法交易获得的数据为基础开发的数据产品，其财产权益受法律、法规保护。	《重庆市大数据发展管理条例（征求意见稿）》
交易中介	省人民政府数据资源主管部门应当会同有关部门统筹大数据交易服务机构的设立，搭建数据要素交易平台，建立数据产权交易机制。	《安徽省大数据发展条例》

	规定内容	条例名称
	支持各类所有制企业参与数据交易平台建设，规范数据交易平台治理，建立健全数据交易信息披露制度。	《陕西省大数据发展应用条例（征求意见稿）》
	数据流转交易平台以公共服务与营利职能为共同目标和原则，是实现全省政务数据和社会数据流转、交易、监管等全过程管理的综合信息化基础设施，提供数据的目录管理、流转交易、电子认证等服务，促进数据的统筹管理和开发应用。	《陕西省大数据发展应用条例（征求意见稿）》
	数据交易服务机构应当组织并监督数据交易、结算和交付，审核数据来源合法性。负责数据交易服务平台的建设管理，并采取必要技术手段确保数据交易安全。负责监测数据违规使用行为，制定并执行交易违规处罚规则，受理解决有关数据交易的投诉等。	《重庆市大数据发展管理条例（征求意见稿）》
交易方式	数据交易应当依法订立合同，明确数据质量、交易价格、提交方式、数据用途等内容。推行数据交易合同示范文本。	《贵州省大数据发展应用促进条例》《海南省大数据开发应用条例》
	数据的流转交易采用分类分级的方式进行。鼓励并支持无条件开放共享的政务数据在数据交易平台上进行流转交易。对于有条件开放共享和不予开放共享的政务数据、社会数据，经脱敏、去标识化处理后，可以在数据交易平台上流转交易。	《陕西省大数据发展应用条例（征求意见稿）》
	鼓励数据要素交易平台与各类金融机构、中介机构合作，形成包括权属界定、价格评估、流转交易、担保、保险等业务的综合服务体系。	《安徽省大数据发展条例》
	支持数据价值评估、数据交易技术研发和数据交易模式创新，拓宽数据交易渠道，促进数据资源高效流通。	《深圳经济特区数据条例》

	规定内容	条例名称
交易原则	数据交易应当遵循自愿、公平、诚信原则。	《安徽省大数据发展条例》
	数据的流转交易应当遵守法律法规规定和社会公德，不得损害国家利益、社会公共利益和个人信息等合法权益。	《陕西省大数据发展应用条例（征求意见稿）》
	数据资源交易应当遵循自愿、公平和诚实信用原则，遵守法律法规，尊重社会公德，不得损害国家利益、社会公共利益和他人合法权益。	《贵州省大数据发展应用促进条例》《海南省大数据开发应用条例》《山西省大数据发展应用促进条例》
	数据要素市场主体应当遵循自愿、平等、公平和诚实守信原则开展数据交易活动，遵守法律法规和商业道德，履行数据安全保护、个人数据保护、知识产权保护等方面义务，不得损害国家利益、社会公共利益或者他人合法权益。	《重庆市大数据发展管理条例（征求意见稿）》
	市场主体应当遵守公平竞争原则。 市场主体不得利用数据分析，对交易条件相同的交易相对人实施差别待遇，但是有下列情形之一的除外： （一）根据交易相对人的实际需求，且符合正当的交易习惯和行业惯例，实行不同交易条件的； （二）针对新用户在合理期限内开展优惠活动的； （三）基于公平、合理、无歧视的规则实施随机性交易的； （四）法律、法规规定的其他情形。	《深圳经济特区数据条例》
交易规则	大数据交易平台建设单位应当制定和完善数据交易规则、信息披露规则、数据交易备案登记等管理制度。	《海南省大数据开发应用条例》
	数据交易平台应当建立安全可信、管理可控、可追溯的数据交易环境，制定数据交易、信息披露、自律监管等规则，并采取有效措施保护个人隐私、商业秘密和重要数据。	《山东省大数据发展促进条例》《深圳经济特区数据条例》

	规定内容	条例名称
	省大数据主管部门负责指导、监督数据流转交易具体规则的制定和实施。数据流转交易的具体规则由流转交易平台根据法律法规自行制定，报省大数据主管部门备案。	《陕西省大数据发展应用条例（征求意见稿）》
交易安全	国家建立健全数据交易管理制度，规范数据交易行为，培育数据交易市场。从事数据交易中介服务的机构提供服务，应当要求数据提供方说明数据来源，审核交易双方的身份，并留存审核、交易记录。	《中华人民共和国数据安全法》
	实行数据安全责任制，保障数据全生命周期安全。数据安全责任，按照谁所有谁负责、谁持有谁负责、谁管理谁负责、谁使用谁负责、谁采集谁负责的原则确定。数据基于复制、流通、交换等同时存在多个安全责任人的，分别承担各自安全责任。	《安徽省大数据发展条例》
	数据采集、存储、清洗、开发、应用、交易、发布、服务单位应当建立数据安全防护管理制度，制定数据安全应急预案，	《天津市促进大数据发展应用条例》
	实施"数据铁笼"，规范权力行使，对公共权力、公共资源交易、公共资金等实行全过程监督。	《贵州省大数据发展应用促进条例》
	按照本条例规定开展公共数据汇聚、共享、开放、利用、交易等活动，不得通过项目建设、服务采购、招商合作等形式，变相开放和交易数据。	《重庆市大数据发展管理条例（征求意见稿）》

在标准层面，全国标准信息公共服务平台中搜索"数据治理""数据开放""数据交易"等关键词，围绕数据市场化交易的标准分为以下板块：第一是基础板块，明确数据流通中的专业用语及基本概念，由于制订时间较早，尚缺少当前数据市场化中的专业用语解释，对当前数据市场化的基本框架没有形成描述，缺少数据市场化流通的指南文件，由于数据市场化流通属于新兴领域业务，需要技术标准统一各类层出不穷概念的含义。第二是数据管理

板块，针对数据流通中的异构数据管理整合、进一步促成数据资产化的内容，还有针对数据市场化的数据清单建立、数据分级分类标准、数据资产确认、数据服务产品质量评估标准。第三是交易平台服务标准板块，对平台用户的管理、交易订单的管理、交易平台系统、开发测试环境、基础技术支撑等。第四是数据流通的技术支撑板块，包括数据接口、计算存储系统、运维管理系统标准等要求，但是缺少公共数据市场化交易所需的交易信息溯源、存证技术标准。另外，当前技术标准体系还缺乏数据市场化流通的全流程管控技术标准，包括交易过程中的数据资产登记确认标准、数据挂牌标准、供需方磋商标准，交易纠纷解决、溯源查证等标准。

表 6-3 数据交易现有技术标准体系

序号	标准代码	标准名称	功能
1	GB/T 35295-2017	《信息技术 大数据 术语》	领域用语及原则
2	GB/T 7027-2002	《信息分类和编码的基本原则与方法》	领域用语及原则
3	GB/T 40094.1-2021	《电子商务数据交易》	领域用语及原则
4	GB/T 18769-2003	《大宗商品电子交易规范》	领域用语及原则
5	GB/T 39445-2020	《公共信用信息数据元》	元数据管理
6	GB/T 15191-2010	《贸易数据交换 贸易数据元目录 数据元》	元数据管理
7	GB/T 26816-2011	《信息资源核心元数据》	元数据管理
8	GB/T 31360-2015	《固定资产核心元数据》	元数据管理
9	GB/T 38154-2019	《重要产品追溯 核心元数据》	元数据管理
10	GB/T 38667-2020	《信息技术 大数据 数据分类指南》	数据分级分类
11	GB/T 36073-2018	《数据管理能力成熟度评估模型》	数据管理能力评价
12	GB/T 32617-2016	《政务服务中心信息公开数据规范》	数据质量管理
13	GB/T 40685-2021	《信息技术服务 数据资产 管理要求》	数据质量管理
14	GB/T 39400-2020	《工业数据质量 通用技术规范》	数据质量管理
15	GB/T 36344-2018	《信息技术 数据质量评价指标》	数据质量管理
16	GB/T 37550-2019	《电子商务数据资产评价指标体系》	数据质量管理

序号	标准代码	标准名称	功能
17	GB/T 38664.3-2020	《信息技术 大数据 政务数据开放共享第3部分：开放程度评价》	数据管理能力评价
18	GB/T 39400-2020	《工业数据质量 通用技术规范》	数据质量管理
19	GB/T 40094.2-2021	《电子商务数据交易 第2部分：数据描述规范》	交易数据描述
20	GB/T 36343-2018	《信息技术 数据交易服务平台 交易数据描述》	交易平台规范
21	GB/T 34079.3-2017	《基于云计算的电子政务公共平台服务规范第3部分：数据管理》	交易平台规范
22	GB/T 38672-2020	《信息技术 大数据 接口基本要求》	技术支持
23	GB/T 38673-2020	《信息技术 大数据 大数据系统基本要求》	技术支持
24	GB/T 38675-2020	《信息技术 大数据计算系统通用要求》	技术支持
25	GB/T 38676-2020	《信息技术 大数据 存储与处理系统功能测试要求》	技术支持
26	GB/T 35589-2017	《信息技术 大数据 技术参考模型》	技术支持
27	GB/T 35274-2017	《信息安全技术 大数据服务安全能力要求》	技术支持
28	GB/T 37973-2019	《信息安全技术 大数据安全管理指南》	技术支持
29	GB/T 37721-2019	《信息技术 大数据分析系统功能要求》	技术支持
30	GB/T 37722-2019	《信息技术 大数据存储与处理系统功能要求》	技术支持
31	GB/T 38555-2020	《信息技术 大数据 工业产品核心元数据》	技术支持
32	GB/T 38633-2020	《信息技术 大数据 系统运维和管理功能要求》	技术支持
33	GB/T 38643-2020	《信息技术 大数据 分析系统功能测试要求》	技术支持
34	GB/T 38666-2020	《信息技术 大数据 工业应用参考架构》	技术支持

根据上海市数据交易中心的《数据互联规则》，首先，持有具有公共属性、涉及公共利益的社会数据的企业，通过资质审核、准入之后，注册成为

会员与系统联调；然后，公共数据提供方根据交易所要求，提交符合格式、要素的公共数据，比如说上海市大数据中心对数据要求的六要素技术，包括六要素：主体标识、维度主键、标签赋值、供应限度、时间约束、价格约束以及包括描述、行业、加工方式等的必选约束和包括覆盖度、行业约束、质量评分、风险评分等的可选约束等。在数据交易所进行挂牌交易，并完成标的的确权，或者由需求方将需求在交易所挂牌。接着，数据交易所进行供应方、需求方双方撮合，符合条件的需求者比如政府机关或者政府机关授权的代理机构可以根据实际需求与预算，购买社会数据。在配送环节进行额度检查，互联对象配送与计费，配送过程监测。最后，完成权益与资金的结算与清算。通过整合公共数据资源，鼓励和支持公共数据资源的交易，能够吸引更多市场上公共数据提供方的参与，进而汇集更多有价值的社会持有的公共数据资源，形成良性循环，助力构建和培育流通活跃的公共数据市场。因此建议将公共数据资源交易纳入公共资源管理交易体系，利用大数据资源平台进行交易。可以在大数据资源平台下设公共数据资源交易系统，由大数据中心负责实施公共数据招标拍卖等事宜，参照《中华人民共和国招标投标法》《上海市公共资源交易管理办法》等制定公共数据招标拍卖等交易规则。

公共数据进一步市场化还需进一步加强内部的机理机制，引导公权力主体积极创设公共数据市场化的机会。当前不论是针对国有企事业单位还是政府部门本身，内部的数据授权运营的激励机制仍存在缺失，部分国有企事业单位的数据产品已经自行组织市场化配置，同时相关政府部门没有动力拿出数据进行市场化配置，甚至没有动力对数据进行初加工，以保证数据的高质量供应。此外，由于政府机构的人员调整、收集渠道不一等原因，也很容易存在无法对数据内容做出明确解释的问题。针对这些问题，均需要内部激励机制的设计进行引导。因此，介于公共数据的公益价值，可以将市场化产生的经济收益以国有资产运营收入的方式进入地方财政，提供数据的各个部门不直接从数据运营的收益中"分成"。作为数据供给的利益补偿和激励，政府数据运营服务单位通过引导外部数据和技术流入，为政府部门提供数据和技术来反哺服务，助力政府部门的智慧治理能力提升和公共服务水平提高。具体方式包括：数据质量反馈；从外部获取治理创新所需要的社会数据；分析数据的应用场景，并鼓励和引导相关企业提供服务；政府数据授权运营的年度分析报告与部门信息化资金挂钩。

第四节 公共数据义务开放的权利制度架构

一、公共数据义务开放的权利基础

如果在公共数据授权运营中，发现市场对某些更高数据具有重合的授权需求，同时这些数据（仅较分散状态的数据）就具有高度的社会公共服务价值，那么这些数据就应当登录平台，在做出脱敏、匿名化后，向社会免费义务开放。此时就不存在用益权问题，公权力机关对数据仅有数据库层面编纂的著作权，更实质的权利交还社会公众。此时，公共数据回归到公共利益，没有人能够在此对其主张独立的权利。但是在公共数据义务开放过程中，往往涉及公权力机关为争取高质量开放，对这些数据进行统一格式的编纂，形成公开数据库。如果一个数据库在数据内容的选择上能够体现其独创性，无论其内容编排是否有独创性，就可以判定该数据库满足著作权独创性要件；或者，如果这一数据库在内容的编排上有独创性，无论其内容选择上是否有独创性，该数据库也满足著作权独创性要件。可见，只要满足上述两项独创性条件之一，政府即可主张公共数据库的著作权，与公共数据的特定受益人签订许可使用合同，并要求其提供一定补偿。注意两个方面的法律问题：

一是如何理解政府数据开放与《中华人民共和国著作权法》（以下简称《著作权法》）以及《政府信息公开条例》的关系，以厘清数据库著作权主体与客体适格的问题。《著作权法》第5条规定，该法不适用于法律、法规，国家机关的决议、决定、命令和其他具有立法、行政、司法性质的文件，及其官方正式译文。可推知，政府虽无法对"公文"主张著作权，但同时也未排除政府成为公共数据库（"公文"除外）著作权人的可能。而《政府信息公开条例》第10条第1项规定，行政法规、规章和规范性文件属主动公开的政府信息。因此，法规、政策等政务信息理应无偿主动向大众公开；而那些不属于政务信息的、原始的公共数据，只要满足"政府履行职能时的智力创造"这一要件，就可以成为著作权客体，政府即可参照《著作权法》依法管理与处置。

二是政府在制作公共数据库时，应采取一定措施，避免与数据来源的公民或其他组织发生著作权纠纷。虽然政府在制作公共数据库时，理应获得数据被搜集个体的同意与授权，但在对外开放公共数据时，仍然应对其数据库进行"脱敏"，即对数据库的数据进行匿名化处理，确保数据使用者不会基于数据追溯到某个特定公民或特定组织。这一措施首先是为了保护公民和组织的隐私，其次也是切断个体与公共数据库之间的直接法律联系，公民或组织不能对公共数据库的某一部分特定内容主张著作权，从而避免发生著作权纠纷。此路径下得出的公共数据著作权应满足以下三个要件：第一，公共数据在内容或编排上具有独创性；第二，公共数据非"公文"；第三，公共数据进行匿名化处理。

二、公共数据开放的立法例经验

（一）英国

1. 政策与法律法规

根据万维网基金会（World Wide Web Foundation）公布的四份《开放数据晴雨表》（*Open Data Barometer*）（2013~2016）[1]显示，英国连续四次跻身前两名，是世界上开放政府数据程度最高的国家之一。自2009年以来，英国一直大力推进政府数据和公共数据的开放共享，出台了一系列的相关政策和法律法规，以提高政府运作的透明度，并促进公共数据的开发和利用，实现开放数据的经济和社会价值。

表6-4　英国公共数据开放相关政策

时间	政府文件	相关内容
2009年	《迈向第一线：更聪明的政府》	积极开放数据并提高透明度，发布有价值的公共数据集，并使其面向公众免费重用。
2010年	《英国政府许可框架》	提供开放许可证来开放政府以及更广泛的公共部门的信息并促进其使用和再利用。
2012年	《开放数据白皮书：释放潜能》	阐述了如何释放开放数据的潜力，将数据和透明度置于政府的核心，包括增强数据可访问性、严格保护公众隐私权、改善公共机构数据共享等。

---

〔1〕　See Open Data Barometer，载 https://opendatabarometer.org/，最后访问日期：2021年9月24日。

续表

时间	政府文件	相关内容
2013 年	《G8 政府数据开放宪章：英国行动计划》	承诺发布关键和高价值数据集，确保所有数据集通过国家数据门户 data. gov. uk 发布，与民间社会组织和公众合作确定适合发布的数据集，建立国家政府数据信息基础设施等。
2013 年	《开放政府伙伴关系英国国家行动计划 2013 – 2015》	从根本上开放政府数据，以增强问责制、改善公共服务和经济增长。政府承诺将继续开放并列出其所拥有数据集的清单。
2015 年	《国家信息基础设施》	是政府持有的最具战略意义的数据管理框架。由指导原则、数据清单、管理结构、质量标准、许可证制度等组成。
2016 年	《英国开放政府 2016 – 2018 年国家行动计划》	承诺修订《信息自由法》以提高透明度，识别和发布核心数据，以及与数据用户和潜在用户积极合作，确保政府实现数据资产现代化管理等。
2020 年	《国家数据战略》	总结了公共数据"默认开放"政策的预期结果，包括问责制、效率以及经济成果。将继续推动数据的质量、可用性、可访问性提高，提升公职人员的能力、领导力、文化。
2020 年	《解决对公共部门数据使用的信任问题》	规定了数据开放的原则，适用于公共部门持有的个人信息，将公共部门掌握的个人数据纳入公共数据并分类，同时规定了开放方式和例外。

资料来源：www. gov. uk.

表 6-5   英国公共数据开放相关法律法规

时间	法律法规	相关内容
2000 年	《信息自由法》	规定了公共机构在向申请人发布其拥有版权的可供重复使用的数据集时，必须按照指定许可证条款发布，并有收费的权力。为个人获取公共部门信息提供了法律依据。

续表

时间	法律法规	相关内容
2004 年	《环境信息条例》	是英国专门为公众获取环境信息而制定的法律，条例明确规定任何人均可依据该条例向英国公共机构申请获取环境信息，其中个人数据将免于披露。
2012 年	《自由保护法》	对《信息自由法》进行了部分修订：公共机构必须在合理可行范围内以能够重复使用的形式向申请人提供资料，并明确了数据集的定义。
2015 年	《公共部门信息再利用条例》	具体阐述了公共部门信息重复使用的收费条件。任何重复使用费用必须限于复制、提供和传播文件所产生的边际成本。

资料来源：www. legislation. gov. uk.

2. 公共数据的内涵外延

在定义层面，英国政府在 2009 年《迈向第一线：更聪明的政府》（Putting the frontline first：smarter government）中单独阐述了《公共数据原则》（Public Data Principles），对公共数据做了如下定义："公共数据是在公共服务提供过程中收集或生成的政府持有的非个人数据。"2013 年《开放数据白皮书：释放潜能》（Open Data White Paper：Unleashing the Potential）中，进一步把公共数据界定为"运行和评估公共服务所依据的、政策决策所依据的、或在公共服务提供过程中收集或生成的匿名非核心参考数据"。这里的"核心参考数据"（Core Reference Data）与"核心主体数据"（Core Subject Data）相对应，指的是"将不同的数据集连接起来的数据。它提供了公共数据之间的互连点，例如时间和地理数据（地图或地理编码数据），以及定义和代码列表，包括词汇表"。而在《解决对公共部门数据使用的信任问题》中将公共数据定义为"公共部门掌握的个人数据/公共部门持有的个人信息"，把个人的信息和数据纳入公共部门数据使用的范畴，并规定了开放方式及例外。

在分类层面，《开放数据白皮书》中区分了公开数据、公开政府数据、公共数据以及公共部门信息四个概念。这四个概念的界定分别为：（1）开放数据（open data）是指符合以下标准的数据：可以以不超过复制成本的价格获取（最好是通过互联网），不受基于用户身份或意图的限制；采用数字、机器可读的格式，以便与其他数据相互操作；以及在其许可条件中没有对使用或重新分配的限制。（2）开放政府数据（open government data）是指已作为开放数据提供给公众的公共部门信息。（3）公共数据（public data）是运行和评估公共服务所依据的、政策决策所依据的、或在公共服务提供过程中收集或生成的匿名非核心参考数据。（4）公共部门信息（public sector information）是指受 2000 年《信息自由法》和 2005 年《公共部门信息再利用条例》约束的信息和数据。公共机构作为其公共任务的一部分而产生、收集或持有的数据和信息。

《G8 政府数据开放宪章：英国行动计划》中承诺发布和增强 14 个关键和高价值数据集，包含公司、犯罪与司法、地球观测、教育、能源与环境、金融与合同、地理空间、全球发展、政府问责与民主、健康、科学与研究、统计、社会流动与福利、交通与基础设施领域。《解决对公共部门数据使用的信任问题》中将公共部门掌握的个人数据分为教育数据（包括教育程度和学生特征）、企业增值税数据、困难家庭评估、患者全科医疗记录、健康诊断结果。

在形式与载体层面，《公共数据原则》中明确强调，公共数据将以可重用、机器可读的形式发布，通过 www. data. gov. uk 网站，以开放标准格式（包括链接格式）提供。开放的数据格式包括 csv、html、xls、wms、pdf、xml、rdf、zip、ods 以及 json 等。

3. 公共数据开放途径与模式

默认开放原则——免费为原则，收费为例外。从英国政府的一系列政策文件来看，英国一直以来都采用"默认开放"政策，规定原则上公共数据免费提供给公众使用，所有政府开放数据都可以通过 www. data. gov. uk 访问，并且公共数据以开放许可证的形式发布，该许可证允许免费重复使用，包括商业重复使用。但根据英国公共部门信息开放相关法律显示，公共部门有权就发布数据集以供重复使用进行收费，比如 2000 年的《信息自由法》就规定了收费权力的具体条件和内容，2015 年《公共部门信息再利用条例》也明确规定公共部门可对允许重复使用收取费用，任何重复使用费用必须限于复制、提供和传播文件所产生的边际成本，总费用不得超过直接成本、因课税活动产生的间接和杂项费用的合理分摊，以及合理的投资回报。

公共数据在利用模式除了许可收费模式外，英国还尝试了许多不同的公共部门信息再利用运营模式[1]：

（1）贸易基金模式：英国将许多政府数据部门如地震局、测绘局、气象局等改为"半自立"的政府基金部门，在半商业化的基础上进行运作。这些部门大都专业性突出，市场竞争能力较强。比如测绘局专门成立了商业产业部，负责开发、生产、销售地理信息产品。一是通过提供地图、咨询等获得收入，二是运营基金，即通过向其他公共部门提供地理信息服务或对用户许可授权再利用来收取费用。

（2）公、私竞争模式：公共部门不仅能够支持私营部门从事政府信息的市场化开发，而且可以与私营部门展开竞争。公共部门不仅可以从事公益性的非营利信息服务，而且能够开展营利性的商业信息服务。包括伙伴关系、民营化和合同外包。①伙伴关系：为了吸引私营资本对政府信息服务的投入，相关部门采用优惠政策或者特许经营的形式给予私营部门某些便利，并赋予私营部门投资收益权来积极开发信息资源。②民营化：指政府将部分信息资源的性质进行转化，完全由私营部门采取市场化形式进行经营。③合同外包：指在确定了信息服务的项目和要求之后，将原本由部门自身垄断的服务以竞争招标的形式承包给最佳的私营部门来完成。

4. 公共数据的分级管理

英国对于公共数据的管理采用了分级分类授权协议的方式，目前使用的是英国国家档案馆 2016 年 1 月 20 日制定的《英国政府许可框架》，总共包含 6 种许可方式，与公共数据开放相关的主要有三种：（1）开放政府许可（Open Government Licence，OGL），允许以商业或非商业目的，免费复制、发布、分发、传输以及改编数据。（2）非商业使用政府许可证（Non-Commercial Government Licence），允许以非商业目的，免费复制、发布、分发、传输以及改编数据。（3）收费许可证（Charged Licence），允许付费后以商业或非商业目的，复制、发布、分发、传输以及改编数据。[2]

---

〔1〕　参见邓琳：《英国公共部门信息再利用研究》，长安大学 2015 年硕士学位论文。
〔2〕　参见完颜邓邓、陶成煦：《国外政府数据分类分级授权协议及对我国的建议》，载《图书情报工作》2021 年第 3 期。

5. 公共数据开放主体与格局

政府数字服务组（Government Digital Service，GDS）作为领导机构，负责协调所有政府部门及民间组织、私营部门、工作小组、多边机构作为执行机构以推进政府数据开放。由内阁办公室牵头成立公共部门透明委员会（Public Sector Transparency Board，PSTB）作为监督政府透明议程的核心部门，负责协同公共部门数据专员和数据专家制定公共部门数据开放的标准，确保所有政府部门在规定期限内发布关键公共数据集。同时在公共部门透明委员会中设立隐私保护专家，参照内阁办公室制定的《个人隐私影响评估手册》。政府数字服务组负责编制《公共数据原则》，要求各部门参照制定"开放数据战略"并发布数据集。众议院负责修订《自由保护法》，要求各部门必须以可机读方式发布数据，并对开放数据的版权许可、收费等方面进行规定。由内阁办公室建立"数据发布基金"（Release of Data Fund，RDF），依据开放数据用户小组（Open Data User Group，ODUG）采集的数据开放和再利用用户的意见和诉求，资助希望改进数据发布的机构。商业、创新与技能部（Department for Business，Innovation & Skills，BIS）（现为商业、能源和工业战略部，BEIS）负责建立"开放数据突破基金"（Open Data Breakthrough Fund，ODBF），帮助各级政府解决开放数据中面临的资金短缺问题。由商业创新技能部下的数据战略委员会（Data Strategy Board，DSB）负责组建开放数据研究所（Open Data Institute，ODI），为公共部门、学术机构和创业企业使用开放数据提供"孵化环境"。英国政府原先准备成立一个独立的数据实体，即"公共数据法人"，后来为区分数据提供者及客户的不同功能，在数据战略委员会下设了公共数据组。[1]

6. 公共数据开放的配套机制

英国在 2020 年《国家数据战略》中提到，要转变政府数据使用方式，提高效率、改善公共服务，就需要由中心首席数据官进行领导，与更广泛的公共部门进行互通互联，并且提升中央和地方政府的数据和数据科学能力，提高领导者与各级工作人员的技能。同时，要让政府接受更严格的审查和问责制度，在推动生产力提高、为人民服务的同时确保数据的安全。

---

[1] 参见李重照、黄璜：《英国政府数据治理的政策与治理结构》，载《电子政务》2019 年第 1 期。

7. 公共数据的产权性质

2000 年《信息自由法》将公共机构所发布的可供重复使用的数据集或数据集中的一部分信息作为版权作品来规制，即公共机构是该版权作品的唯一所有者。在申请人申请重复使用相关版权作品时，公共机构按照许可证的条款进行发布，并可通过法规规定收取费用。而从公民权利的角度来看，2009 年《迈向第一线：更聪明的政府》中提到，公共部门在运行和提供服务过程中会产生许多非个人的公共数据，在数据收集过程中，纳税人已经支付了费用，因此有权利免费获取这些信息[1]，由此基本确立公共数据默认开放的原则。

8. 公共数据的安全

英国在大力开放公共信息和数据时，也注重个人、机密、商业敏感和第三方数据的保护，其所有相关政策文件和法律法规都包含了个人数据保护与数据安全的内容。如在 2015 年《公共部门信息再利用条例》中就规定，本条例不适用于（a）根据信息访问立法排除或限制访问的文件，包括以保护个人数据、保护国家安全、国防或公共安全、统计机密或商业机密（包括商业、专业或公司机密）为由的文件；或（b）文档的任何部分-（i）根据信息获取立法可以访问；以及（ii）包含个人数据，其中的重复使用不符合有关保护个人处理个人数据的法律。在《开放数据白皮书》第三章中也提到政府正建立公众对所发布的数据的信任，任命一名个人隐私保护专家加入公共部门透明委员会，在尽可能开放更多公共数据的情况下保护个人隐私和数据，并通过隐私影响评估来应对披露风险。除了以上法律法规和政府文件外，《自由保护法》《环境信息条例》《英国政府许可框架》等都囊括了关于个人隐私保护和国家安全的规定。

9. 政务数据与社会数据的融合

英国政府认为各部门应积极鼓励开放其数据，包括与企业合作。涉及的部门：（1）开放数据研究所：通过与公共部门、私营部门及学术界的合作来协同开放公共部门的信息，组织和构建开放数据市场，促进公共部门利用公共部门信息，指导企业更好地对所发布的数据进行开发利用，实现开放数据

---

〔1〕 参见黄如花、刘龙：《英国政府数据开放的政策法规保障及对我国的启示》，载《图书与情报》2017 年第 1 期。

的社会和经济价值。（2）公共数据组：包括英国工商局、地震局、气象局和地形测量局等成员，这些机构各自拥有庞大的且质量较高的数据，且大部分都已作为开放数据对外发布。

10. 立法层级与方向

在立法方面，英国政府负责针对相关内容进行提案，议会审议并通过政府的提案后形成法律，立法层级包括法案/法令（Act）以及条例/规章（Regulation），各地也有自己的地方法规。同时，英国政府颁布大量的数据开放政策，基本上都以行动计划、战略计划、白皮书等政府文件为主，主要针对政府数据、公共数据的开放共享，将透明度作为政府议程的核心，提升公共服务质量，并且进一步推动公共数据的开发利用，释放公共数据潜能，实现开放数据的经济和社会价值。

（二）法国

1. 法国公共数据开放相关政策与法律法规

2017 年 5 月，在万维网基金会发布的第 4 版《开放数据晴雨表》中，法国位列世界第三。法国一直以来都持续推动开放政府和公共数据，2011 年，法国实施了免费发布开放数据政策，建立了开放数据门户网站 www. data. gouv. fr。2013 年，法国和其他七国共同签订了《开放数据宪章》，同时发布了《G8 开放公共数据宪章：法国行动计划》，逐步实现默认的公共数据开放。随后法国还发布了《开放数据手册》以及一系列的国家行动计划，在开放政府伙伴关系同盟（OGP）中发挥了重要作用。除了完备的政策体系之外，法国针对获取行政文件与重复利用公共信息、开放数据访问等方面进行了一系列立法，拥有坚实的法律法规保障基础，这些促使其成为全球开放数据领域的领先标杆之一。

表 6-6　法国公共数据开放相关政策

时间	政府文件	相关内容
2013 年	《G8 开放公共数据宪章：法国行动计划》	逐步实现默认的公共数据开放，规定所有公民有权免费重复使用公共数据，或严格监督使用公共数据的费用。公布了开放的高潜力数据、公共数据开放共享路线图、开放公共数据的商业模式报告以及开放政策指南。

续表

时间	政府文件	相关内容
2018 年	《促进透明和协作的公共行动：2018－2020 法国国家行动计划》	越来越多地主动开放公共数据。公布了路线图的细节，如指定部门数据管理员、出版开放公共数据的使用指南、评估公共数据开放影响等，使得公共数据的开放更加有效。
2019 年	《开放数据：专门介绍文化公共数据的实用指南》	法国文化部关于开放文化公共数据的指南文件。规定了开放数据的基本原理和公共数据再利用的法律制度（《公众与行政部门关系守则》）。

资料来源：www. gouvernement. fr.

表 6-7　法国公共数据开放相关法律法规

时间	法律法规	相关内容
2005 年	第 2005－650 号法令《关于自由查阅行政文件和重用公共信息》	规定政府可以考虑收取收集和制作信息的费用，并在评估费用的基础上，为其投资提供合理的报酬。在支付费用的情况下，重用公共信息会产生许可证的发放。
2011 年	第 2011－194 号法令《设立"Etalab"特派团》	设立"Etalab"特派团，收集和免费提供国家、其公共行政机构的所有公共信息，并协调其他公共行政机构的工作。
2016 年	第 2016－1321 号法律《数字共和国》	扩大行政部门数据的开放数量和范围，使得用户访问更具便捷性，同时提出了"普遍关心的数据"，这些数据可能来自公共机构、私人企业、公共服务团体，这些机构的活动接受了国家补贴，条件是能够允许从这些私有数据库中抽取一些信息便于做公共统计，或者有一些强制性的统计调查。[1]

---

〔1〕　参见筱雪等：《法国政府开放数据发展现状及启示研究》，载《现代情报》2017 年第 7 期。

续表

时间	法律法规	相关内容
2021 年	《公众与行政部门关系守则》	规定了再利用公共信息的范围，并设立免费重用的许可证，包括"开放许可证"和"开放数据库许可证"。还规定了公共信息再利用原则上免费，但也可收取费用，其不得超过与收集、制作、向公众提供或传播其公共信息有关的费用总额。

资料来源：www.legifrance.gouv.fr

2. 公共数据的内涵外延

定义层面，2013 年《G8 开放公共数据宪章：法国行动计划》中"开放公共数据的法律框架"明确了"公共数据"的定义：……行政机关在执行公共服务任务过程中制作或收到的、由行政机关公布的或可向任何请求者传播的信息或数据。2019 年的《开放数据：专门介绍文化公共数据的实用指南》以及其他相关文件进一步细化了该定义：国家、地方当局和任何受委托承担公共服务任务的法人在其公共服务范围内制作或收到的行政文件所包含的信息，无论其日期、储存地点、形式或媒介。

分级分类层面，《G8 开放公共数据宪章：法国行动计划》的附件 1 中罗列了"高潜力数据工作领域"：犯罪与司法、文化、国际发展、教育、环境、财务和采购、流动性、社会保护和就业、地球观测、问责制、透明度、民主、健康、科学与研究、运输和基础设施。

形式层面，公共数据将以可自由获取、可重用、机器可读的形式发布，可通过 www.data.gouv.fr 网站获取，提供 csv、json、shp、zip、xls、html、pdf 等 20 种下载格式。

3. 公共数据开放途径与模式

以默认开放为原则。2013 年之前，法国中央政府的 13 个部门开放的 96 类数据都需付费，且收费模式各不相同，导致公众数据获取成本太大。2012 年底和 2013 年初，总理规定将免费提供公共数据作为默认原则，严格监督重新使用公共数据的费用，并且考虑运营商商业模式的变化。《公众与行政部门关系守则》规定自由再利用为原则、收费为例外，2019 年文化部《开放数据指南》重申这一原则，并规定只有在两种情况下可以被授权收费：一是当行政部门被要求支付有关的大部分费用履行其公共服务使命（至少25%），二是当再使用涉及从数字化中产生的信息，即对包括大学图书馆、博物馆和档案馆在内的图书馆的藏品和收藏进行数字化，并酌情对与之相关的信息进行数字化。如果可以收费，其定价由法律规定：收费总额不超过收集、制作、提供或传播、保存和获取的总成本。

4. 公共数据开放许可

公共数据根据开放许可证提供，允许对数据进行复制、再分配、改编和商业利用，与国外的开放数据许可证标准兼容，特别是英国政府的许可和其他国际标准。

5. 公共数据再利用模式

在公共信息商业化方面，Etalab 和 SGMAP（公共行动现代化秘书处）将支持那些将公共信息商业化的行政部门发展其商业模式。事实上，尊重公民免费获取可重复使用的公共数据的原则并不妨碍设计高附加值服务的货币化战略或创建平台。另外，法国文化部曾提出多种政府开放数据项目的运作模式，如公私合作制、众筹、赞助等。还有一种开放数据再利用市场化运作的模式——"Freemium 商业模式"，即"用免费服务吸引用户，然后通过增值服务，将部分免费用户转化为收费用户，实现网站的收入"。[1]

6. 特许权

2016 年《数字共和国》还规定了特许权制度：特许方以电子形式以开放标准向特许权人提供与公共服务运作有关收集或制作的数据和数据库，特许权人可以自由提取、利用这些数据，特别是免费或收费地提供这些数据和数据库。

7. 公共数据的分级管理

法国也采用分级分类授权协议方式对数据进行分级管理。2016 年《数字共和国》中规定要创建一个确定的授权协议清单，清单既包括适用于公共信息（数据、文档等）的授权许可，还包括适用于政府主管部门软件源代码的授权许可。公共信息采用的是开放许可和开放数据许可（ODC），其中，开放

---

〔1〕 张靖编译：《法国探索公共数据开放良性发展新模式》，载《中国电子报》2014 年 8 月 5日，第 4 版。

许可的对象是《公众与行政部门关系法》所规定的行政部门提供或公布的任何公共数据以及根据本许可证提供的任何数据,允许以商业或非商业目的,非排他性地免费复制、修改、提取、转换、传播、分发数据以及创建派生数据;开放数据库许可的对象是受版权保护的数据库,允许以商业或非商业目的、任何手段、形式非排他性地免费分发、传播、展示、提供、演示数据库或创建派生数据库。[1]

8. 公共数据开放主体与格局

数据生产发布者包括国家行政机关(总理府、内阁、部委等),地方行政机构和公共团体,公共设施法人(法国电力集团、法国国家铁路公司等国有企业,及卢浮宫、蓬皮杜艺术中心等机构),委托承担公共服务的私人团体(公司、协会、银行等)。[2]

9. 公共数据开放的配套机制

首席数据官、数据管理员机制。2015 年法国设立首席数据官,是最早设立国家首席数据官制度的国家之一。同时,法国还积极推进数据管理员制度,在每个部指定一名部级数据管理员,与总秘书处一起指导其部内与数据政策有关的行动,如绘制现有的和已利用的数据清单,确定该部范围内的参考数据,数据的流通(API 战略,参与开放公共数据的国家政策,保护个人数据,数据匿名化或假名化项目),为该部门的需要利用数据(尤其是通过使用数据科学和人工智能)。总数据管理员将负责领导部级数据管理员网络,以促进经验的分享和部际资源的汇集(建立 API、数据共享平台、匿名化等)。还负责支持实施默认开放数据的原则,帮助行政部门履行《数字共和国》规定的义务(包括默认开放数据的原则),与部级数据管理员网络一起,与再使用者一起,制作一套资源(实用指南、代理人培训)。

开放数据影响评价。除此之外,还建立了开放公共数据影响评价机制,包括组织学习日了解开放公共数据的影响,用开发工具(指标、数据科学等)来衡量开放的公共数据对经济、民主生活的影响,并建立国际工作组交流其他国家的经验。

---

〔1〕 参见完颜邓邓、陶成煦:《国外政府数据分类分级授权协议及对我国的建议》,载《图书情报工作》2021 年第 3 期。

〔2〕 参见筱雪等:《法国政府开放数据发展现状及启示研究》,载《现代情报》2017 年第 7 期。

10. 公共数据的安全

法国在大力开放公共信息和数据时，也明确规定公开的信息和数据不涉及提名信息、个人信息和受法律机密保护的信息（如国防机密、商业秘密），除非法律或法规另有规定。如在 2016 年《数字共和国》中就规定，除非立法另有规定，或者有关人员已表示同意，如果 L. 312-1 或 L. 312-1-1 条中提及的文件和数据包含个人数据，只有在处理完毕后才能公开这些资料。2019 年《开放数据指南》也提到：以下数据被排除在公开范围之外：包含在第三方拥有知识产权的文件中；含有个人数据（某些例外）；可能影响公民的隐私。可能损害国家主权活动、普遍利益或受法律保护的秘密，特别是商业和工业秘密的秘密，除非该秘密所涵盖的信息被压制。

11. 政务数据与社会数据的融合

法国政府倡导与公民和社会协商，共同构建开放数据政策。为了鼓励开放战略性和高质量的数据，Etalab 工作组曾多次组织专题和公开辩论，以确定和发布关于多个主题的新数据集。2016 年《数字共和国》提出"普遍关心的数据"概念，这些数据可能来自公共机构，也可能来自私人企业、公共服务团体，这些机构的活动接受了国家补贴，条件是能够允许从这些私有数据库中抽取一些信息便于做公共统计，或者有一些强制性的统计调查。

12. 立法层级与方向

在立法方面，法律草案的创议权属于总理和议会议员。总理有权代表政府提出法律草案，议会议员也有提案权，草案先通过有关部门征求意见后在部长会议上讨论通过形成法案，最后交由议会备案。公共信息和数据开放的立法层级包括法律、行政法规性规范（法令、总统令或总理令、中央政府部委条例等）。在政策方面，法国政府主要针对改善政府民主性，不仅要求政府数据透明化，还强调与民众的对话和互动，政府应更乐于接受新观点；增强政府行为效率，提高政府现代化程度；为社会和经济创新提供新的资源，共享数据的用户在这种新的服务模式中获得更高的经济和社会价值。[1]

---

〔1〕 参见筱雪等：《法国政府开放数据发展现状及启示研究》，载《现代情报》2017 年第 7 期。

（三）德国与日本

1. 德国公共数据利用的相关法案

与日本相比，德国作为法制较为完善的国家之一，在《德国基本法》第5条第1款和第17条中阐述了公民的言论、信息自由权和请愿权，明确了政府义务和公民权利，也从根本上构成了德国政府信息公开制度的基本宪法依据。早在2000年，德国就发布了《2005年联邦政府在线计划》，要求联邦政府到2005年将所有可在网上提供的服务在线提供给公众。2003年6月，德国推出了整合电子政务的"德国在线"计划，加强基础数据库和地方数据库建设力度，整合集成大量分散的信息资源，以公众需求为导向，为公众提供更便捷的数据服务。在2003年颁布的《电子政府法》中，强调行政机关必须提供机器可读的政府数据，并鼓励民间使用。接下来，于2004年、2006年陆续颁布了《环境信息法》和《信息自由法》，在法律上落实了公民从联邦政府、行政机关获取环境信息以及其他公务信息的权利。

德国为了落实欧盟2013年指令和履行2013年加入的《G8开放数据宪章》的承诺，于2014年公布了"数字行政2020"计划并制订了《德国执行G8开放数据宪章的国家行动计划》。从德国立法和学界的讨论看，该国数据开放分为两步：一是落实联邦《信息自由法》的规定，继续消除公民获取国家信息时的法律障碍，二是落实如何再利用从公权力机关处获取的数据。德国需要根据欧盟2013年指令修改2006年颁布的《信息再利用法》（IWG）。

为了进一步推进开放数据的进程，2017年，联邦政府首次通过《电子政务法》（EGovG）第12a条，规定了直接联邦行政当局提供开放数据的义务，以建立统一的法律框架以开放数据。自2018年7月13日起，这些当局不得不通过国家元数据门户网站GovData向所有人免费提供未经处理的机器可读数据。第二项开放数据法案将这一义务扩展到间接联邦政府的所有当局。在德国，直接的联邦行政机构包括联邦各部、联邦办公室等最高联邦当局、航运当局等联邦机构和主要海关等地方当局，间接联邦行政是由公法下的法人实体，特别是公法下的公司、基金会和机构进行，这一法案扩大了数据开放的主体。

2021年1月27日，联邦政府还发布了《联邦开放数据战略》，明确接下来的使德国成为欧洲创新使用数据和数据共享的先驱的战略目标，指明接下来将从使数据基础设施有效和可持续、加强对数据的创新和负责任的使用、发展数据能力和建立数据文化以及让国家成为开拓者四个行动领域开展具体措施。另外，在政府数据战略的关键基础之上，《联邦开放数据战略》在基础设施、数据利用和能力三个领域进一步落实了使国家成为开放数据开拓者的一揽子具体措施，明确了将开放数据视为德国创新背后的关键驱动力的目标。

2. 日本公共数据利用的相关法案

日本关于开放数据的发展相对于欧美国家来说比较缓慢，早在 2011 年之前就有《行政机关信息公开法》和《法人行政机关等持有的信息公开法》规范行政机关、法人行政机关公开行政文件的行为，对公开范围作出了豁免的限制和公开费用的要求，但公开范围仅限于政府行政数据，且受到政府行政程序和费用的制约。此后，政府也在推动在各部委和机构的网站上提供电子信息。2011 年的日本大地震促进了其数据开放的进程，在海外积极推动数据开放的国际大环境下以及灾后重建对数据系统的迫切需要和国内技术环境成熟、对数据利用的内需推动下，日本政府开始重视数据开放并采取行动。

2012 年 7 月，高度信息通信技术社会发展战略本部（简称 IT 战略综合本部）颁布《电子政务开放数据战略》，指出公共数据是公众共享的财产，希望促进公共数据利用来改善人们生活、振兴企业活动以促进日本经济整体发展。该战略作为促进数据开放的基础战略，还描述了开放数据的基本原则，以及政府在推动并推广到法人行政机构、地方公共组织、公益公司等要做出的努力，拉开了构建开放数据体系的序幕。

2013 年 6 月，IT 战略综合本部办公室颁布了《关于成为世界上最先进的 IT 国家的宣言》，将开放数据作为创造新业务、新服务和创新的手段，并指出数据的公开发布应是总原则。此后制定了《推进电子政务开放数据路线图》，综合整理了要处理的内容，将白皮书、防灾/减灾信息、地理空间信息、人员流动信息、预算/结算/采购信息作为优先考虑公开的领域。在签订《G8 开放数据宪章》之后，制定了相应的《宪章计划》，对数据开放工作作出了 6 个承诺。针对地方政府的数据开放工作先后颁布了《推进地方政府数据开放指引》和《日本政府标准使用条款》来作出具体指引并标准化各部门主页使用规则和许可规范。

2015 年 6 月《走向新的数据开放》指出，在利用数据的前提下，将开放数据的利用嵌入解决问题之中，使得日本数据开放进入新的阶段，从以数据公开为中心，到以利用数据解决问题为导向。

2016 年 12 月《推动公私部门数据利用基本法》将数据开放的主体扩大到私人部门，从法律层面规定和指导公共部门、地方团体和私人企业通过数据开放使国民对其所拥有的公私部门数据加以充分利用。2017 年 5 月《开放数据指南》总结了开放数据的定义、开放原则、平台、数据形式等，指出了国家政府、地方政府和企业未来开展公共数据公开和利用工作的基本指导方针。

此后，2017 年 5 月颁布的《世界上最先进的 IT 国家创造宣言–公私数据利用促进基本方案》决定明确了到 2020 年地方政府数据开放主动率 100% 的目标。2019 年 12 月，日本内阁会议决定通过《数字政府实施计划》，提出到 2025 年建立一个使国民能够充分享受信息技术便利的数字化社会，并将开放数据作为其中的重要一环加以强调。

3. 日德关于公共数据利用的做法对比

从具体的开放数据界定上来看，数据开放的进程基本都是从日本和德国政府主体出发，从政府公开行政文件到通过立法对公民获取政府行政文件、数据的权利加以确认。日本将开放数据定义为中央政府、地方自治体和企业持有的公私数据中，以（1）不分商业或非商业目的，适用可二次使用规则的，（2）适合机器阅读，（3）可免费使用的形式发布的数据，以便任何人都可以通过互联网等轻松使用（处理、编辑、重新分发等）的数据。相比之下，德国《德国执行 G8 开放数据宪章的国家行动计划》将开放数据仅限于开放政府数据，虽然范围加以限制，但定义更加模糊，认为"开放（政府）数据"一词是指现有的数据集合，通常以原始数据的形式公开发布，以供重复使用和进一步分发。开放数据不包括受保护或与安全相关的数据。这一定义在《联邦开放数据战略》中作出了战略意义上的进一步规定：（1）当局自行收集数据或由第三方收集数据，（2）通过公共网络免费访问，（3）机器可读，（4）非个人，（5）可自由使用，（6）没有与安全相关的信息。

从数据开放原则看，日德两国都对开放的数据进行了豁免的例外规定，避免数据的开放会侵害到个人权益、国家利益、公共安全等。在具体豁免范围上，德国规定的更加具体，认为当信息的披露可能对国际关系、经济政策、司法公正、刑案调查、审议机密、资源保护产生不利影响，可能侵害国家安全、公共利益、个人隐私以及知识产权时，不应予以公开。日本则概括性规定了公开的数据不得侵害国家和公共安全、个人隐私以及公司和个人权益。

表 6-8 日德对比

数据公开豁免范围	国家安全	国际关系	司法平等	个人隐私	刑案调查	经济政策	资源保护	商业秘密	知识产权	公共利益	审议机密
日本	√	√		√				√	√	√	√
德国	√	√	√	√	√	√	√	√	√	√	√

而在公开的规则上，日本规定的更加详细，包括（1）政府数据公开原则：作为公开数据公开，但个人信息、国家和公共安全信息以及可能损害公司和个人权益的信息则例外。（2）公共数据二次使用规则规定：各省、厅网站上公布的数据，原则上适用日本政府标准使用条款，除因特殊原因不允许二次使用的数据外，可二次使用公共数据。（3）有限公开原则：各部厅持有的所有数据均作为公开数据公开，但也有部分信息因某种原因难以立即公开。如果将目前未公开的数据作为开放数据公开，存在妨碍维护公民生命安全的风险，则需要在公开前权衡影响和风险。从逐步将此类数据转化为开放数据的角度出发，将限制数据的使用目的、范围和去向。

从数据公开的费用上来看，日德两国原则上开放数据供公民免费使用，但日本《开放数据指南》中关于数据披露有偿原则规定，为了使有偿公开的数据也能够像开放数据一样尽可能多地得到利用，对于必须收费来维持运转的机构及其他有偿提供的机构来说，建议从利用廉价且安全的最新技术、增加利用、在利用者负担中提供是否适合社会经济的再探讨三方面降低成本费用。德国《信息自由法》则规定费用和开支可以根据所提供的公共服务类型，在适当考虑所涉及的行政开支的情况下计算费用以保证数据的获取，且联邦内政部有权评估确定相应费用的事实和情况，并通过法定文书确定个人可归属公共服务的收费标准。

（四）欧盟

2020 年 11 月，欧盟通过并颁布了《数据治理法案》（Data Governance Act）（以下简称《法案》），旨在促进由公共部门控制且受他人权力约束的数据流转。《法案》是对欧盟在 2019 年颁布的《公开数据与公共部门信息再使用指令》（Open Data and Re-use of Public Sector Information）（以下简称《指令》）的补充，是欧盟实施《欧洲数据战略》的一项新重要举措。本研究认为伴随全球政务数字化的深入发展，公共部门因执行公共事务持有大量高价值的数据，如何促进这些数据的再使用，对促进数字经济建设具有重要的意义，因此对欧盟《法案》的立法背景、主要内容进行解析，对我国相关政策的制定具有积极的启示意义。

1. 立法背景与需求

公共部门持有的数据具有巨大经济价值。当下，数字技术对社会经济带来了巨大转变，而数据是这一转变的核心。欧盟认为各成员国将不断颁布数据相关的法律，这些法律可能存在不协同性，会加强欧盟单一数字市场的碎片化，有必要在欧盟层面实施举措，破除数据驱动型经济存在的障碍，建立覆盖全欧盟的数据治理框架，协同促进不同部门之间的数据流转。针对此目标，欧盟近五年密集推出促进数据流转的相关政策法规，包括企业间的数据共享，非个人数据的共享，以及开放数据与公共部门信息的共享。此次颁布的《法案》，旨在通过提高数据中介的可信度、加强欧盟数据共享机制以进一步促进公共部门持有数据的再使用。欧盟充分意识到公共部门持有数据对数字经济建设的重要性，在推出激励企业间数据共享的政策之后，相继颁布了《指令》。欧盟认为基于公共预算而产生的数据应服务于社会公共利益，而公共部门应促使其在开展工作中所收集到的数据可以更容易地流转。

公共部门在开展工作中收集到特定种类的数据，包括含商业秘密的数据、受统计保密性约束的数据、受第三方知识产权保护的数据，以及受 GDPR 保护的个人数据等。鉴于该类型数据的敏感性，在促进其流转时应确保他人对数据原有权利得到尊重，这需要技术和法律的支持，但提供技术和法律支撑需要投入大量的时间和知识，导致该类数据的价值未能得到充分利用。据了解，这类数据甚至很少用于研究或创新活动。欧盟在 2019 年颁布的《指令》所规范的数据种类不包括该类数据，虽然欧盟某些成员国已经开始考虑立法来促进该类数据的再使用，但在欧盟层面还没有相关的举措。欧盟试图在不授予、修改或移除数据准入和数据使用的实质权利基础上，进一步促进该类敏感数据的再使用。

由于《法案》涉及不同类型的数据中间商以及对个人和非个人数据的处理，因此该《法案》与其他关于数据保护的法案之间存在竞合，与其他数据相关的法律具有逻辑性上的一致性。欧盟试图通过《法案》，协同 GDPR 以及电子隐私指令，为个人数据保护与数据流转提供夯实且可信的法律框架，也为世界提供参考。

2. 特定种类数据的再使用

本《法案》中的公共部门是指国家、地区或地方政府机构，受公法管辖的机构、由一个或多个政府机构成立的协会等。其中受公法管辖的机构具有如下特征：首先，机构的设立是为了满足大众利益的特定需求且没有工业或商业性质；其次，具有法人资格；最后，由国家、地区或地方政府财政资助；或受国家、地区或地方政府机构管辖；或行政、管理、监管部门的一半成员以上由国家、地区或地方政府任命；或受公法管制的其他机构。本法案中的数据是指公共部门持有但同时受商业秘密保护、统计保密性约束、第三方知识产权以及个人信息保护的数据。本《法案》所指的数据不包括事业单位持有的数据，文化和教育机构持有的数据，受国家安全、国防以及公共安全等原因不能公开的数据、公共服务广播和下属单位所持有的数据，以及法律规定的公共部门在提供非公共服务时所获得的数据。

本《法案》针对该类数据再使用规定如下：

（1）禁止签署排他性协议。《法案》规定应禁止公共部门机构与合作方签署数据再使用的独占性协议或限制第三方再使用数据的协议，除非排他性协议的签署是出于公共利益的需求或欧盟和成员国法律规定的特定服务提供的特许协议。非以上情况，公共部门持有数据再使用应秉承透明、公平和非歧视原则。如必须签署数据再使用排他性合同，期限不应超过 3 年。协议缔结的期限应与独占期一致。签署排他性协议的原因应透明、公开。如不满足签署排他性协议的要求，但排他性协议在《法案》生效前已缔结，应在协议实施期结束时终止数据排他性使用。但在任何情况下，协议在《法案》生效以后 3 年内必须终止。

（2）数据再使用的条件必须遵循非歧视、成比例、目的合理、不应损害竞争等原则。公共部门机构有权核实数据再利用者对数据的处理结果，有权禁止数据使用者使用危害第三方权益的数据处理结果。公共部门应支持数据再使用者获得数据主体的同意或其他权利受影响的法人的同意。数据再使用不应与数据本身的知识产权冲突。

（3）数据再使用费用的收取。公共部门可以向数据再使用者收取一定的费用。费用的收取应秉承非歧视、成比例、目的合理以及不限制竞争等原则。应确保费用可以线上支付，无论支付服务提供商的企业地址、支付设备的经销地址以及支付账户地址位于欧盟境内何地，应平等对待。公共部门还应激励数据的非商业使用以及中小企业对数据的再使用。公共部门应公布数据再使用成本的主要类型以及分配规则。

（4）成立主管机构。成员国应指定一个或多个主管机构支持公共部门授权数据再使用。主管机构应提供支持，包括提供技术支持保证授权数据再使用是在安全的环境中处理的，提供技术支持确保数据再使用时数据主体隐私可以得到充分保护等。

（5）成立单个信息联络处。会员国应确保可通过一个信息联络处获得符合数据再使用条件和费用的所有相关信息。单个信息联络处在收到本《法案》规定的数据种类的重复使用请求之后，应转交给相关公共部门主管机构，单个信息联络处应通过电子方式注册数据来源，包括描述数据性质的相关信息。公共部门主管机构应在 2 个月内对请求作出批准或拒绝重复使用决定。任何受公共部门机构或主管机构决定影响的自然人或法人，应有权寻求有效的司法救济措施。

3. 促进数据共享服务

数据共享服务提供是指为数据持有人和潜在数据使用者之间提供中介服务，包括提供技术或其他手段、创建平台促成数据共享或双边及多边数据交换，或提供特定基础设施连接数据持有者和数据使用者。数据共享服务提供还包括为数据主体与潜在数据使用者之间提供中介服务，提供数据合作社服务等。数据共享服务提供商应向主管机构提交以下信息：数据共享服务商的名称、法律身份和注册号、主要营业地和分支机构地址、网站及网站上载明的服务商及相关活动信息、联系人和联系方式、服务类型、服务提供的预期日期及成员国等。主管部门应在 1 周之内确认服务商已提交规定的信息，并应立即通过电子方式将每份通知转发给成员国的国家主管当局。另外，提供数据共享服务应符合以下条件：（1）服务商不得将数据用于其他目的，从提供数据共享服务中收集的元数据只能用于该服务的开发；（2）服务商应确保公平对待数据持有人和数据使用者；（3）按照欧盟或国际或欧洲标准转换数据格式进行数据传输；（4）应确保数据存储和传输的安全性，维护市场竞争规则。

4. 促进数据的公益性使用

（1）主管部门应对已经认可的数据公益组织进行登记。数据公益组织应为以非营利为基础的独立法人。数据公益组织应包含以下信息：名称、法律身份和注册号、章程（如适用）、主要收入来源、欧盟境内主营机构和分支机构地址、网站、联系人和联系方式、数据收集的目的。

（2）加入数据公益组织的实体均应保留完整和准确的记录，加入数据公益组织的实体均应保留完整和准确的记录，包括：所有可能处理该实体持有数据的自然人或法人、数据处理日期或持续时间、处理数据的目的以及应支付的费用。

（3）加入数据公益组织的实体应撰写年报，并转交给国家主管部门。年报应包括以下内容：有关实体活动的信息、数据处理的目的和方式、使用数据的所有自然人和法人清单，实体收入来源，特别是数据使用的开支信息。

（4）需要确保数据主体和法人对数据的权利得到保障。加入数据公益组织的实体应以简单易懂的方式通知数据持有人，数据使用是出于公共利益。

（5）成立注册主管部门。每个成员国应指定一个或多个主管部门，负责登记认可的数据公益组织，监管合规情况。成员国应通知欧盟委员会本国所指定的机构。主管部门负责监管加入数据公益组织的实体是否合规，有权要求实体提供合规审查需要的相关信息。如发现存在问题，应及时通知实体并给予实体在一定期限内陈述自己观点的机会。主管机构在发现违法时有权要求立即或在有限时间内停止，并采取适当且成比例的措施确保合规。主管部门应与数据保护部门合作执行任务。

5. 救济措施

自然人和法人有权向相关国家主管部门提出投诉，主管部门应将处理的进展情况和作出的决定通知申诉人，并告知申诉人如果对决策不满，有权寻求有效司法补救。如果主管部门对投诉未做处理，申诉人可以直接寻求司法救济。

6. 建立欧盟数据创新委员会

以专家组的形式成立欧盟数据创新委员会，由所有成员国主管当局的代表、欧洲数据保护委员会、欧盟委员会，相关数据空间以及特定领域的主管部门代表组成，委员会应邀请利益相关者和相关第三方参加委员会会议及其工作。

7. 对我国的若干启示

为进一步推进欧盟数据战略，赋能数字经济建设，欧盟近年来密集型推出针对不同种类数据的共享政策，不断扩大数据共享的主体，将数据共享主体从企业扩大到政府，数据类型从非个人数据扩展到受第三方权利约束的数据。欧盟充分意识到自己在消费者数据市场发展落后于中美，并试图在数据治理的规则制定层面获得制高点，为全球数据治理政策制定提供指引。近年来，我国公共部门政务电子化程度不断提高，在服务工作开展中收集和产生了大量的数据，虽然我国也制定了相关法律和政策促进公共数据开放，但在精细化和实操性方面还与欧盟存在一定的差距。这导致我国公共部门数据的价值未得到充分利用，对我国未来数字经济的可持续发展将形成制度上的制约。欧盟作为电子政务和数据共享开放的先行者，在相关制度设计、管理体系、安全技术等方面遭遇的问题、困难及有效应对经验，对我国相关政策制定具有积极的参考价值。

第一，建立公共部门数据市场化配置机制，有效规制数据垄断。纵观全球，数据驱动型平台企业出现了高度垄断形态，为了进一步巩固和加强市场支配地位，垄断企业会实施限制竞争行为，这些行为的本质实际上是通过封锁数据来实现市场支配地位的巩固或加强。在高度垄断的数据市场环境下，中小微企业和市场新进入者很难准入数据，破坏了数据生态系统，损害了个人和竞争者的合法利益，甚至对国家安全构成威胁。因此，构建数据治理体系，促进数据准入是规制垄断平台的有力措施。这一方面需要强制垄断者开放数据，另一方面还需思考如何整合和开放其他闲置数据，其中包括公共数据。我国公共部门在提供服务时持有大量高经济价值和社会价值的数据，随着数字化进程的推进，在未来还将持有更多的高价值数据。对公共数据进行市场化配置可以构建"多主体""多流向"的数据共享机制，协同政府、企业和社会资源，避免有限资源的重复浪费。另外，公共数据市场化配置还可以促进中小企业能够以较低成本准入数据，提供服务与数据垄断者展开有效竞争，达到规制数据垄断的目标。

第二，建立公共数据分类分级管理机制，有效促进数据安全保护。在我国数字经济建设和数字政府建设过程中，公共数据进行大规模的整合，涉及公民、企业、政府部门、社会组织等领域的个人敏感信息和重要数据，甚至涉及国家战略数据，在整个国民经济和国家安全战略体系中的地位日益凸显。

公共数据作为重要资产，在成为发展新变量的同时，也面临严峻的安全挑战。因此，要高度警惕公共数据在市场化配置过程中的安全风险问题。这类公共数据一旦泄露，可能致使个人隐私曝光、企业商业秘密外泄，甚至国家安全受到威胁，这意味着数据主管部门和数据提供者、使用者将承担更大的责任。欧盟作为公共数据开放的先行者，一方面通过制定欧盟数据战略和《通用数据保护条例》（GDPR）建立数据开放信任机制，另一方面依托《网络安全法案》（CSA）、《公开数据与公共部门信息再使用指令》和《数据治理法案》等立法，强化数据开放共享安全，致力于在欧盟内部建立安全、高效的公共数据开放体系。我国在对公共数据市场化配置时，公共数据的安全域会发生变化，数据会跨越不同组织、机构、层级的安全域使用。因此，应充分意识到数据安全风险，加强公共数据安全保护，建立分类分级管理机制。

基于公共数据开放程度的视角，应将公共数据至少分为三大类：（1）可以开放且不受其他权利约束的数据。（2）可以开放但受其他权利约束的数据。例如包含了企业商业秘密的数据、受《个人信息保护法》约束的个人数据、受《知识产权法》规制的数据、受《数据安全法》约束的数据等。（3）不可公开的数据。例如，受国家安全、国防以及公共安全等原因不能公开的数据以及法律规定的公共部门在提供非公共服务时所获得的数据。针对不同类别的数据，应结合数据用途、用户需求、数据成本和数据安全风险等因素，对不同级别的数据采取差异化安全管控措施。对不能开放的数据不应进行市场化配置。对可开放但是受其他权利约束的数据，应不影响其他权利主体的合法权益，在不授予、修改或移除数据准入和数据使用的实质权利基础上，进行市场化配置。

第三，建立健全数据公平交易机制，规制基于公共数据的行政垄断行为。对公共数据进行市场化配置时，公共数据的业务流程和应用场景不断扩展，使用和获取公共数据的群体也不断扩大，致使公共数据交易市场环境会变得越来越复杂。其中，数据主体和数据权属也发生变化。公共部门将从传统的公共服务者变成市场交易主体，需要警惕公共部门利用行政权力和在公共数据市场的支配地位妨碍公平竞争秩序，实施行政垄断行为。因此，应建立公平的公共数据市场交易机制，包括公共数据的定价机制、数据质量评价机制、数据使用评估机制和利益共享机制，以促进公共数据可持续开放。（1）禁止签署排他性协议。应禁止公共部门与交易对象签署数据独占性协议或限制第三方使用数据的协议，除非排他性协议的签署是出于公共利益的需求或我国法律规定的特定服务提供的特许协议，且应公开排他性协议签署的原因。非以上情况，公共部门应秉承透明、公平和非歧视原则参与数据市场交易。如必须签署数据再使用排他性合同，应设定一定的期限，协议期限应与独占期一致。（2）公共数据交易必须遵循非歧视、成比例、目的合理、不应损害竞争等原则。公共部门机构有权核实数据交易对象对数据的处理结果，有权禁止交易对象使用危害第三方权益的数据处理结果。公共部门应支持交易对象获得数据主体的同意或其他权利受影响的法人的同意。（3）建立利益共享机制。公共部门应公布公共数据成本的主要类型、分配规则、交易所得以及收益再分配规则。如果交易的数据涉及受其他权利约束的数据，还应与其他利益主体共享收益。

第四，建立数据公益组织，促进公共数据的公益性使用。虽然公共部门在进行数据交易时应平等对待不同的交易主体，但是由于公共数据的公共属性，和企业数据不同，公共数据市场化配置的核心目标是服务经济和社会发展。因此，应基于社会不同主体的特殊性，有针对性地对特殊群体免费使用或收取较低费用使用公共数据。可以考虑建立数据公益组织，采取会员制，对请求加入数据公益组织的企业或其他实体进行审核，如企业或实体对公共部门数据的使用是出于公益目的，应同意准入和使用公共数据。另外，出于对特定产业发展的需求，还应激励中小企业对数据的使用，对中小企业给予一定优惠，如收费仅限于数据开发的成本。

综上，在数据驱动型平台高度垄断的背景下，随着我国数字经济发展和数字化进程的推进，公共数据市场化配置有利于社会数据资源整合，消除数据孤岛，对平台数据垄断产生积极的规制作用。但是，鉴于公共数据的公共属性和重要性，公共数据开放将面临较大的数据安全风险挑战，应建立分级分类管理机制，加强数据安全保护。同时，随着公共数据主体角色的变化，还应建立相应的公平交易机制，遵循非歧视、成比例、目的合理、不应损害竞争等原则，警惕基于公共数据的行政垄断行为的产生。最后，出于对特定产业发展的需要，还应激励非商业使用和中小企业对数据的使用。

（五）美国

1. 美国公共数据开发利用与立法现状

美国是"开放政府数据运动"（Open Government Data Movement）的积极倡导者和推动者，其政府数据开放开展得较早，水平居于世界前列。美国非常重视政府门户网站建设，为公众搭建良好的政府数据开放平台。早在 1996年建立的网站 Census.gov 就向用户在线提供国民经济和人口方面的数据。1998 年，美国建成第一个开放政府数据重大项目——OpenSecrets.org，就有关竞选的财政数据向公众回应和开放。2004 年，软件设计、开发人员筹建了GovTrack.us 网站，民众可以通过 API 接口搜索、访问国会的立法数据、财务信息及选区的数字地图等。这些与政府数据开放相关网站的建立为社会公众查询、利用其所需要的政府信息提供了便利。由于是分割建设，不可避免存在"数据孤岛"现象，用户获取政府信息依然有障碍。为了解决这些现实问题，经过几年的努力，美国集成开放政府数据门户网站——Data.gov 于 2009年 5 月正式上线运行。与以往政府网站不同的是，Data.gov 力图整合各政府组织提供的数据集，形成一个总的政府数据目录供商业公司和民众查询、使用和进行二次开发等。Data.gov 提供政府数据开放服务的原理和方式为：不直接物理存储各政府机构的开放数据资源，而是采用统一的元数据标准整合各数据集，统一集中至数据目录，并提供数据集的获取、下载链接；依据各数据集的元数据信息，保持数据目录的及时更新。美国 Data.gov 涉及的政府数据开放元数据标准主要分为数据集格式描述标准和数据集内容描述元数据标准。

美国强调公民的"信息自由权"和政府数据的开放获取和利用，并通过制订一系列的法律法规、政策予以保障，经历了从"政府信息公开"到"政府数据开放"的立法演进。早期通过了诸多有关确保公众信息自由和政府信息公开的法律，如《信息自由法》《阳光下的政府法》《强化政府出版署电子信息获取法》《电子政府法案》《政府信息安全改革法》等。信息技术和数据科学的发展、大数据和"互联网+"时代的到来促使美国的政府信息法律规制有了新的拓展：从政府信息公开扩大到政府数据开放，美国政府更加重视政府数据开放方面的法律。2009 年，奥巴马政府发布《透明和开放政府备忘录》和《开放政府指令》，确定开放政府数据的三原则：透明、参与、合作，规定联邦政府在内的各机构要在线发布、公开政府部门的具体信息。2010 年和 2011 年，先后发布 13556 号、13563 号总统令，并签署《开放数据声明》，强调政府机构应该为公众创建开放的信息获取和交流环境，并寻求国际开放合作。2013 年，《政府信息默认为开放和机器可读的行政命令》《开放数据政策：将信息作为资产管理的备忘录》《开放政府合作伙伴——美国第二次开放政府国家行动方案》三部行政法规的通过，进一步突出美国联邦政府要全面开放数据，强调信息的资产价值，明确提出要让公众更加方便地获取政府数据，扩大开放政府合作伙伴等。2015 年，为了保护政府数据开放中的公民隐私权，美国颁布了《电子通信隐私法修正案（2015）》。2016 年，发布《开放政府数据法案》，对美国政府数据开放经验进行总结，并对未来发展趋势预测；为《开放政府数据法》的制订打下基础。2019 年 1 月，美国《开放政府数据法》获得通过，7 月正式实行。《开放政府数据法》作出了新的开放性规定，如确定政府开放数据的审查、质量监管、首席数据官及委员会、报告及评估等制度；要求公开联邦政府数据目录、开发在线存储库等。2019 年底，美国发布《联邦数据战略和 2020 年行动计划》，主要是为了响应国际上人工智能的发展，将人工智能（AI）列入开放数据计划，提出要进一步完善开放政府数据清单。

2. 联邦数据战略行动计划（FDS）

2019 年 6 月 4 日，美国行政和预算管理局（OMB）发布了《联邦数据战略行动计划》（Federal Data Strategy），制定了维护 10 年的远景，联邦政府将促进数据使用来履行义务，服务大众，管理资源，同时保护安全，隐私和保密性。美国联邦数据战略包括了任务申明，10 个操作原则，和一系列 40 个最好的实施办法。美国公共数据战略分为三个级别，包括一般的原则，实施办法以及年度行动计划。年度行动计划主要是识别和优化每年行动相关的步骤，建立在每年的进展基础上，允许集中的、可测的进步，以及改善和调整计划的机会。行动计划还应与联邦政府项目和政策，补充法定要求。每年行动计划由计划构成，这些计划是融合战略中 40 条行为办法中的 1 个或多个。美国公共数据利用与开放的原则和实施细则包括以下内容：

原则包括：（1）伦理治理。包括：①坚持伦理，监控和评估联邦数据行为对公众的意义。设计检查和平衡措施以保护和服务公众利益。②履行义务。开展有效的数据管理和治理。采用合理的数据安全措施，保护个人隐私，坚持所承诺的保密性，确保合适的准入和使用。③阐释清楚联邦数据的目的和使用情况，以获得公众的信任。（2）有意识的设计。①确保相关性。保护数据质量和整体性。②利用现有数据。识别数据需要，通知优先研究和政策问题，再使用数据的可能性以及获取额外数据的需要；③预测未来用途，精心创建数据，考虑他人使用的合适性，再使用计划以及从一开始就建立兼容性。④展示反应能力，随着用户和利益相关方改善数据收集、分析和分布数据的能力。反馈程序是循环的，建立基线、获得支持，合作以及不断完善。（3）学习的文化。证实数据是合适的、准确的、客观的、可准入的、有用的、可被理解的、及时的。①投资学习。通过不断投资数据基础设施和人力资源，促进持续和合作学习数据的文化。②发展数据领导者。通过投资和开发数据价值，为了任务、服务和公共利益培养联邦政府各个层级的劳动力的数据领导力。③实施问责制。分布责任，审计数据行为、数据记录并通过结果学习，做出相应的变化。

美国在上述原则基础上，又制定了一系列的数据实施准则。美国数据战略的实施要具有足够的广泛性以适应所有联邦机构和涉及所有任务。这些实施办法代表了理想的目标，当全面实现之后，继续挑战和指导机构、实务人员以及政策制定者来改善政府管理数据和开发数据价值的方法。实施细则具体包含以下内容：

第一，塑造数据共同使用的文化。

①识别数据的业务目标。确定机构的关键业务目标以及达成目标所需的数据并确定其优先级。

②评估和平衡不同利益方的需要。识别数据整个生命周期各相关利益方的需要，并让各相关利益方参与，将不同相关利益方的反馈意见融合进机构有限考虑的问题，以最大化创业、创新、经济效益和公共利益。

③促进数据使用。领导者率先示范，将数据融入决策和资源定位来最大化数据在决策、问责以及公共利益中的作用。

④使用数据指导决策。在政策、规划和操作中有效、定期、透明和适当地使用数据来指导决策，共享数据和分析背后缘由。

⑤共享。评估并积极发现数据业务的程序、规定、法律和文化障碍，推动在联邦政府内部不同部门之间与外部的数据共享。

⑥传达数据产生的洞见。使用一系列沟通工具和技术来有效呈现数据洞

见给广泛的用户。

⑦使用数据来塑造问责制度。协同数据操作、规则塑造、实施方案、其他手段帮助理解联邦政府投资的结果，支持决策和规则制定。

⑧监测和响应公众认知。定期评估和解决公众对联邦数据的价值、正确性、客观性和隐私保护以实施战略性改进，推进机构任务和改善公共对联邦数据的规划和潜在使用。

⑨链接不同机构间的业务。建立机构数据业务行为的沟通机制，以促进业务有效性、合作性和协调性。

⑩为利用数据资产提供资源。确保充足的人力和财力资源来支持数据推动机构决策，问责制和能力来推进商业化、创新和公共使用。

第二，治理、管理和保护数据。

①重视数据治理。确保有充足的机构、角色、组织机构、政策和资源到位来支持战略数据资产的管理，维护和使用。

②治理数据应保护保密性和隐私。确保有充足的机构、角色、组织机构、政策和资源到位来提供适当的准入保密数据，同时维护数据信任和保障隐私。

③保护数据的完整性。重视最先进的数据安全，将其作为每个系统信息技术安全行为的一部分，信息系统应及时更新架构和替换以解决隐患，促进创新和利用新技术来维护数据保护。

④注重数据真实性。采用分布式数据集，这样可以发现和证实数据在整个生命周期的真实性，以便查找用户行为的原因。

⑤到期评估。评估机构所有层面的数据能力的有效期限告知战略资源投资的优先度。

⑥数据资产盘点：维护数据资产清单，使其具有充足的完整性、质量、和大体量以促进发现和合作，支持响应关键业务问题和满足各利益方要求。

⑦识别数据资产的价值。根据到期、关键业务问题、利益相关方反馈，以及适当方法明确数据价值以支持决策。

⑧进行长期管理。将数据投资纳入年度资本规划程序和相关培训以确保资金能够有效地利用到数据作为长期战略。

⑨保留数据记录。保留最全面的数据记录，明确质量、效用和出处，支持关键业务问题和满足利益相关方需求。

⑩利用数据标准。创建和实施数据标准，最大化数据质量和数据适用、

准入、共享和兼容性。

⑪与数据管理要求一致。建立合同、许可、合作协议以及其他协议的条款和条件，来对数据进行处理，存储，访问，迁移和部署。

⑫发现机会，克服资源障碍。协调利益相关方，识别共同能够接受的成本回收、共享服务、或者合作机会来促使数据利用，同时保存可用资源来满足用户需要。

⑬允许修正。建立清晰程序来帮助公众查询和修正他们自己的数据，为了符合联邦法律、规定和政策中有关保障隐私、降低不正确数据的潜在损害和促进透明度的要求。

⑭数据妥善存储。保存联邦数据，遵守适用法律，法规，政策，批准的计划和相关任务。

⑮协调联邦数据资产。协调和共享联邦跨部门数据资产，基于共同和相同目标推进进步，履行更广泛的联邦信息需要，降低收集负担。

⑯促进联邦政府、州和本土政府的数据共享。促进联邦政府、州政府以及本土机构之间的数据共享。

第三，促进有效和适当的数据使用。

①提高数据管理和数据分析的能力。通过投资培训、工具、社区和其他机会教育和授权联邦工作人员，拓展关键数据相关活动的能力，如分析和评估，数据管理和隐私保护。

②数据质量标准。支撑决策的数据必须符合时效性、完整性、真实性等质量标准。

③考虑数据再利用。数据收集需要考虑终端使用和用户体验，以及数据具有足够高的质量来满足未来规划的需要。

④沟通数据的规划和潜在使用价值。审查数据收集和使用来更新和改善数据未来规划，通过透明性沟通机制来促进公共信任。

⑤明确传达数据使用。定期使用可描述大数据，提供明确联邦数据的准入和使用限制，明确认知和保障使用知识产权，若需要，传达数据来源，优化数据对相关利益方的价值来最大化适应法律的要求。

⑥利用数据安全链。测试，审查和部署数据链和分析工具，使用安全和隐私保护技术来解决关键业务问题，满足利益相关方需要，同时保护隐私。

⑦促进市场合作机制。促进平等和适当的市场数据引入，以开放和机器

可读的行为，包括政府和市场主体，来满足相关利益方需要，同时降低隐私风险，提升保护保密性。

⑧审查数据开放的风险。审查联邦数据释放给市场主体的风险，确保数据行为符合与适用法律和政策，发布审查结果，促进透明度和公共信任。

⑨促进合作。创建和持续合作收益，促进与商业、学术和其他合作方的创新，来促进业务提升，最大化收益、知识价值和公共利益。

⑩利用购买力。监管需要和系统性利用私营部门对数据资产、服务和基础设施的购买力，促进效率和降低成本。

⑪利用合作计算平台。定期审查和优化现存合作计算平台来最小化平台、最小化成本，提高平台效用。

⑫支持联邦利益相关方。让相关机构参与，共享数据资产的专业知识，促进更广泛使用，改善使用和质量，满足任务要求。

⑬支持非联邦利益相关方。让产业，文化，其他非联邦数据使用者来共享数据资产的专家知识，促进更广泛使用，提高使用性和质量，促进创新和商业化。

3. 美国开放政府数据法案（OGDA）

美国于 2019 年 7 月正式生效实施《开放政府数据法》［Open，Public，Electronic，and Necessary（OPEN）Government Data Act，简称 OGDA］，为美国的政府数据开放做出了创新性规范，提供了更有力的法律保障。该法案旨在通过创建一种愿景，通过默认的方式，尽可能地开放数据。美国开放政府数据法案在界定公共数据时，没有锁定昔日的技术，建立了联邦政府数据开放的最低标准，要求联邦政府使用开放数据来改善决策，通过定期检查来确保问责，在联邦机构建立首席数据官，首席数据官将对数据治理和实施负有责任。其中主要内容包括：

第一，对政府数据开放常见术语予以新的界定。美国《开放政府数据法》是在面临新的数字经济环境和数据战略的背景下产生的，一些术语的内涵和外延发生了一定的变化。因此，法案第一部分的主要内容便是对政府数据开放的重要术语进行新的界定，如数据（Data）、元数据（Metadata）、数据资产（Data Asset）、公共数据资产（Public Data Asset）、开放政府数据资产（Open Government Data Asset）、机器可读（Machine‐readable）、综合数据清单（Comprehensive Data Inventory）、开放许可（Open License）等。

第二，建立政府数据开放例行审查制度和公共利益数据优先制度。《开放政府数据法》规定，联邦政府机构要对政府数据开放开展例行审查，大多数情况下做到将政府数据全面开放，同时与社会公众互动合作，听取其关于政府开放数据的合理建议和质量要求；对涉及国家安全、知识产权风险、个人信息泄露、商业机密等数据，可不向公众开放。另外，法律还规定，对涉及公众公共利益的政府数据，要标注为优先级政府数据资产，优先开放。

第三，建立首席数据官（Chief Data Officer，简称 CDO）及委员会制度，负责政府数据开放。法律规定，联邦各机构需推荐（指定）一名具有丰富数据管理、开发利用和网络维护经验的工作人员担当首席数据官（CDO），负责政府数据开放整个周期的数据管理。此外，由首席数据官、首席信息官（Chief Information Officer，简称 CIO）以及电子政府办公室负责人等组成首席数据官委员会，协同负责政府数据的开放、传播、利用与维护等，并与数据使用用户沟通、交流，评估改进数据利用的新信息技术方案，维护其合法权益。

第四，设立政府数据开放报告与评估制度。以往的政府数据开放缺少评估反馈机制，《开放政府数据法》设立了政府数据开放报告与评估制度。规定首席数据官及委员会每隔一定时限（1 年或 2 年）要将"政府数据开放是否扩展到公共领域、政府数据开放的可利用价值"等情况向美国国土安全委员会、参议院政务部、众议院监督委员会提交正式报告说明；4 年内，联邦审计长应将"首席数据官及委员会是否履行其职责，是否改善联邦政府数据开放工作"予以检查评估，并向美国国会提交正式报告。

第五，公开联邦政府数据目录，开发与维护数据清单。《开放政府数据法》规定应公开联邦数据目录，建立在线开放数据存储库，准确、全面地反映政府数据资产，并及时更新；开发与维护政府开放数据清单，在联邦政府数据目录上公布公共数据资产的介绍和链接。

表6-9　《开放美国政务数据法》的主要内容

法案	公共数据开放
《开放美国政务数据法》	（一）数据种类 1. "公共数据资产"（public data asset）是指由联邦政府持有—— （1）可以向公众发布； （2）已经以开放格式向公众发布，并可通过搜索 Data. gov 或 Data. gov 的任何后续版本查找发现；或者 （3）属于全球公共领域的一部分，在必要时以开放许可的方式发布。 2. "开放政府数据资产"（open government data asset）是指联邦政府持有—— （A）机器可读； （B）以开放格式提供； （C）没有妨碍使用或者再使用的限制； （D）基于标准组织机构制定的基础开放标准。 3. "非公共的数据资产"（nonpublic data asset）——（非公开）（没有提联邦政府维护的数据资产） （1）是指因隐私、安全、保密、监管或者法律规定的其他原因不得向公众提供的数据资产；并且 （2）包括承包人提供的受合同、许可、专利、商标、版权、保密、监管或者其他限制保护的数据。 （二）开放方式 1. 开放许可：对公众免费，不限制复制、出版、发行、传播、引用或改编。 2. 开放政府数据：机构应以机器可读的发布，开放许可的方式开放。 3. 政府持有的公共数据和非公共数据：默认开放，法律没有禁止的，且其实可行的，应默认开放；可以通过开放格式进行开放，也可通过开放许可进行开放；不能以开放许可方式开放的，应视为全球公共领域的一部分进行开放。 4. 数据开放主体都可以与非政府组织、公民、非营利组织、学院和大学、私营和公营公司以及其他机构合作，开发利用机构的公共数据资产的机会，并根据法律和规章为公共和私营部门的创新提供新的机会。 5. 数据开放主体进行数据资产盘点，建立数据库存清单：包括（1）本部门创建，收集，控制，或持有的数据资产情况，（2）项目间共享的数据，（3）部门间共享的数据，（4）明确可以开放的数据（5）明确是否决定开放个人数据资产，是否已经开放个人数据资产；（6）非公共数据资产；（7）开放政府数据资产。最后通过 Data. Gov 平台开放。 （三）数据开放原则： 1. 默认开放原则； 2. 开放时要考虑个人数据资产的保密性；

法案	公共数据开放
	3. 在考虑安全问题时，不但要考虑的单个个人数据的安全问题，还要考虑个人数据与其他数据整合后是否会有安全问题； 4. 免费。

三、公共数据义务开放的权利获益模式

（一）事业部门开放

事业部门的活动分为两部分，分别为公共品提供与公益品提供，由于公共品无法收费、公益品不该收费，因而提供这些产品的事业单位往往也获得较高甚至完全的财政补贴，同时事业部门的盈利指标也是很低的。既然事业单位都是财政补贴，那么它们的数据也应该免费或者边际成本提供给社会。郑磊（2015）认为数据获得的财政支持越高，具有的公共价值越高，其公共属性也就越高，越应该免费开放或以尽可能低的成本收费。

1. 公共品数据开放，公共品的提供并非政府认为公共品必须由政府提供，而是因为市场上无法提供该类产品，而财政补贴的原因在于提供公共品是无法获得维系公共品提供的收益。但是从另外一个角度，如果提供公共品的事业单位能够从公共品中获利，同时并不影响公共品的提供，那么财政补贴并不是事业单位市场化运作的阻碍，反而事业单位如果能够从公共数据市场化中获得收益，这样既保障了公共品的提供，还降低了财政支出，也调动了公共产品提供者的积极性。甚至进一步说，如果这种收益使得公共品提供能够获利，那么政府可以减少甚至退出该产品的提供，而将该产品交予市场提供。例如，公共道路属于公共品性质，但是如果私人部门修建道路后，可以从广告中获得收益，那么既保障了道路的使用，也降低了财政支出。不少政府PPP项目都有类似的思路。

2. 公益品数据开放，提供公益品的部门并非不能够进行营利性的活动，前提是不会影响公益品的提供。例如，博物馆也可以销售文创产品，公园提供付费的娱乐项目等。公益品的提供者获得市场收益，不仅获得了收益，降低了财政支出负担，合适的盈利项目还能够满足不同消费者的需求，提高社

会福利。同时可以激励该部门更好地提供公益品，借此获得更多的收益。公益品数据开放也是一样的逻辑，销售公益品数据并不会影响公益品的提供，反而更会激励提供者提高公益品水平以及自己的数据管理水平，从而获得数量更多、质量更好的数据。

可见，如果以财政支持作为标准，那么不少事业单位与行政部门一样，都是接受完全的财政补贴，但是事业单位与行政部门最大的不同在于事业单位并不具备管理职能。公共品提供是无法收费，而公益品提供是不能收费。尽管事业部门接受较多的财政补贴，并不意味着公共数据应该免费或者边际成本收费，相反应该更多地进行市场化配置，既降低财政支出负担，也提高产品提供水平。同样，以盈利要求作为收费的标准也不合适，既有高的盈利要求的部门可以更高的收费，而低的盈利要求的部门则选择更低水平的收费。原因在于这是一个以果导因的结论，不少事业部门盈利要求很低甚至没有盈利要求，那是因为该事业部门过去缺乏盈利的能力，因而就会面对较低的盈利要求。既然事业部门可以从公共数据上盈利，自然就会导致盈利要求的提高。

那么事业部门的市场化配置是不是完全从自身利益最大化出发？笔者认为可以将事业部门视为两个部门，A 部门运营公共品或公益品项目，B 部门运营增值收费项目。财政补贴或盈利目标多少是取决于 B 部门的情况。而 A 部门则全部属于财政支持，且 A 部门无任何收入，显然公共数据是来源于 A 部门的。

这种情况下 A 部门的决策就属于行政部门决策，因而和前文讨论的逻辑相同。但与行政部门数据开放不同的在于，A 部门并不能将数据直接提供给社会部门，而需要 B 部门进行运营，因此 B 部门应当获得运营收入。

但是 B 部门的运营收入应该受到限制，原因在于如果 A 部门的数据是垄断数据，B 部门也天然获得市场优势，合理的情况是根据投资回报率进行限定。在这种情况下，A 部门尽管依据定价模型定价，但是价格应该低于最优定价，这个价格是 A 部门向 B 部门提供的价格。因为最终面对社会部门的价格要加上 B 部门的运营定价，由于 B 部门的定价是被限定的，因而可以确认 B 部门的加价，这样 A 部门的价格加上 B 部门的价格应为最优基准价格。

存在一种情况，即 B 部门的投入和成本构成，因为不少事业单位的盈利项目是利用了自身的公共资源的，如博物馆销售文创产品，往往是在博物馆内部进行的，但他们并没有将租金付给政府。因而 B 部门的投入成本可能是事业单位与行政单位共摊的，这就意味着 B 部门的收益有一部分要返还给行政部门。与行政部门不同之处在于，政府的降价只能在自身税收里面扣除，而要保障 B 部门基于自身投入和成本支出的收益。由于公共数据开放的边际成本是在 B 部门支出，因而事业部门的公共数据开放价格不应低于边际成本。高出边际成本的部分应保障 B 部门的收益，即扣除 B 部门自身承担的所有成本之外应有合理利润。因为 B 部门并没有社会收益目标，如果 B 部门无法从运营中获得利润，那么 B 部门缺乏承担公共数据运营工作的动力。考虑运营外包与直接选择 B 部门并无差异，因为外包企业同样需要有利润。如果行政部门愿意承担所有的运营工作，那么该数据与行政数据定价决策上无差异。

建议事业部门采用基准定价模型，从而兼顾公平和效率，之所以不采用单独定价模型，原因在于事业部门无能力对购买者进行项目社会效益的审查及后续工作的核实。与政府数据市场化不同还在于事业部门数据可以采用授权运营项目分成的方式，本研究并不建议政府与社会部门采用收益分成的方式在于政府具备管理者角色，无论政府如何定义收益，都容易形成政府股东身份的认知，而且政府也无法直接参与项目的运营。但是事业部门并无这种约束，收益分成可以帮助事业部门获得更高收益，从而降低财政对于事业部门的支出，同时分成比例也可以基于项目的社会收益进行调整，也保证了社会收益的提高。

总体来说，公共品数据和公益品数据市场化配置并无太大差异，较大的差别在于公益品提供可能处于一个竞争市场，如果公益品数据是同类型数据的一部分，公益品数据应当以可参考的市场数据价格为基准价格。如果该类型数据对于数据的完整性有着很高的要求，即一个完成数据集的价值要远高于分散数据集的价值总和，那就意味着公益品数据具备很高的社会效益，那么公益品数据更应该免费开放。但是由于本书并不主张事业部门数据免费开放，因此当面对需要免费开放的情况，行政部门需要自己承担运营工作，如由行政部门直接运营或者给予相应的补贴让事业部门运营。

（二）公共服务部门开放

针对公共服务部门的数据义务开放，不同地方有不同的定义划分方式，如上海市是指"供水、供电、供气、公共交通等"，《贵州省大数据发展应用促进条例》是指提供公共服务的供水、供电、燃气、通信、民航、铁路、道路客运等企业，《安徽省大数据发展条例》指与人民群众利益密切联系的教育、卫生健康、供水、供电、供气、供热、环境保护、公共交通等领域公用企事业单位。《河北省信息化条例（修订）》中包括但不限于邮政、通信、水务、电力、燃气、热力、公共交通、民航、铁路等。总结起来，被视为公共服务部门的企业，表现为它们的产品具备两个特征：（1）重要性，与人民群众利益密切相关；（2）需求范围，产品服务覆盖面很广，几乎所有的民众和部门都有产品需求。

公共服务部门即使不属于自负盈亏单位，至少也存在盈利指标的公共部门，因而目前主要的观点认为这类部门的数据是可以在边际成本以上收费的。但公共服务部门数据市场化的问题并不在于价格问题。

因为公共服务部门已经接近于市场化运作，那么就存在一个疑问，在提倡公共数据开放之前，公共服务部门为什么不自行开放数据，并取得收益？例如，机场和民航很早就与"飞常准"合作，向该公司提供航班数据，这就是一种典型的例子。那么很有可能公共服务部门之前不将数据放入市场进行交易，原因在于它们并不愿意这么做，例如，可能涉及商业秘密或者影响核心竞争力等原因。因此与行政事业部门不一样，公共服务部门的市场化问题不是该不该赚钱，而是愿不愿意的问题。

因此政府首先需要对于公共服务部门的数据集进行评估，设立必须开放数据范围，并进行价格限定。因为政府并不会从数据收益中获得税收，所有收益归于公共服务部门所有，因此价格应当根据对数据集社会效益的评估，决定是在边际成本收费还是限定投资回报率收费。其次对于非必须开放的数据，则交由公共服务部门自行决定市场化形式和价格。如果数据属于垄断数据，同样政府应当进行适当的垄断管制。

本章小结

本章建立在前述数据权利的程序框架基础上，配置公共数据授权运营、交易、义务开放的实体权利。首先，授权运营是公共数据有序向社会开放的重要起步阶段，以技术平台搭建形成数据不离场流通环境，公权力主体采取"一场景一申请""一需求一审核""一模型一审定""一场景一授权"监督被授权主体的数据开发利用行为，保持公共数据的公益属性，因此公共数据应参照公共自然资源行业制度，采取"全民所有，国家所有"的权利模式，公民对公共数据享有所有权，但是需要由公权力机关代理公共数据的开发与挖掘，同时由被授权运营主体通过开发利用公共数据获得不可转移的数据用益权，使其能够从开发利用公共数据的过程中获取利益，从而激发公共数据的社会服务价值。其次，随着公共数据市场化规模逐渐扩大，在授权运营基础上，以数据交易所的模式逐步探索公共数据面向市场的"点对点"交易，进一步发掘公共数据的潜在价值，交易主体可以享有脱敏数据的可转移用益权；另外，如果技术平台发现某类数据被频繁申请开发，并且具有重要的公共服务价值和市场潜力，则为了避免数据的重复开发带来资源浪费，可以由公权力主体对其进行高质量的数据义务开放，并且可以对编纂形成的数据库享有著作权。

结　论

　　本书认为促成数据要素市场，必须重构数据权利理论架构，遂以数据权利理论为研究主线，以现代权利理论和数据治理的实践为双重视角，通过绘制数据权利的知识图谱，明确数据要素流通的研究趋势，厘清数据权利领域的话语体系；经过分析权利的意志理论、利益理论、关系理论的优缺点后，认为数权的重要理论基础为霍菲尔德的关系理论，并且强调权利的关系需要能够容纳价值的协调，塑造各方谈判的空间；公共数据的场景分析进一步验证上述观点，并且明确了数据"发展导向"的倾斜性立法对数据要素流通的重要性，为后续数据权利理论的程序规范和实体规范提供重要的理论基础；但是"发展导向"的数权立法必将面临权利的动态性和不确定性，因此诉诸数据权利的程序规范，以疏解价值冲突、打通信息沟通渠道。根据当前的数据治理的实践以及与法律的契合点，将数据权利程序规范分为五个要素：主体的意志要素通过数据主体的管理再造、业务再造，使得数据权利主体能够理智、中立地作出数据权利相关的决策或改变数据权利的行为；对象要素通过数据分级分类使得边界模糊、范畴不确定的数据对象能够相对可指涉；风险要素通过影响评估机制使得权利能够容纳风险；价值要素通过数据资产评估使数据权利的价值得以表现，构成数据要素级流通的关键环节；效力要素通过技术标准这种具有专业领域性、场景性、利益导向型的"软法"机制，使得数据权利程序诸要素能够具备约束、引导数据有流通利用的作用，成为数据权利认同机制的规范效力基础。最后，建立在前述数据权利的程序框架基础上，配置公共数据授权运营、交易、义务开放的实体权利。首先，授权运营是公共数据有序向社会开放的重要起步阶段，以技术平台搭建形成数据不离场流通环境，公权力主体采取"一场景一申请""一需求一审核""一模型一审定""一场景一授权"监督被授权主体的数据开发利用行为，保持公共数据的公益属性，因此公共数据应参照公共自然资源行业制度，采取"全民所有，国家所有"的权利模式，公民对公共数据享有所有权，但是需要由公权力机关代理公共数据的开发与挖掘，同时由被授权运营主体通过开发利用公共数据获得不可转移的数据用益权，使其能够从开发利用公共数据的过程中获取利益，从而激发公共数据的社会服务价值。其次，随着公共数据市场化规模逐渐扩大，在授权运营基础上，以数据交易所的模式逐步探索公共数据面向市场的"点对点"交易，进一步发掘公共数据的潜在价值，交易主体可以享有脱敏数据的可转移用益权；另外，如果技术平台发现某类数据被频繁申请开发，并且具有重要的公共服务价值和市场潜力，为了避免数据的重复开发带来资源浪费，可以由公权力主体对其进行高质量的数据义务开放，并且可以对编纂形成的数据库享有著作权。

参考文献

一、中文著作类

[1] 李杰、陈超美：《CiteSpace：科技文本挖掘及可视化》，首都经济贸易大学出版社 2017 年版。

[2] 舒国滢：《法学的知识谱系》（中），商务印书馆 2021 年版。

[3] 彭诚信：《现代权利理论研究》，法律出版社 2017 年版。

[4] ［德］萨维尼：《当代罗马法体系 I：法律渊源·制定法解释·法律关系》，朱虎译，中国法制出版社 2010 年版。

[5] ［英］杰里米·边沁：《论一般法律》，毛国权译，上海三联书店 2008 年版。

[6] ［美］霍菲尔德：《基本法律概念》，张书友编译，中国法制出版社 2009 年版。

[7] ［法］蒲鲁东：《什么是所有权》，孙署冰译，商务印书馆 1982 年版。

[8] ［美］克里斯特曼：《财产的神话：走向平等主义的所有权理论》，张绍宗译，广西师范大学出版社 2004 年版。

[9] ［美］亚伦·普赞诺斯基、杰森·舒尔茨：《所有权的终结：数字时代的财产保护》，赵精武译，北京大学出版社 2022 年版。

[10] ［美］富勒：《法律的道德性》，郑戈译，商务印书馆 2017 年版。

[11] ［德］尼克拉斯·卢曼：《法社会学》，宾凯、赵春燕译，上海人民出版社 2013 年版。

[12] ［美］弗兰克·H. 奈特：《风险、不确定性与利润》，安佳译，商务印书馆 2010 年版。

[13] ［美］兰斯·E. 戴维斯、道格拉斯·C. 诺思：《制度变迁与美国经济增长》，张志华译，格致出版社 2019 年版。

[14] ［德］马克斯·韦伯：《支配社会学》，康乐、简惠美译，广西师范大学出版社 2010 年版。

［15］［美］加里・D.利贝卡普:《产权的缔约分析》,陈宇东等译,中国社会科学出版社
2001 年版。

［16］［英］冯・哈耶克:《哈耶克论文集》,邓正来选编译,首都经济贸易大学出版社 2001
年版。

［17］张元鹏:《微观经济学教程》,中国发展出版社 2005 年版。

二、外文著作类

［1］Lawrence, Lessig, *Code and Other Laws of Cyberspace*, *Version* 2. 0, Basic Books, 2006.

［2］Flaherty D H, *Protecting privacy in surveillance societies*, University of North Carolina Press,
1989.

［3］Priscilla M. Regan, *Legislating Privacy: Technology, Social Values, and Public Policy*, Uni-
versity of North Carolina Press, 1995.

［4］Brain H. Bix, *A Dictionary of Legal Theory*, Oxford University Press, 2004.

［5］Freeman M D A, et al. "Law, Morality and Society: Essays in Honour of H. L. A. Hart",
British Journal of Law & Society, Vol. 5. No. 1, 1997, p. 135.

［6］Robert Alexy, *A Theory of Constitutional Rights*, translated by Julian Rivers, Oxford University
Press, 2002.

［7］H. L. A. Hart, *The Concept of Law*, Oxford Unwersity Press, 1994.

［8］Helen F. Nissenbaum, "Privacy in Context: Technology, Policy, and the Integrity of Social
Life", Stanford Universtity Press, 2009.

三、中文论文类

［1］张新宝:《从隐私到个人信息:利益再衡量的理论与制度安排》,载《中国法学》2015
年第 3 期。

［2］程啸:《论大数据时代的个人数据权利》,载《中国社会科学》2018 年第 3 期。

［3］黄国彬等:《个人数据的概念范畴与基本类型研究》,载《图书情报工作》2017 年第
5 期。

［4］韩旭至:《个人信息权载入民法典刍议》,载《武汉理工大学学报 (社会科学版)》
2017 年第 3 期。

［5］高富平:《个人信息保护:从个人控制到社会控制》,载《法学研究》2018 年第 3 期。

［6］杨立新:《个人信息:法益抑或民事权利——对〈民法总则〉第 111 条规定的"个人
信息"之解读》,载《法学论坛》2018 年第 1 期。

［7］张新宝:《〈民法总则〉个人信息保护条文研究》,载《中外法学》2019 年第 1 期。

［8］张里安、韩旭至：《大数据时代下个人信息权的私法属性》，载《法学论坛》2016 年第 3 期。

［9］贺栩栩：《比较法上的个人数据信息自决权》，载《比较法研究》2013 年第 2 期。

［10］李爱君：《数据权利属性与法律特征》，载《东方法学》2018 年第 3 期。

［11］许可：《数据保护的三重进路——评新浪微博诉脉脉不正当竞争案》，载《上海大学学报（社会科学版）》2017 年第 6 期。

［12］龙卫球：《数据新型财产权构建及其体系研究》，载《政法论坛》2017 年第 4 期。

［13］孙南翔：《论作为消费者的数据主体及其数据保护机制》，载《政治与法律》2018 年第 7 期。

［14］王利明：《论人格权商品化》，载《法律科学（西北政法大学学报）》2013 年第 4 期。

［15］刘德良：《个人信息的财产权保护》，载《法学研究》2007 年第 3 期。

［16］张平：《大数据时代个人信息保护的立法选择》，载《北京大学学报（哲学社会科学版》2017 年第 3 期。

［17］肖冬梅、文禹衡：《法经济学视野下数据保护的规则适用与选择》，载《法律科学（西北政法大学学报）》2016 年第 6 期。

［18］曹博：《论个人信息保护中责任规则与财产规则的竞争及协调》，载《环球法律评论》2018 年第 5 期。

［19］Josef Drexl 等：《马克斯·普朗克创新与竞争研究所就欧盟委员会"关于构建欧洲数据经济征求意见书"的立场声明》，载《电子知识产权》2017 年第 7 期。

［20］王利明：《论数据权益：以"权利束"为视角》，载《政治与法律》2022 年第 7 期。

［21］梅夏英：《数据的法律属性及其民法定位》，载《中国社会科学》2016 年第 9 期。

［22］韩旭至：《数据确权的困境及破解之道》，载《东方法学》2020 年第 1 期。

［23］吴允锋：《个人身份信息刑法保护的是与非》，载《法学》2008 年第 12 期。

［24］杨帆：《个人金融信息的刑法保护初探》，载《上海金融》2009 年第 7 期。

［25］李仪：《论电子商务环境下的消费者个人信息权制度——一个以新制度经济学为主的视角》，载《消费经济》2009 年第 5 期。

［26］王利明：《论个人信息权在人格权法中的地位》，载《苏州大学学报（哲学社会科学版）》2012 年第 6 期。

［27］郑志峰：《网络社会的被遗忘权研究》，载《法商研究》2015 年第 6 期。

［28］齐爱民、盘佳：《数据权、数据主权的确立与大数据保护的基本原则》，载《苏州大学学报（哲学社会科学版）》2015 年第 1 期。

［29］肖冬梅、文禹衡：《数据权谱系论纲》，载《湘潭大学学报（哲学社会科学版）》2015 年第 6 期。

［30］余筱兰：《民法典编纂视角下信息删除权建构》，载《政治与法律》2018 年第 4 期。

[31] 张桐：《数据治理的变革：来自区块链技术的支持与想象》，载《宁夏社会科学》2019 年第 6 期。

[32] 冯源：《〈民法总则〉中新兴权利客体"个人信息"与"数据"的区分》，载《华中科技大学学报（社会科学版）》2018 年第 3 期。

[33] 陈兵、赵秉元：《数据要素市场高质量发展的竞争法治推进》，载《上海财经大学学报》2021 年第 2 期。

[34] 霍小军、袁飚：《互联网+政务服务"对地方政府治理的影响分析与实践研究》，载《电子政务》2016 年第 10 期。

[35] 于施洋等：《国内外政务大数据应用发展述评：方向与问题》，载《电子政务》2016 年第 1 期。

[36] 张毅菁：《数据开放环境下个人数据权保护的研究》，载《情报杂志》2016 年第 6 期。

[37] 商希雪：《政府数据开放中数据收益权制度的建构》，载《华东政法大学学报》2021 年第 4 期。

[38] 张聪丛等：《开放政府数据共享与使用中的隐私保护问题研究——基于开放政府数据生命周期理论》，载《电子政务》2018 年第 9 期。

[39] 邹倩瑜等：《基于中台架构的科技政务数据治理模式研究——以广东为例》，载《科技管理研究》2021 年第 24 期。

[40] 梁宇、郑易平：《我国政府数据协同治理的困境及应对研究》，载《情报杂志》2021 年第 9 期。

[41] 蔡翠红：《云时代数据主权概念及其运用前景》，载《现代国际关系》2013 年第 12 期。

[42] 付伟、于长钺：《数据权属国内外研究述评与发展动态分析》，载《现代情报》2017 年第 7 期。

[43] 杨力：《论数据交易的立法倾斜性》，载《政治与法律》2021 年第 12 期。

[44] 武长海、常铮：《论我国数据权法律制度的构建与完善》，载《河北法学》2018 年第 2 期。

[45] 茶洪旺等：《数据跨境流动政策的国际比较与反思》，载《电子政务》2019 年第 5 期。

[46] 安柯颖：《个人数据安全的法律保护模式——从数据确权的视角切入》，载《法学论坛》2021 年第 2 期。

[47] 张鹏、蒋余浩：《政务数据资产化管理的基础理论研究：资产属性、数据权属及定价方法》，载《电子政务》2020 年第 9 期。

[48] 姚佳：《企业数据的利用准则》，载《清华法学》2019 年第 3 期。

[49] 深圳发展银行信息科技部：《数据存储管理在银行 IT 建设中的作用》，载《中国金

融》2012 年第 11 期。

[50] 单勇：《以数据治理创新社会治安防控体系》，载《中国特色社会主义研究》2015 年
第 4 期。

[51] 童楠楠、朝乐门：《大数据时代下数据管理理念的变革：从结果派到过程派》，载
《情报理论与实践》2017 年第 2 期。

[52] 张宁、袁勤俭：《数据治理研究述评》，载《情报杂志》2017 年第 5 期。

[53] 梅夏英：《在分享和控制之间 数据保护的私法局限和公共秩序构建》，载《中外法
学》2019 年第 4 期。

[54] 闫立东：《以"权利束"视角探究数据权利》，载《东方法学》2019 年第 2 期。

[55] 韩旭至：《数据确权的困境及破解之道》，载《东方法学》2020 年第 1 期。

[56] 王真平：《政府数据开放许可协议：理论源流、法律属性与法治进路》，载《图书馆
学研究》2021 年第 11 期。

[57] 曾雄等：《人脸识别治理的国际经验与中国策略》，载《电子政务》2021 年第 9 期。

[58] 蒋洁：《云数据跨境流动的法律调整机制》，载《图书与情报》2012 年第 6 期。

[59] 王利明：《人工智能时代对民法学的新挑战》，载《东方法学》2018 年第 3 期。

[60] 朱琳、金耀辉：《大数据驱动金融市场监管研究——基于上海自贸试验区 P2P 企业风
险监测的实践》，载《华东理工大学学报（社会科学版）》2018 年第 6 期。

[61] 柳亦博：《人工智能阴影下：政府大数据治理中的伦理困境》，载《行政论坛》2018
年第 3 期。

[62] 郑智航：《人工智能算法的伦理危机与法律规制》，载《法律科学（西北政法大学学
报）》2021 年第 1 期。

[63] 王庆廷：《新兴权利间接入法方式的类型化分析》，载《法商研究》2020 年第 5 期。

[64] 陈景辉：《权利可能新兴吗？——新兴权利的两个命题及其批判》，载《法制与社会
发展》2021 年第 3 期。

[65] 刘叶深：《为新兴权利辩护》，载《法制与社会发展》2021 年第 5 期。

[66] 雷兴虎、冯果：《论股东的股权与公司的法人财产权》，载《法学评论》1997 年第
2 期。

[67] 江平、孔祥俊：《论股权》，载《中国法学》1994 年第 1 期。

[68] 周尚君：《数字社会对权力机制的重新构造》，载《华东政法大学学报》2021 年第
5 期。

[69] 赵加兵：《公共数据归属政府的合理性及法律意义》，载《河南财经政法大学学报》
2021 年第 1 期。

[70] 林华：《大数据的法律保护》，载《电子知识产权》2014 年第 8 期。

[71] 李爱君：《数据权利属性与法律特征》，载《东方法学》2018 年第 3 期。

[72] 梅夏英:《民法权利思维的局限与社会公共维度的解释展开》,载《法学家》2019 年第 1 期。

[73] 高富平:《GDPR 的制度缺陷及其对我国〈个人信息保护法〉实施的警示》,载《法治研究》2022 年第 3 期。

[74] 于柏华:《权利的证立论:超越意志论和利益论》,载《法制与社会发展》2021 年第 5 期。

[75] 彭诚信:《论个人信息的双重法律属性》,载《清华法学》2021 年第 6 期。

[76] 戴昕:《数据界权的关系进路》,载《中外法学》2021 年第 6 期。

[77] 黄涛:《论权利的先验演绎》,载《人大法律评论》2013 年第 1 期。

[78] 鲍坤:《健康码数据常态化应用的比例原则限制》,载《电子政务》2021 年第 1 期。

[79] 彭辉:《数据权属的逻辑结构与赋权边界——基于"公地悲剧"和"反公地悲剧"的视角》,载《比较法研究》2022 年第 1 期。

[80] 丁锐、张秀智:《公共资源交易中的腐败及防治——以对土地腐败问题的剖析与思考为例》,载《河南社会科学》2013 年第 3 期。

[81] 季卫东:《法律程序的意义——对中国法制建设的另一种思考》,载《中国社会科学》1993 年第 1 期。

[82] 程金华:《世界银行营商环境评估之反思与"中国化"道路》,载《探索与争鸣》2021 年第 8 期。

[83] 杨力:《论数据安全的等保合规范式转型》,载《法学》2022 年第 6 期。

[84] 季卫东:《元宇宙的互动关系与法律》,载《东方法学》2022 年第 4 期。

[85] 杜宇骁等:《哈佛大学 Datatags 数据分级系统研究及启示》,载《图书馆杂志》2019 年第 8 期。

[86] 高潮:《大数据时代用户消费型数据的分级分类隐私保护策略研究》,载《广东通信技术》2016 年第 9 期。

[87] 李春秋等:《医学科学数据开放平台 FAIR 原则的应用评估与调查分析》,载《图书情报工作》2022 年第 3 期。

[88] 胡业飞、田时雨:《政府数据开放的有偿模式辨析:合法性根基与执行路径选择》,载《中国行政管理》2019 年第 1 期。

[89] 姜明安:《软法的兴起与软法之治》,载《中国法学》2006 年第 2 期。

[90] 罗豪才、周强:《软法研究的多维思考》,载《中国法学》2013 年第 5 期。

[91] 鲍坤:《数据平台下个人数据保护规则形态的优化——从软法对硬法的嵌入谈起》,载《中国科技论坛》2022 年第 3 期。

[92] 申卫星:《论数据用益权》,载《中国社会科学》2020 年第 11 期。

[93] 许可:《数据权利:范式统合与规范分殊》,载《政法论坛》2021 年第 4 期。

［94］ 王方玉：《新兴权利司法推定：表现、困境与限度——基于司法实践的考察》，载《法律科学（西北政法大学学报）》2019 年第 2 期。

四、英文论文类

［1］ Charles A. Reich，"The new property"，*The Yale Law Journal*，Vol. 73，No. 5.，1964.

［2］ Joel Trachtman，"Cyberspace，Sovereignty，Jurisdiction，and Modernism"，*Indiana Journal of Global Legal Studies*，Vol. 5，No. 2.，1998.

［3］ Carl Felsenfeld，"An American Reflection on Turkey's Financial Leasing Industry"，*Fordham University School of Law*，Vol. 60，Issue 6，1992.

［4］ Rahul Telang，et al.，"The Impact of Privacy Regulation and Technology Incentives：The Case of Health Information Exchanges"，*Management science*，Vol. 62，No. 4.，2016.

［6］ Karl-Heinz Fezer，"Data Ownership of the People. An Intrinsic Intellectual Property Law Sui Generis Regarding People's Behaviour-generated Informational Data"，*Zeitschrift für geistiges Eigentum*，Vol. 9，No. 3.，2017.

［7］ Michael Dorner，"Big Data und 'Dateneigentum'"，*Computer und Recht*，Vol. 30，No. 9.，2014.

［8］ Richard Warner，Robert H. Sloan，"Self，Privacy，and Power：Is It All Over？"，*Tulane Journal of Technology and Intellectual Property*，Vol. 17，2014.

［9］ Harold J. Krent，"Of Diaries and Data Banks：Use Restrictions Under the Fourth Amendment"，*Texas Law Review*，Vol. 74，No. 1.，1995.

［10］ Tikkinen-Piri Christina，et al.，"EU General Data Protection Regulation：Changes and Implications for Personal Data Collecting Companies"，*Computer Law & Security Review*，Vol. 34，No. 1，2018.

［11］ Nancy J. King，V. T. Raja，"Protecting the Privacy and Security of Sensitive Customer Data in the Cloud"，*Computer Law & Security Review*，Vol. 28，Lssue 3.，2012.

［12］ Pie-Kan Yang，"Current Development of Canada's Data Exclusivity Regime：How Does Canada React to Nafta，Trips and Dangle between Pharmaceutical Innovation and Public health？"，*Asian Journal of WTO & International Health Law & Policy*，Vol. 4，No. 1.，2009.

［13］ Hildebrandt M.，Tielemans L.，"Data Protection by Design and Technology Neutral Law"，*Computer Law & Security Review*，Vol. 29，No. 5.，2013.

［14］ Amram D.，"Building Up the 'Accountable Ulysses' Model. The Impact of GDPR and National Implementations，Ethics，and Health-Data Research：Comparative remarks"，*Computer Law & Security Review*，Vol. 37，2020.

[15] Céline Brassart Olsen, "To Track or not to Track? Employees' Data Privacy in the Age of Corporate Wellness, Mobile Health, and GDPR", *International Data Privacy Law*, Vol. 10, No. 3., 2020.

[16] Pape J. B., "Physician Data Banks: the Public's Right to Know versus the Physician's Right to Privacy", *Fordham Law Review*, Vol. 66, No. 3., 1997.

[17] Stacy-Ann Elvy, "Paying for Privacy and the Personal Data Economy", *Columbia Law Review*, Vol. 117, No. 6., 2017.

[18] Vladislav Arkhipov, Victor Naumov, "The Legal Definition of Personal Data in the Regulatory Environment of the Russian Federation: Between Formal Certainty and Technological Development", *Computer Law and Security Review*, Vol. 32, No. 6., 2016.

[19] Alarie Benjamin, et al., "Law in the future", *University of Toronto Law Journal*, Vol. 66, No. 4., 2016.

[20] Lothar Determann, "No One Owns Data", *Hastings Law Journal*, Vol. 70, No. 1., 2018.

[21] Dijk Niels Van et al., "A risk to a right? Beyond data protection risk assessments", *Computer Law & Security Review*, Vol. 32, No. 2., 2016.

[22] Brenda M. Simon, Ted Sichelman, "Data-Generating Patents", *Northwestern University Law Review*, Vol. 111, No. 2., 2017.

[23] Rodwin Marc A., "Patient Data: Property, Privacy & the Public Interest", *American Journal of Law & Medicine*, Vol. 36, No. 4., 2010.

[24] Malgieri G., Niklas J., "Vulnerable data subjects", *Computer Law and Security Review*, Vol. 37, 2020.

[25] Karolina La Fors, "Legal Remedies For a Forgiving Society: Children's rights, data protection rights and the value of forgiveness in AI-mediated risk profiling of children by Dutch authorities", *Computer Law and Security Review*, Vol. 38, 2020.

[26] Steven D. Seybold, "Somebody's Watching Me: Civilian Oversight of Data-Collection Technologies", *Texas Law Review*, Vol. 93, No. 4., 2015.

[27] Andrew G. Ferguson, "The Exclusionary Rule in the Age of Blue Data", *Vanderbilt Law Review*, Vol. 72, 2019.

[28] Andrew G. Ferguson, "Big Data and Predictive Reasonable Suspicion", *University of Pennsylvania Law Review*, Vol. 163, No. 2., 2015.

[29] Jennifer Daskal, "The Un-Territoriality of Data", *Yale Law Journal*, Vol. 125, No. 2., 2016.

[30] Robert C. Post, "Data Privacy and Dignitary Privacy: Google Spain, the Right To Be Forgotten, and the Construction of the Public Sphere", *Duke Law Journal*, Vol. 67,

No. 5. , 2018.

[31] Yves Poullet, "Is the general data protection regulation the solution?", *Computer Law & Security Review*, Vol. 34, No. 4. , 2018.

[32] Bradley A. Areheart, Jessica L. Roberts, "GINA, Big Data, and the Future of Employee Privacy", *The Yale Law Journal*, Vol. 128, No. 3. , 2019.

[33] Wayne A. Logan, "Policing Police Access to Criminal Justice Data", *Iowa Law Review*, Vol. 104, 2019.

[34] Adrian Kuenzler, "ADVANCING QUALITY COMPETITION IN BIG DATA MARKETS", *Journal of Competition Law and Economics*, Vol. 15, No. 4. , 2019.

[35] Graham Greenleaf, "Independence of Data Privacy Authorities: International Standards and Asia-Pacific Experience", Computer Law & Security Review, 2011.

[36] Barclay C A, "A comparison of proposed legislative data privacy protections in the United States", *Computer Law and Security Review*, Vol. 29, No. 4. , 2013.

[37] Chik W. B. , "The Singapore Personal Data Protection Act and an assessment of future trends in data privacy reform", *Computer Law and Security Review*, Vol. 29, No. 5. , 2013.

[38] Broeders Dennis, et al. , "Big Data and security policies: Towards a framework for regulating the phases of analytics and use of Big Data", *Computer Law & Security Review*, Vol. 33, No. 3. , 2017.

[39] Mantelero A. , "The future of consumer data protection in the E. U. Re-thinking the 'notice and consent' paradigm in the new era of predictive analytics", *Computer Law & Security Review*, Vol. 30, No. 6. , 2014.

[40] Hardy K. , Maurushat A. , "Opening up government data for Big Data analysis and public benefit", *Computer Law & Security Review*, Vol. 33, No. 1. , 2017.

[41] Nilels van Dijk, et al. , "The 'Ethification' of ICT Governance. Artificial Intelligence and Data Protection in the European Union", *Computer Law & Security Review*, Vol. 43, 2021.

[42] Alessandro Mantelero, Maria Samantha Esposito, "An evidence-based methodology for human rights impact assessment (HRIA) in the development of AI data-intensive systems", *Computer Law & Security Review*, Vol. 41, 2021.

[43] Vandezande N. , Janssen K. , "The ITS Directive: More than a timeframe with privacy concerns and a means for access to public data for digital road maps?", *Computer Law & Security Review*, Vol. 28, No. 4. , 2012.

[44] Edward S. Dove, "The EU General Data Protection Regulation: Implications for International Scientific Research in the Digital Era", *The Journal of Law, Medicine & Ethics*, Vol. 46, No. 4. , 2018.

[45] Mourby Miranda, et al. , "Are 'pseudonymised' data always personal data? Implications of the GDPR for administrative data research in the UK", *Computer Law & Security Review*, Vol. 34, 2013.

[46] Raphaël, Gellert, "Understanding the notion of risk in the General Data Protection Regulation", *Computer Law & Security Report*, Vol. 34, No. 2. , 2018.

[47] Prince A. , Schwarcz D. , "Proxy Discrimination in the Age of Artificial Intelligence and Big Dataon", *Iowa Law Review*, Vol. 105, 2020.

[48] McMahon Aisling, et al. , "Big Data Governance Needs More Collective Responsibility: The Role of Harm Mitigation in the Governance of Data Use in Medicine and Beyond", *Medical law review*, Vol. 28, No. 1. , 2020.

[49] Tikkinen-PiriC, et al. , "EU General Data Protection Regulation: Changes and implications for personal data collecting companies", *Computer Law & Security Review*, Vol. 34, 2017.

[50] Rossi A. , Lenzini G. , "Transparency by design in data-informed research: A collection of information design patterns", *Computer Law and Security Review*, Vol. 37, 2020.

[51] Borgogno O. , Colangelo G. , "Data sharing and interoperability: Fostering innovation and competition through APIs", *Computer Law and Security Review*, Vol. 35, No. 5. , 2019.

[52] Bradford Laura, et al. , "COVID-19 Contact Tracing Apps: A Stress Test for Privacy, the GDPR and Data Protection Regimes", *Journal of Law and the Biosciences*, Vol. 7, No. 1. , 2020.

[53] Daniel J. Solove, "The Myth of the Privacy Paradox", *George Washington Law Review*, Vol. 89, 2021.

[54] Ferretti, Luca, et al. , "Quantifying SARS-CoV-2 transmission suggests epidemic control with digital contact tracing", *Science*, Vol. 368, 2020.

[55] Kostka G. , Habich-Sobiegalla S. , "In Times of Crisis: Public Perceptions Towards COVID-19 Contact Tracing Apps in China, Germany and the US", *SSRN Electronic Journal*, 2020.

[56] Mourby Miranda, et al. , "Are 'pseudonymised' data always personal data? Implications of the GDPR for administrative data research in the UK", *Computer Law and Security Review*, Vol. 34, No. 2. , 2018.

[57] Raphaël Gellert, "Understanding the notion of risk in the General Data Protection Regulation", *Computer Law & Security Review*, Vol. 34, 2018.

[58] Robinson Neil, et al. , "Review of the European Data Protection Directive", *Rand corporation*, 2009.

[59] Gantz J. , Reinsel D. , "The Digital Universe in 2020: Big Data, Bigger Digital Shadows, and Biggest Growth in the Far East", 2012.

[60] George Pevlakos, "Law, Rights and Discourse: The Legal Philosophy of Robert Alexy", *Rights*, 2007.

[61] R. H. Coase, "The Problem of Social Cost", *Journal of Law and Economics*, Vol. 3, 1960, pp. 7-44.

[62] Lina M. Khan, "Amazon's Antitrust Paradox", *The Yale Law Journal*, Vol. 126, No. 3. , 2017.

[63] William M. Landes, Richard A. Posner, "The Positive Economic Theory of Tort Law", *Georgia Law Review*, Vol. 15, No. 4. , 1980.

[64] Knut Blind, Andre Jungmittag, "The impact of patents and standards on macroeconomic growth: a panel approach covering four countries and 12 sectors", *Journal of Productivity Analysis*, Vol. 29, No. 1. , 2008.

[65] Michal S. Gal, Daniel L. Rubinfeld, "Data Standardization", *New York University Law Review*, Vol. 94, No. 4. , 2019.

[66] Oliver Hart, John Moore, "Foundations of Incomplete Contracts", *Review of Economic Studies*, Vol. 66, No. 1. , 1999.

[67] Anderlini L. , Felli L. , "Incomplete Written Contracts: Undescribable States of Nature", *Quarterly Journal of Economics*, Vol. 109, No. 4. , 1994.

[68] Chris Brummer, Yesha Yadav, "Fintech and the Innovation Trilemma", *Georgetown Law Journal*, Vol. 107, No. 2. , 2019.

[69] Adam D. Thierer, "The Internet of Things and Wearable Technology: Addressing Privacy and Security Concerns without Derailing Innovation", *Richmond Journal of Law and Technology*, Vol. 21, Issue 2, 2015.

[70] Lauren Henry, "Information Privacy and Data Security", *Cardozo Law Review De · Novo*, 2015.

[71] Paul M. Schwartz, Edward J. Janger, "Notification of Data Security Breaches", *Michigan Law Review*, Vol. 105, 2007.

[72] Gunther Teubner, "Substantive and Reflexive Elements in Modern Law", *Law & Society Review*, Vol. 17, No. 2. , 1983.

[73] William Boyd, "Public Utility and the Low-Carbon Future", *UCLA Law Review*, Vol. 61, 2014.

[74] Stanley M. Besen, Joseph Farrell, "Choosing How to Compete: Strategies and Tactics in Standardization", *Journal of Economic Perspectives*, Vol. 8, No. 2. , 1994.